U0617524

中 国 社 会 调 查 报 告

CHINA SOCIAL RESEARCH REPORT

中国卡车司机

调查报告 No.4

挂靠制度·志愿者·卡车县

**Chinese Truck Drivers IV:
Guakao System, Volunteers and
the Truck-county**

传化慈善基金会公益研究院"中国卡车司机调研课题组" 著

社会科学文献出版社
SOCIAL SCIENCES ACADEMIC PRESS (CHINA)

出版者的话

　　调查研究是谋事之基、成事之道。没有调查，就没有发言权，更没有决策权。研究、思考、确定全面深化改革的思路和重大举措，刻舟求剑不行，闭门造车不行，异想天开更不行，必须进行全面深入的调查研究。[①]

　　改革开放四十年来，我们对于中国历史和现状的研究都取得了重大进步，获得了丰硕成果，对于民众、决策层、学者从多个角度了解国情、制定政策、发展学术发挥了实实在在的作用。但必须看到，当代中国发生的巨变是结构性、整体性、全方位、多层面、多纵深的，再加上国际形势和全球化趋势的深刻影响，数字化和新技术的迅猛发展，中国的经济发展、社会结构、产业运行、组织机制、日常生活、群体身份、文化认同等方面都正在发生巨大变迁，这增加了认知的难度。

　　在这一背景下，重拾调查研究，对于我们深刻准确地了解国情无疑是一条重要的渠道。在诸种调查研究中，基于学术和学科的专题调查研究具有特别重要的意义。它能够提供对某个问题较为透彻、深入的理解，是把握国情的重要保障。有鉴于此，从2018年起，我们开始推出"中国社会调查报告"系列。

　　"中国社会调查报告"是面向整个社会科学界征稿的开放性系列图书，分主题定期或不定期连续出版。每部报告的出版都需经过严格的专家评审、

[①]　中共中央文献研究室编《习近平关于全面建成小康社会论述摘编》，北京：中央文献出版社，2016，第191页。

专业的编辑审稿，并辅以定制式的学术传播，其目标是促进调查报告的社会影响、学术影响和市场影响的最大化。

报告的生产应立基专业学术，强调学理性，源于专业群体的专门调研，是学界同人合作研创成果。

报告应拥有明确的问题意识、科学严谨的方法、专业深度的分析、完善的内容体系，遵循严格的学术规范。

每部报告均面向边界清晰的调研对象，全面深入展现该对象的整体特征和局部特征。

报告的写作应基于来源统一的数据，数据的收集、分析、呈现遵循相应规范。数据既可以是定量的，也可以是定性的，可以通过问卷、参与观察、访谈等方式获得。

报告应提供相应结论，结论既可以呈现事实，也可以提供理解框架，还可以提供相应建议。

报告应按照章节式体例编排。内容应包括三部分，一是交代调查问题、调查对象和调查背景，二是交代调查方法、调查过程、数据获得方式、调查资助来源，三是分主题呈现调查结果。

报告应具有充分的证据性和清晰性，提供充足的证据证明结果和结论的正确性，报告的写作应清晰、一目了然，前后具有明确一致的逻辑。

报告应提供一个内容摘要，便于读者在不阅读整个报告的情况下掌握其主要内容。

"中国社会调查报告"将按照每部报告的篇幅分为两个系列，一为小报告系列，二为常规报告系列。前者为10万字以下的报告，后者为10万字以上甚至三五十万字的报告。

希望"中国社会调查报告"能为理解变动的世界提供另一扇窗口，打开另一个视界。借着这些调研成果，我们可以建设更美好的社会。

社会科学文献出版社社会学出版中心

2018 年 1 月 29 日

内容提要

一

第一篇追溯了卡车挂靠经营现象的产生和发展过程，并考察了当前公路货运市场上存在的挂靠企业类型、收益、风险及行动策略，卡车司机挂靠现状及挂靠风险等方面的内容。主要研究发现有以下几点。

卡车挂靠经营具有明显的历史阶段性。挂靠源于个体卡车司机取得经营合法性的需要。从改革开放之初直到20世纪末，挂靠的主要形式是个体卡车司机将个人所有的车辆挂靠在全民或者集体企业名下。从21世纪初开始的大约16年间是挂靠企业遍地开花的阶段。这一时期提供挂靠服务的企业类型多样，企业获益丰厚，同时出现了不少挂靠企业侵犯卡车司机权益的乱象。从2017年开始，经济、法律、技术等各种社会条件的变化使得挂靠企业，尤其是纯挂靠企业受到较大冲击。挂靠企业对环境变化的不同回应方式引致企业向不同方向发展。

当前的挂靠企业普遍面临挂靠收益降低且风险增大的问题。收益降低主要是市场竞争迫使企业收费降低、保险佣金下调以及卡车司机权利意识增强等因素导致。风险增大的原因则主要在于法律对被挂靠方连带责任的明确、交通管理的强化、卡车司机经营状况恶化导致还贷风险增加。挂靠公司采取了多种策略来防范和降低风险，比如加强车辆管理、改变合同性质、提高保险额度等。

个体卡车司机将车辆挂靠企业主要是为了获得营运资质以及获得购车贷款。卡车司机因为挂靠而承担的支出呈下降趋势，因为挂靠而承受的风险呈减少趋势。尽管卡车司机对挂靠企业的态度和认知存在分化，但是总体上倾向于取消挂靠制度。

由于挂靠缺乏制度上的明文规定，所以在实践中出现了较大的弹性和操作空间，这导致不同地域和不同企业在挂靠模式、收费标准、责任界定等方面存在较大差异。但是挂靠企业的发展趋势较为一致和明确，即纯挂靠难以为继，挂靠业务将被进一步弱化。挂靠企业必须转换经营方式，在挂靠之外提供新的价值，方能在市场竞争中立足和更好地发展。

二

卡车司机志愿者指的是不以物质报酬为目的，以自己的时间、技能、体力与资源等帮助别人、服务社会的卡车司机。第二篇报告涉及的卡车司机大多是加入了卡友公益组织"传化·安心驿站"的自雇卡车司机。他们在疫情期间的抗疫志愿活动包括：运输抗疫物资、运输医疗废弃物、参与村镇防疫服务、运输医疗队行李与捐赠款物等。其中，运输抗疫物资是最核心，也是风险最大的志愿活动。

就运输抗疫物资而言，被访的卡车司机志愿者基本上是以地区驿站为单位承接物资的运输，即一个地区驿站的成员共同承接一批或几批物资。地区驿站获取抗疫物资的渠道有四个。一是直接对接安心驿站总部的运力需求。疫情期间安心驿站开启了物资运输的绿色通道，免费承接运力与仓储等服务，同时传化慈善基金会也为疫区捐赠了大量物资，需要地区驿站的志愿者负责运输。二是地区驿站承接当地慈善机构的抗疫物资运输，这种地区驿站都与地方慈善机构保持着日常的合作关系。三是地区驿站自行组织物资的捐赠，完成自捐物资的配送。四是通过物流公司等获取地方政府分配的物资运输需求信息。

卡车司机志愿者虽然是以组织的方式承接抗疫物资运输，但是在具体的物资配送过程中，每位志愿者都是以原子化的方式独自完成送往各地的物资运输。对于卡车司机志愿者来说，原子化与流动性的劳动过程本质与日常工作无异，然而在疫情期间，他们运输抗疫物资的志愿活动仍然遭遇了许多意想不到的困境，较为集中的困境包括：运输物资回程时由于地区性疫情管控而无法顺利驶下高速；疫情期间食物的采买极其困难，因此他们只能吃方便食品；"坏车"所带来的维修困难数倍于跑车的日常；由于去过疫区而面临了普遍的"污名化"。同时，在这些困境中，又掺杂了种种陷入困境后的感动：虽然在运输物资回程时会面对各种意想不到的麻烦，然而驶向风险区的卡车却获得了风险区民众广泛的欢迎与感谢；知晓卡车司机志愿者可能存在食物短缺或防护用品短缺的问题，卸货点的志愿者、特警与医护人员等想方设法赠予他们一定数量的防护用品，给他们安排一顿"热乎饭"；"坏车"时虽然维修困难，但总有好心人甘冒风险前来救援；"污名化"的另一面也同时承载了无数的赞许与肯定。困境与感动的交织，深刻说明了疫情之下卡车司机的志愿服务所面临的复杂状况。在这个过程中，卡车司机志愿者也得以在职业内部相对同质性的志愿活动之外，窥得他们以职业身份参与社会志愿服务的曲折与收获。

因此，参与抗疫志愿服务为卡车司机志愿者提供了思考志愿行为的契机。就卡车司机志愿者的抗疫经历来看，其最重要的动机有两点：一是组织化带来的公益精神的力量，二是获得社会大众认可的迫切需求。可以说，成为志愿者、参与公益活动不仅是卡车司机内部公益活动的延伸，也是卡车司机融入社会的重要途径。从社会哲学和政治哲学的层面来看，"团结的文化"和"承认的政治"成为促动广大卡车司机积极投身公益的两大根本动因。因此，卡车司机成为志愿者、进行志愿服务不仅关乎责任、发展与快乐，还关乎他们对自身作为职业群体所具有的公益精神的展示，更关乎他们的社会地位、职业声誉与社会融入。

三

江西省高安市之所以常被人称为"卡车县"，盖因其将公路货运业构造成为县域经济的三大支柱产业之一。全市约 1/4 的人口卷入公路货运业。在高安，活跃着各种各样的"卡车人"：个体卡车司机、中小汽贸物流商、大汽贸物流商，以及经营汽修厂、检测厂、挂车厂、驾校、加油站的各色小商人，还有全村均以卡车运输为业的"卡车村"，他们合力将高安打造成为一个真正的"卡车王国"。

高安的"卡车人"有一个基本的共同点，那就是大多起自田家，也多半从个体卡车司机做起。这些农家子弟经由各种不同渠道进入公路货运业。在进一步的发展中，他们中的少数人分化而出，从卡车司机变为中小汽贸物流商，开始经营物流信息、车队运输和买卖新旧车辆等业务。如果说高安公路货运业的具体承载者是个体卡车司机群体的话，那么其组织者就是这些中小汽贸物流商。个体卡车司机和中小汽贸物流商构成高安公路货运业的两块基石。在它们之上的则是少数大汽贸物流商，他们对高安公路货运业的演化和发展起着重要的导引作用。

高安的公路货运业能够不断地发展壮大，最终构成高安县域经济的一大支柱，与当地政府始终如一的扶植和支持密切相关。在高安，无论政府人员如何换届更迭，其对于公路货运业的支持却是一以贯之、从不动摇的。高安政府及其设置的特定管理机构体现出"草根国家"在推动和管理经济方面的巨大作用。

第三篇刻画了"卡车县"里各色"卡车人"的群像，表明他们的活动，特别是个体卡车司机的工作与生活，具体而微地印证了我们在《中国卡车司机调查报告 No. 1》中界定的卡车司机劳动过程的"五大特征"。此外，我们还提出空间区位、文化传统、资源禀赋、精英结构和"草根国家"等范畴，试图对高安"卡车县"的产生和发展给予"五位一体"的重新解读。

前　言

《中国卡车司机调查报告 No. 4》的调查与写作可谓历时弥久。由于突袭而至的新冠肺炎疫情的冲击屡屡打断计划中的田野调查进程，原定于 2020 年底出版的这部报告，不得不延期到 2021 年底才能付梓。回顾既往两年，深感颇为不易。

本报告为前三部《中国卡车司机调查报告》的续篇。本报告主题有三。第一篇"挂靠制度"，作者为周潇。挂靠制度在我国公路货运业长久存在，规约个体卡车司机行为达数十年之久。它对公路货运业起到过重要的组织作用，但时至今日已显露出严重弊端。对挂靠制度的分析探讨了其历史、现状及日后可能的演变。第二篇"卡车司机志愿者"，作者为马丹。疫情发生以来，大批卡车司机担负起为疫区和各地城市运送抗疫物资的重任。实际上，在疫情前后，当许多地方遭遇自然灾害之际，也可看到大批卡车司机从事公益运输的身影，该篇刻画了这些公路货运业的"公益天使"的所作所为，特别揭示了其精神世界的活动。源自卡车司机群体的"团结的文化"和"承认的政治"成为推动其公益精神成长的两大力量。第三篇"卡车县"，作者为沈原和刘文斌。公路货运业是江西省高安市的县域支柱产业之一，高安也被称为"卡车县"。高安人如何能够将公路货运业的全要素链条在一个县域内落地生根并使之茁壮成长，这个谜一样的问题始终是引起关注的主题。该篇通过对"卡车县"里各色"卡车人"的深度访谈和详细描述，运用空间区位、文化传统、资源禀赋、精英结构和"草根国家"等五个范畴对高安公路货运业的崛起和运作逻辑做了初步诠释。

此外，我们还将 2020 年至 2021 年两年间所做的三份即时调查报告作为附录放在正文之后。喻家耀和宫宝涵分别担任了问卷设计、统计分析和写作即时报告初稿的任务。周潇、马丹和沈原分别参加了问卷设计等相关工作。这三份报告反映了疫情发生后一个月、三个月和一周年三个时点上卡车司机的状况，将之连接起来可为理解卡车司机在此艰难时期的工作与生活提供一条线索。

总之，在两年时间内，课题组在北京、河北、湖北、山东、河南、安徽和江西等地进行了田野调查，累计访谈各色人等81人，发放问卷864份，录音时长6892分钟，录写字数1135840字。在此资料基础上撰成此报告。

课题组对受访好站友、受访卡友和汽贸物流商，以及给予各种支持的各地政府官员和有关人士表示深深的感谢。传化慈善基金会秘书长王飞、项目官员王卓群、童欣、来涛等对本研究均给予了大力支持，在此一并致谢！

希望《中国卡车司机调查报告 No.4》的出版有助于全社会对卡车司机辛勤工作的进一步理解，更希望《中国卡车司机调查报告 No.4》能够表达出卡车司机对若干核心利益的诉求。

目 录

第二篇　卡车司机志愿者：公益精神的力量与获得认可的需求

马　丹

第三篇 "卡车县"：县域条件下的公路货运业

沈 原 刘文斌

第一篇
挂靠制度：缘起、现状与未来

周　潇

第一章　卡车挂靠现象的产生与发展

卡车挂靠，一般是指挂靠者（个体卡车司机）将车辆注册登记在具备营运资质的挂靠公司名下，以该公司的名义从事营运活动，并向挂靠公司支付一定费用的行为。挂靠的车辆名义上属于挂靠公司，但实际上车辆的所有权仍然属于挂靠者。双方一般以签订挂靠合同的方式来确定挂靠关系①。

改革开放至今，卡车挂靠经营一直是我国公路货物运输业的一个普遍现象，它深刻地影响着卡车司机的生产、生活和整个公路货运市场的运转。本文试图通过对挂靠现象的产生和发展过程、挂靠相关主体的利益和风险等问题进行阐述，一方面展现塑造卡车司机生产活动的制度性力量，另一方面揭示长期处于公路货运市场灰色地带主体的经营模式和发展趋势。

需要说明的是，当前货运市场上提供挂靠服务的企业有多种名称，如汽贸公司、运输公司、物流公司、商贸公司等，即使单单以挂靠业务为业的企业也不会冠以"挂靠公司"的名号。为行文方便，除了特别标明之外，本文一律以"挂靠公司"指称具有挂靠业务的企业。作为挂靠方的个体车主，虽然在少数情况下并不亲自从事驾驶工作，但是为了凸显自雇卡车司机这个最主要的挂靠群体，本文对挂靠方均以"卡车司机"指称。

本文的资料主要从三个途径获取。第一，对卡车司机的问卷调查。我们通过"传化安心驿站"向驿站内的卡车司机发放了电子问卷，共回收问卷1132份。其中自己养车的卡车司机（自雇卡车司机）问卷864份，他雇卡车司机问卷268份。鉴于挂靠只涉及自己养车的卡车司机，所以在数据统计时剔除了他雇卡车司机样本。在回收的864份自雇卡车司机问卷中，经过数据清理，得到有效问卷845份，有效率达97.8%。第二，深度访谈。我们

---

① 杜海平：《浅议货运车辆挂靠经营的治理》，《交通与运输》2015年第5期。

对北京、云南、安徽、河北、湖北、江西等省市的一些挂靠公司负责人、卡车司机、政府管理部门负责人等进行了深度访谈。访谈录音时长共计 2292 分钟，录音整理文字 404461 字。第三，网络资料。

一　卡车挂靠经营的历史阶段

（一）第一阶段：1985~2000 年

1978 年之后，我国经济制度逐步从计划经济向市场经济转轨。国家鼓励私营经济发展，但是没有确定其法律地位及相应的权利和义务。个体经营者为了消除疑虑，寻求以集体或全民企业的名义进行经营，从而不仅解决了身份的合法性问题，而且可以享有全民和集体企业的优惠政策，提供"身份"的全民和集体企业则可以得到一笔费用，挂靠经营便由此产生①。1985 年，国家工商行政管理局在《关于执行〈工商企业名称登记管理暂行规定〉若干问题的意见》（以下简称《意见》）中，首次提出"挂靠"概念。《意见》第 8 条规定，"凡采取松散的挂靠形式的，其挂靠的分公司不得冠以总公司的名称"。

就公路货物运输来看，新中国成立之后到改革开放前，全民和集体企业是市场经营的主体。1983 年，交通部提出"有路大家行车"的口号，鼓励个体运输户介入，但是线路和运输资源仍然把握在全民和集体企业手中，于是出现了一部分个体运输户通过挂靠获得资源和资质的现象。这是货运车辆挂靠的起源。

20 世纪 90 年代国有企业改制的深化，加速了车辆挂靠经营的发展。如果说在 20 世纪 80 年代个体卡车司机主动向国有企业寻求挂靠以获得合法身份的话，那么这一时期则更多地表现为国有企业主动谋求挂靠。国有运输企业出现了两种挂靠形式：一种是单车产权转让，即企业在保证国有资产保值

---

① 侯慧娟：《浅谈挂靠经营》，《行政论坛》1997 年第 2 期。

增值的前提下，按规定对单车价值进行评估，确定合理的转让价格，将单车一次性或分次收款转让给付款经营者，车辆名义上仍归属于企业，企业为经营者提供相关服务，但经营者自负盈亏，并按规定上缴各种由企业代收代付的款项和管理费；另一种是带车挂靠，即企业以外人员或企业内部职工自愿将自购的车辆转到专门的运输企业名下，以企业名义从事生产经营活动①。这些举措，盘活了国有企业资产，补充了企业资本金，提高了运输服务质量，并在一定程度上解决了国有企业在改制过程中出现的补偿和职工安置问题，因而得到了政府部门的肯定。1995 年，交通部召开全国培育和发展道路运输市场工作会议，提出允许"国有运输企业接受社会、个体运输户挂靠经营"的基本思路。1997 年初，交通部出台了《关于深化改革加强管理搞好公有制大中型汽车运输企业的若干意见》，提出"在不改变所有制性质、不改变分配制度、不变相截留税费、不代行运政管理职能的前提下，汽运企业可以吸纳个体或社会其它部门运输经营者车辆组织经营"，从而对挂靠经营形式进一步予以了肯定。挂靠经营因此迅猛发展并成为一种主要的运输企业经营模式。

（二）第二阶段：2001～2016 年

如果说在 20 世纪八九十年代个体卡车司机需要通过挂靠形式获得运营的合法身份的话，那么到 21 世纪，随着私营经济的蓬勃发展和官方话语体系的变化，这个挂靠的缘由已经不存在了。但是个体卡车司机的不断增多，使强化管理成为一种需要，因而挂靠不仅没有松动，反而进一步扩张。这时候的被挂靠方已经不限于全民或集体企业，民营企业日益成为被挂靠方的主体。本次调查的数据显示，样本卡车司机中，挂靠在民营企业的占 83.2%，挂靠在国有或国有控股企业的仅占 2.5%。

2004 年 4 月 30 日，国务院公布了《中华人民共和国道路运输条例》（以下简称《道路运输条例》）。《道路运输条例》第 34 条规定，"道路运输

---

① 胡艳：《道路货物运输业挂靠经营中的问题及对策》，《交通财会》2018 年第 10 期。

车辆应当随车携带车辆营运证"。车辆营运证由道路运输管理机构向获得道路运输经营许可的主体投入运输的车辆配发，但对于如何才能获得道路运输经营许可，《道路运输条例》并无明确规定。在实践中，各省市对于个人取得运输经营许可证均进行了限制。例如，2010年颁布的《山东省道路运输条例》第30条规定，要取得道路普通货运、道路货物专用运输经营许可，需具备以下条件：有与其经营业务相适应的资金；有五辆以上经检测合格的车辆；有符合规定条件的驾驶人员；有健全的安全生产管理制度和服务质量保障措施；有固定的办公场所以及与经营范围、规模相适应的停车场地。其中，"有五辆以上经检测合格的车辆"和"有固定的办公场所"，对个体卡车司机来说是难以达到的条件。在政策的约束下，个体卡车司机为了合法运营，不得不选择将车辆挂靠到有运输资质的企业名下。应该说，个体车辆挂靠企业，对集约化管理具有一定的积极意义。挂靠企业成为个体卡车司机和社会管理部门之间的一道防火墙与缓冲带，有效地降低了社会风险。

除了政府部门出于管理和货运集约化发展而进行的政策限制之外，业务需求是驱动个体卡车司机谋求挂靠的另一个原因。随着公路货物运输业的发展，作为甲方的货主的需求不断提高，要求乙方既能提供高品质的服务，又能确保运营风险最小化。相较于企业，尤其是具有较好资质的企业，个体卡车司机显然在这些方面不具有竞争优势。此外，货主在采购运输车辆时，往往需要索取相应的发票，而个体卡车司机不具有开发票的资质。尤其是在营业税改增值税政策出台后，甲方对运费结算发票的要求更显"刚性"。鉴于这些情况，将车辆挂靠在企业，以企业名义获取业务成为个体卡车司机的理性选择。

不仅如此，随着卡车金融市场的发展，卡车司机越来越多地以分期贷款的方式购买卡车。一些企业为卡车司机提供担保以向金融公司或银行贷款，还有一些企业全款购车再以分期付款的方式将车辆卖给卡车司机。无论是哪种情况，在还完贷款之前，卡车司机通常不能取得卡车的所有权，卡车名义上归属于企业。卡车司机和企业签署挂靠协议，形成挂靠关系。由于贷款购车已经成为公路货运市场的主流购车模式，这类挂靠是当前最主要的一种卡车挂靠类型。

（三）第三阶段：2017年至今

从 2017 年开始，由于法律、政策和市场环境的变化，传统的挂靠经营模式受到较大冲击。冲击力量主要来自三个方面。第一，各地关于个体卡车司机获取营运资格的限制逐步松动，卡车上个人户已经没有太大阻碍，这使出于获得道路运输证的需要而进行挂靠的情况趋于减少。此外，2019 年 3 月 2 日，国务院公布《关于修改部分行政法规的决定》，决定修改《道路运输条例》，取消 4.5 吨及以下普通货运从业资格证和车辆营运证，这也使一部分轻型卡车不再受挂靠的政策约束。第二，网络货运平台的兴起和扩张。网络货运平台不仅可以提供挂靠公司所提供的各种服务，而且在诸多方面更有优势。这使传统的挂靠经营面临"价值被质疑、地位被取代"的威胁。第三，由于市场竞争日趋激烈、相关法律法规越来越严格，挂靠公司获利更难而需要承担的风险和责任更大。这些社会经济条件的变化迫使挂靠公司谋求转型，或者拓展业务，或者改变经营方式，以更好地在市场竞争中立足和发展。后文将对此详述。

二　卡车挂靠经营的不同类型

当前公路货运市场上存在的挂靠类型多种多样。我们从三个维度加以分类。

从挂靠的原因来看，可以分为政策挂靠和业务挂靠。前者是为了取得营运资质而进行的挂靠，后者则是为了得到货源、开具发票、获得贷款等而进行的挂靠。随着各地对个体卡车司机获取营运证限制的逐步放松，政策挂靠的比例日趋下降；业务挂靠，尤其是因为贷款购车而发生的挂靠成为当前挂靠的主要原因。

根据挂靠方和被挂靠方关系的松散程度，可以分为形式挂靠和实质挂靠。在形式挂靠中，双方的关系较为松散。作为挂靠方的卡车司机向挂靠公司支付挂靠管理费，挂靠公司提供年检、年审、GPS 购置安装、保险购买等基本服务。而在实质挂靠中，双方的关系则要紧密许多。除了证件验审外，被挂靠方可能会提供货源，对车辆进行统一管理甚至统一结算，协助处理运输中的各种事故，并承担相应的风险等。

根据挂靠车辆的出资方式，大致可以分为三类。

一是卡车司机单独出资购买车辆挂靠在企业名下。卡车司机负责车辆的经营和日常管理，并享有该车辆的全部运行利益。挂靠公司收取挂靠管理费，并提供代办代缴各种税费、车辆保险、营运证的审验、验车、车辆补牌、补证、开具运输发票，以及协助处理交通事故等服务。提供服务的具体类别根据双方的协商结果以及关系的紧密程度而定。

二是卡车司机和挂靠公司共同出资购买车辆，合股经营。挂靠公司对车辆实施统一调度、统一管理和统一结算，每月或每年在扣除工资和经营支出外，双方以出资比例进行利益分配①。陈师傅便有一段与朋友合股经营的经历：他和朋友各出资 5 万元，合伙以分期付款的方式购买了一辆价值 48 万元的卡车，挂靠在陈师傅朋友开办的物流公司名下。运费由公司统一结算，每月的收入先用来偿付贷款，然后用于支付油钱、修理费、工资。这些费用付清之后的盈余会按照 50% 的股权比例分给陈师傅。（江西 GA – CH 访谈录②，卡车司机）

目前公路货运市场上这种卡车司机和挂靠公司合股经营的方式逐渐增多。对于卡车司机来说，这种方式一方面解决了购车贷款的问题，另一方面解决了货源问题。而对于企业来说，这种方式降低了自己养车的成本和风险，并且激发了卡车司机的工作积极性。本次调研的一家公司曾经购置了 20 辆卡车进行货物运输，但是后来因为资金风险和管理成本高昂而全部卖掉。当前挂靠在该企业的卡车司机有很大一部分选择了与企业合股经营的方

---

① 杜海平：《浅议货运车辆挂靠经营的治理》，《交通与运输》2015 年第 5 期。
② GA 为城市首字母缩写，CH 为访谈对象姓名首字母缩写。以下同。

式。在该企业负责人看来，这是"最佳模式"。

> 我们出一半（资金买车），他出一半。货我来帮他找，开支是他
> 的，运费是他的。他高兴我们也高兴，也好管理，他对车也会精心保
> 养。（江西 GA‒J 访谈录，企业负责人）

三是卡车司机通过向挂靠公司贷款，或者经由挂靠公司担保向金融机构贷款购买卡车，在还清贷款之前，车辆登记在挂靠公司名下。其他方面与上述第一种类型相似。

分期付款购车是当前公路货运市场上最主要的购车方式。在一些地方，挂靠公司主要通过自有资金和民间融资获得的资金向卡车司机提供购车贷款（其中又以民间融资为多），卡车司机直接向挂靠公司还款，如河南 W 县和江西 GA 市。在 GA 市，民间金融发达是当地物流产业发展的重要原因。据介绍，从 20 世纪 90 年代开始，公路货运市场的民间融资便已开始。"老百姓手上有钱，就借出去给司机买车，司机付 12% 的年利息。"（江西 GA‒L 访谈录，管委会负责人）其后，一些运输企业通过自身的经营积累和民间融资积累了大量资金，于是向卡车司机发放购车贷款便成为这类企业的主营业务之一。在河南 W 县，民间借贷也非常兴盛。一家企业负责人称企业账面上亲戚朋友的资金极多，因为近几年车辆销售行情不好，所以他已经拒绝接收新的投资了。（河南 JZ‒YSZ 访谈录，企业负责人①）在另一些地方，挂靠公司则主要扮演担保人的角色，卡车司机通过挂靠公司的担保向金融机构贷款，并直接向发放贷款的金融机构还款。卡车司机与金融公司签订贷款协议，与提供担保的挂靠公司签订挂靠协议。（湖北 XY‒L 访谈录，企业负责人）

---

① 杨先生是河南省 JZ 市 W 县一家运输公司的负责人。对杨先生的访谈时间为 2017 年 12 月 1 日，访谈人为马丹和王凡。

三 挂靠合同

卡车司机与挂靠公司挂靠关系的建立以双方签订的挂靠合同为标志。我们根据调研中得到的三个合同样本，来说明挂靠合同对双方权利和义务的约定。一份合同出自湖北 XY 市某物流公司（以下以 A 代替），一份出自云南 ML 县某物流公司（以下以 B 代替），还有一份出自四川 XD 市某汽贸公司（以下以 C 代替）。三份合同的名称不同，分别为货车挂靠协议、挂靠管理协议、挂靠公司汽车代管合同。

从合同内容来看，三份合同涵盖的内容都包括挂靠车辆权属、挂靠期限、挂靠费用、乙方承担的其他费用、甲方的权利与义务、乙方的权利与义务、协议的解除与违约责任等方面。

对于车辆的产权归属，A 合同明确规定"挂靠车辆以甲方名义登记上户，并不代表挂靠车辆的产权发生转移，挂靠车辆的所有权仍属于乙方"。B 合同相关表述基本一致：乙方自愿将所购货车落户登记至甲方公司名下从事营运业务，车辆落户登记不视为所有权转移，车辆所有权仍属于乙方。C 合同没有明确界定车辆的权属，只是声明"乙方将所购买并挂靠于××公司名下的车辆委托××公司代管"。

关于挂靠费用：A 合同和 B 合同都明确规定了每年的挂靠管理费金额。C 合同则未对挂靠管理费的具体金额予以规定。三份合同均提出车辆检测费、证照验审费、车船使用税等与挂靠车辆相关的一切费用由乙方负担。

三份合同均对车辆保险的类别、保额等进行了详细列示。从种类来看，A 合同规定乙方需购买的保险种类有交强险、车损险、三者险、不计免赔险、盗抢险、自燃险、承运人责任险和座位险。与 A 合同相比，B 合同规定的保险种类多了货物险，少了盗抢险。之所以增加了货物险，可能是因为挂靠公司为卡车司机提供货源的缘故。C 合同规定必须购买的保险为三者险、交强险和车船使用税，比 A 合同和 B 合同规定的险种少。三份合同都规定了乙方缴纳保险费的时间，但只有 C 合同规定了逾期的惩罚措施，"私自购买或未按期缴纳造成车辆脱保导致的一切后果由乙方承担，并处以违约金8000元"。

关于甲方的权利与义务，A合同与C合同的规定相近，包括为乙方办理各项手续、协助处理违章和交通事故等。B合同中，除了甲方积极协助乙方开具发票、办理车辆检审等相关事宜外，还规定了"甲方应积极协助、安排货源给乙方运输"。

关于乙方的权利和义务，A合同的规定包括消除违章、不得将车辆抵押质押、承担车辆的损失和各种风险等。B合同则未对此有任何具体条款。C合同的相关规定最为详细，但是所言均为责任和义务，无一涉及权利。

关于违约责任，A合同的规定是，若乙方不能按时足额缴纳所承担的费用，则甲方有权拒绝为乙方办理相关手续；逾期达15日，则甲方有权暂扣挂靠车辆，注销车辆牌照、证照。B合同对双方的违约责任进行了规定：甲方若因自身原因提前终止协议，视为甲方违约，在乙方交回甲方提供的牌、证后，甲方应退还乙方未发生的挂靠管理费；乙方若逾期缴纳相关税费或者导致甲方承担任何民事、刑事、行政责任，甲方有权解除合同，并且要求乙方支付甲方一定额度的违约金并承担甲方的全部损失和责任。C合同对违约责任的规定几乎全部指向乙方，且内容极其详尽。如，乙方如果未能在规定缴纳日的15日内缴纳相关费用，则甲方有权按照费用金额的3%收取滞纳金；若在30日内未缴纳相关费用，则甲方有权申请仲裁。对于乙方不购买保险、非法承揽危险品运输、违规驾驶造成重大交通事故，合同都明确规定了相应的违约金金额。其他条款还有不少，在此不一一列示。

在三份合同中，B合同最为"友好"。就违约责任来看，A合同和C合同都规定了乙方的责任，B合同则在规定乙方责任的同时规定了甲方的责任。此外，B合同还特别提到甲方应当为乙方提供货源。C合同的规定对挂靠的卡车司机最为苛刻，这可以从一位卡车司机（该合同的乙方）所讲述的一些事例中得到证实。B合同处于二者之间，属于比较正规的挂靠合同。

概括而言，挂靠方和被挂靠方的挂靠关系通过双方签订的挂靠合同确立。所有的挂靠合同都明确规定了挂靠车辆的实际所有权人为乙方，即挂靠的卡车司机。甲方（挂靠公司）的责任主要在于为乙方办理相关手续、代买保险、协助处理违章和交通事故。乙方的责任和义务则较多，包括按时缴纳费用、不违规驾驶、不非法运营、保障交通安全、定期进行车辆维修、按时还款等方面。不同挂靠公司的挂靠合同在名称、内容等方面均有所不同，合同规定与实际执行也可能存在差异，这些都表明挂靠在实践中存在较大的弹性。

第二章 挂靠公司：业务类型、收入、风险及行动策略

一 挂靠公司的业务类型

在早期，挂靠公司的业务往往就是单纯的挂靠。但是后来，一些挂靠公司逐渐向物流或汽贸或这两者拓展，从而形成了多种经营模式。不仅如此，一些物流公司、汽贸公司或者在开办之时便提供挂靠服务，或者在其后的经营中逐步纳入挂靠业务。因此，我们现在在公路货运市场上看到的具有挂靠业务的公司，就其经营门类来说，往往是多种多样的。以下我们对公司的业务类型进行简要介绍。

（一）纯挂靠

21世纪初，随着《道路运输条例》的出台，一批专门从事挂靠业务的企业出现了。根据《道路运输条例》的规定，如果申请人有与其经营业务相适应并经检测合格的车辆、有符合规定条件的驾驶人员、有健全的安全生产管理制度，那么便可向道路运输管理机构申请从事货运经营。申请人如果获得了道路运输经营许可，就可以为其名下车辆办理车辆营运证。这些企业自身并不从事货物运输，只经营挂靠，即吸引个体卡车司机将自己购买的车辆挂靠在其名下以获得营运资质。它们对外不以挂靠公司自称，而是冠以"运输公司""物流公司"甚至"商贸公司""科技公司""咨询公司"等名号。由于成本低、门槛低，利润高，许多人被吸引从事这种方式的经营。

有车，有场地，这是必须的（指成立公司，获得道路运输经营许可证）。停车场都是租的，临时借用。每年交通局都要检查1~2次，

查停车场的投用面积。我们长期租，但是基本上不停车。（北京 – LBC 访谈录，企业负责人）

它（指纯挂靠公司）没有什么成本，可能就我一个老板，我老婆管账，请一两个业务员，就够了。不像生产线，要付很多人的工资，还有这个费、那个费。挂靠公司没什么开支，就是几个人管理。一年能够管到 50 辆或者 100 辆车，我一年就有 50 万元或 100 万元的利润。（江西 GA – L 访谈录，管委会负责人）

（二）物流 + 挂靠

一些物流公司，因为自己养车风险大、管理成本高等问题，将自有车辆或者一次性或者分批分次卖掉，然后吸收一些车辆挂靠在公司名下，通过挂靠车辆完成运输任务。也有一些物流公司，由于业务量的增大，自有车辆无法满足运输需求，便在保留自有车辆的同时，大规模吸引挂靠车辆，从而形成了"物流 + 挂靠"的模式。

河北省 HD 市 JH 物流公司管理者王先生谈到挂靠车辆与自有车辆相比在成本控制和激励方面的优势。

公司自己的车不太好管理，车上的油、维修各方面，司机容易鼓捣事儿。有的人，轮胎没坏，他要换一个。油本来 100 公里 30 升，他说 40 升。车如果是他自己的，多少都是他自己的，那肯定是多少就是多少……过去的司机（指公司雇用的司机），可能一天跑两趟就行了，反正我就挣这么多钱，但现在这个车（指挂靠车），他能跑 5 趟就不跑 3 趟。（河北 HD – WJ 访谈录，企业管理者）

"物流 + 挂靠"的模式，也不总是物流在先、挂靠在后。一些公司以挂靠起步，然后逐渐扩展到物流。也有一些公司则是物流和挂靠业务同时起步，江西 GA 市 JB 公司便是其中一例。据该公司负责人金先生介绍，2000年他买了第一辆卡车，开始跑运输。跑运输的过程中他结识了一位托运部的老板，老板了解到他的家乡有较大的二手车市场，便托他帮忙买二手车以便开展运输业务。于是他开始了二手车买卖业务。老板看他为人实在，就建议他经营物流，"因为物流赚钱，开车赚不到很多钱"，并建议他组成车队，车辆挂靠在公司，由公司统一管理，承运托运部所介绍的货源。

> 人、车、货就都齐了。2002 年左右开始，由一台车开始慢慢做，到几台、十几台、几百台，后面到 3600 多台。（江西 GA – J 访谈录，企业负责人）

（三）汽贸 + 挂靠

汽贸公司一般指汽车的二级经销商，它们多从 4S 店以较低的价格购车然后加价卖出。有的汽贸公司专门销售新车，有的则专门买卖二手车，更多的情况则是兼营新车和二手车贸易。直到 20 世纪 90 年代末，汽车销售方基本上都要求客户支付全款方能提车。从 21 世纪初开始，出现了分期付款卖车的方式，初期因为坏账较多、市场混乱而一度被叫停。2010 年以后，分期付款卖车成为主流的售车方式。（北京 – M 访谈录，企业负责人）无论采取哪种方式，汽贸公司都与挂靠较为紧密地联系在一起。

马先生从 2003 年开始在北京从事汽车贸易，2007 年开始经营挂靠业务，挂靠车辆最多时达到 2000 多辆。据他介绍，他最开始经营挂靠业务的动机是给客户帮忙，因为没有道路运输证，卡车司机无法上路。

> 那时候我们新车、旧车一块儿卖。我们号称提供一条龙服务，新车、旧车、挂靠，所有的车都围着我们公司转……司机买了车，他着急上路，（没有车辆营运证）他买了车也跑不了，我们就想着把挂靠跟卖车凑到一块儿，给司机解决困难。（北京 – M 访谈录，企业负责人）

（四）汽贸 + 物流 + 挂靠 + 其他

有一定规模的企业往往物流、挂靠、汽贸业务兼而有之，如江西 ZT 公司。该公司负责人熊先生 1998 年从做信息部起家，到 2004 年注册了汽运公司。这时一些司机便前往挂靠，这样他们既得到了货源，又得到了营运资质。2006 年，公司开始进入汽贸和金融领域，借款给司机买车，同时经营挂靠业务。现在该企业已经向房地产等其他领域拓展，成为颇有实力的集团公司。

> 信息部越做越大，2004 年就开公司了。这个汽运公司是有车的，有车后司机就可以挂靠我们了。以前我们没车，开信息部的时候是到市面上去找车的。后来我们成立了车队，买了 20 辆车，全部是我们自己的车。2006 年开了汽贸公司。很多司机有技术但是没钱，所以他要找我们公司（借钱）。二三十万元一辆车，司机只有 10 万元，他没办法，只有找我们。我们借给他，他就可以跑运输了。（江西 GA – L 访谈录，企业管理者）

前述的 JB 公司亦然。公司目前集物流、挂靠、汽贸、金融、维修、加油等业务于一身，已经介入公路货运产业链条的每一个环节。

二 挂靠收入

不同的挂靠公司因为业务上的差异，在收入来源上也存在差别。我们将挂靠公司因为卡车挂靠而得到的收入分为两类：一类为从挂靠的卡车司机获得的收入，另一类为与卡车挂靠相关的其他收入。

（一）从挂靠的卡车司机获得的收入

1. 车辆及证件验审费用

车辆和营运证的年检和年审是挂靠公司为挂靠方提供的最基本的服

务。挂靠公司就此两项服务向卡车司机的收费在 800~1500 元，成本价则一般在 500 元左右。据称之前还有一项常规费用：二级维护费。挂靠公司基于此项业务获利 600 元左右。二级维护取消之后，此项收入也就没有了，但是仍有一些挂靠公司假借二级维护之名收取相关的代办费用。

2. 挂靠管理费

在挂靠期间，挂靠方要向挂靠企业支付挂靠管理费（有的地方称挂靠服务费）。挂靠管理费因地区和企业而异，一般是每年 500~3000 元。调研的几个城市挂靠管理费存在明显差别。河南 W 县和湖北 XY 市，目前挂靠公司的收费中已经没有"挂靠管理费"一项。江西 GA 市的挂靠管理费为每年 500~1000 元。四川 XD 市的挂靠管理费最高，为 2400 元。近年来，随着挂靠公司竞争加剧，挂靠管理费普遍存在下降的趋势。尽管如此，挂靠管理费畸高的现象仍然存在，且集中在某几个城市。如 CQ 市的挂靠管理费根据车型，为每年 3000~5000 元。

3. 安装北斗行驶记录仪/GPS 的费用

根据交通运输部门的规定，卡车必须安装、使用卫星定位装置[①]。如果卡车挂靠在企业，则多由挂靠公司办理卫星定位装置的安装。不同装置的安装费不同。就交通部门强制要求安装的北斗行驶记录仪来看，安装此设备的成本价据称在 400 元左右，而通过挂靠公司安装的费用则在 800~1500 元。此外，挂靠公司在代缴北斗每年向用户收取的服务费时，也会相应地赚取一定的差额。一位卡车司机称，每年通过挂靠公司交付的北斗系统服务费为 800 元，如果自己缴纳则在两三百元。（四川 XD - XS 访谈录，卡车司机）

---

① 2014 年 7 月 1 日，交通运输部出台的《道路运输车辆动态监督管理办法》规定，"进入运输市场的重型载货汽车（总质量为 12 吨及以上的普通货运车辆）和半挂牵引车，应当于 2015 年 12 月 31 日前全部安装、使用卫星定位装置，并且接入道路货运车辆标志"。从 2017 年开始，交通部门强制要求营运货车安装北斗行驶记录仪，未安装或者设备未能在联网联控系统正常显示的货车，无法获得道路运输证。

4. 车辆保险返点

保险返点即保险佣金，一般根据商业险保费额度的百分比计算。这个比例据称经常变化，最高时曾达 40%，从 2020 年开始降到 20%。不同车型的保险费用不同，返点也就不同。蓝牌卡车每年的保费（三者险＋交强险＋座位险）在 5000 元左右，按 20% 计算的话，保险佣金为 1000 元左右。黄牌卡车的保费较高，最高能达 3 万元，按 20% 计算的话，保险佣金最高能达6000 元。

许多地方的挂靠公司称从 2021 年开始已经没有保险佣金了。佣金比例下调对许多挂靠公司，尤其是那些不收取挂靠管理费的企业来说，冲击较大，因为保险佣金是这类企业的主要收入来源之一。（湖北 XY－L 访谈录，企业负责人）

以上四项收益，前三项均为直接从挂靠的卡车司机处获得。第四项保险佣金虽然是从保险公司得到的，但是如果卡车司机自己购买保险，则佣金多会返还给卡车司机。从这个角度来看，保险佣金是一笔变相从卡车司机那里得到的收入。

就上述所列挂靠公司的日常服务而言，一辆挂靠卡车所产生的年毛利润在 5000 ～ 10000 元。具体如表 1－1 所示。

表 1－1　挂靠公司从挂靠方获得的收入（6 米以上车型）

单位：元/年

收入类型	项目收费标准	成本	净利润
挂靠管理费	500 ～ 3000	—	500 ～ 3000
车辆年审	1000 ～ 1500	400 ～ 600	600 ～ 900
营运证年审与综合年审	800 ～ 1200	400 ～ 600	400 ～ 600
保险费用	16000 ～ 28000	13000 ～ 24000	3000 ～ 4000
北斗行驶记录仪/GPS	800 ～ 1500	300 ～ 500	500 ～ 1000
合　　计	19100 ～ 35200	14100 ～ 25700	5000 ～ 9500

注：不同地区、不同企业收费差异较大，本次调查所涉及的城市和企业有限，此表中列出的数据所依据的是访谈对象的介绍，较难涵盖总体的各种情况。

（二）与卡车挂靠相关的其他收入

除了上述直接或间接从挂靠的卡车司机获取的收益之外，因为挂靠业务通常与贷款、开发票等紧密关联，挂靠公司还拥有以下几项与挂靠车辆相关的收入来源。

1. 购车/贷款提成

如果挂靠公司从事汽车贸易，即为司机采购车辆提供贷款担保或者直接提供借款，那么公司还会得到另外两项收入：集中采购车辆的提成以及司机购车贷款提成。前者来自卡车生产厂商或上一级卡车经销商，后者则来自合作的金融机构。在湖北省 XY 市，如果汽贸公司为金融公司介绍贷款业务，则会从金融公司得到一笔提成，这在当地被称为"茶钱"，一般为贷款额度的 2% ~ 3%。

> 司机贷款 20 万元，金融公司会给我们 4000 ~ 6000 元。（湖北 XY－L访谈录，企业负责人）

2. 购买新车的税收抵扣

一些企业购置新车，然后再全款或者贷款卖给卡车司机，在贷款的情况下，卡车司机和企业往往会形成挂靠关系。企业购车如果能够取得增值税发票，那么购车款就可以作为进项抵扣，从而使企业得到一笔收益。据称，一辆卡车由此能为企业增加三四万元的收入。（河南 JZ－YSZ 访谈录，企业负责人）

3. 地方政府税收返还

个体卡车司机不能开具发票，而货主方通常需要发票入账，所以货运市场上产生了通过第三方开具发票的需求。根据税务规定，有一定吨位的车辆，才能到税务机关申领发票，这个"以车控票"的制度使得名义上拥有大量车辆的挂靠公司成为开具发票的合法主体。由于发票代表了地方税收，地方政府出于完成财政任务的目的，给予开票公司以高额的税收返还。换言之，一家企业只要名下有车辆，即可以开具发票，而只要开具发票，就可以获得地方政府的返利。这在一段时期内刺激了一些地方开发票业务的野蛮生长，也刺激了通过吸收车辆挂靠而获利的挂靠公司的野蛮生长。

> 挂靠公司之所以能开发票，是因为跟税务已经在制度上结合在一起了。税务规定得有一定吨位的车辆，才能申领发票，这个叫作"以车控票"。这也符合原来的《道路运输条例》的规定，就是有车辆才能运输。……发票代表了税收，地方政府会获利，接着地方政府就给挂靠公司配套所谓的财政政策：奖励。就是你纳税多少，就返还多少。原来营业税的时候，是3%的税率，很多地方政府都返到了2%。而且营业税发票是可以在增值税里抵扣的。这个行业还有一个"开三抵七"的政策，就是按照3%缴纳营业税，但是按7%来抵扣增值税。……这个钱很好挣。最后就演化成一种专业性分工：一帮人只管开发票，发展尽可能多的车辆过户，越开越多；另一些人（指卡车司机）只管运输，需要发票的时候，就去购买。（安徽HF-FL访谈录，企业负责人）

三 挂靠公司吸引卡车挂靠的策略

挂靠的车辆越多，挂靠公司的收益就越大。尤其是对于纯挂靠公司来说，其收益完全取决于挂靠车辆的数量。因此，挂靠公司使用各种策略来吸引卡车司机将车辆挂靠在其名下。具体策略如下。

（一）与4S店合作获取客户

一些挂靠公司与某些卡车品牌的4S店达成合作协议：4S店将到店中购车的客户介绍到挂靠公司，挂靠公司给予4S店一定数额的返利。这是一种较为快捷的获取客户的方式，但是也具有相对较高的成本。

只要你有资质、有这项经营范围（指道路运输经营许可），就可以找卖货车的4S店、二级代理什么的，跟他们谈合作。他们把客户推荐到你公司，你给他们返费。蓝牌车基本上返4000元左右，黄牌车有5000（元）、6000（元）、8000（元）的。像6.8米的那种基本上就是8000元。现在我听说有的黄牌车返费在一万五（千元）、两万元左右。（北京－LBC访谈录，企业负责人）

（二）低价售车

这主要是那些以"汽贸＋挂靠"为业务的企业采取的策略。有的公司为了吸引客户，或者以低于市场价的价格出售车辆，或者在卖车时赠送冰箱、空调等各类礼品。（河南JZ－YSZ访谈录，企业负责人）因为这类企业的售车和挂靠连在一起，所以这种策略在促进了卡车销售的同时，也为企业赢得了一批挂靠车辆。

低价售车作为企业赢取客户的竞争策略，对于卡车司机来说通常安全无虞，甚至不失为一种福利。但是在某些情况下，低价售车预示着较大的风险。如果企业以远低于市场价的价格出售车辆，那么之后有可能通过高额挂靠管理费、保险费、过户费等方式将低价售车的损失弥补回来。对于挂靠的卡车司机而言，这些后期的费用远远超过购车时所享受的低价。

（三）提供货源

因为当前公路货运市场车多货少，所以个体卡车司机对货源的竞争颇为激烈，得到稳定而优质的货源是卡车司机最主要的诉求之一。如果挂靠公司能够为卡车司机提供货源，那么就有可能吸引卡车司机将车辆挂靠在其名下。河北某公司名下目前大约有3000辆挂靠车，据公司汽贸业务分管人陈先生介绍，企业拥有大量货源是吸引卡车司机挂靠的重要原因。

我们有货源，跟大的厂矿企业都有购销合同，包括运销、大宗散货

都有合同，有货源就能很好地吸引客户。（河北 HD-CL 访谈录，企业管理者）

提供货源的挂靠公司可以分为两类。一类是以挂靠、汽贸为主要业务的企业，为了吸引和维持客户而有意拓展一些货源。这类公司提供的货源数量通常比较有限，公司对卡车司机的管理也较为松散。比如，不要求挂靠车辆必须优先运输自己提供的货源，仅在同等价位的条件下挂靠车辆优先等。

同等价位下，别人（出价）300（元）你也（出价）300（元），你愿意优先用你的车，但是人家说我 280（元）就拉，那我肯定用 280（元）的，只能保证同等价位你优先。（河南 JZ-YSZ 访谈录，企业负责人）

另一类提供货源的企业则是一些物流企业。它们出于经营稳定性和成本收益的考量，使用挂靠车辆完成企业的运输业务，从而既避免了自己养车的经营风险和管理上的烦琐，又避免了通过车货匹配平台找车运输的风险。物流企业不仅可以通过货物运输获利，还可以通过挂靠业务获利。这类企业通常拥有稳定且较为充足的货源。企业跟挂靠车辆的关系较前一种也更为紧密。通常情况下，企业会要求挂靠车辆优先承担本企业的运输任务；在运费结算方面，往往是物流企业跟货主统一结算后，再与挂靠的卡车司机结算。

云南 ML 县某运输公司从 2013 年开始发展挂靠业务，其时以形式挂靠居多。从 2017 年开始，公司拓展了冷链运输，涉及跨国货运。为了保障运力的稳定性和可靠性，公司把之前合作的六辆卡车转为挂靠车辆，公司负责人汤先生与这些挂靠车辆车主之间的关系非常密切。

挂靠的司机都是本地人，而且都是比较熟悉的驾驶员。他们之前长期与公司合作承运货物，信誉很好。综合评估下来（觉得他们）比较合适，就跟他们沟通、协商，达成合作。从司机的角度来说，他们希望

公司有能力提供货源，也更愿意找一些口碑好的、有资质的公司合作，能避免很多风险。（云南 ML－T 访谈录，企业负责人）

河北 HD 市某物流企业 JH 公司，除了少数自有车辆之外，大多数车辆为挂靠车。公司全款购车，之后以分期付款的方式卖给卡车司机，尾款付清之前，双方形成挂靠关系。作为河北某国有钢铁集团的子公司，JH 公司拥有充足的货源。挂靠的卡车司机从该公司得到货源，同时受到公司的管理。司机在完成 JH 公司分配的任务之后，若有余力，可以自己再找一些散活。

因为你（指挂靠的卡车车主）干的是我的业务，所以你就要服从我业务上的安排。我让你运的货你就得运，我让你什么时间做完你就要什么时候做完。（河北 HD－WL 访谈录，企业负责人）

在某些情况下，挂靠公司以提供货源为名吸引卡车司机购车和挂靠，但是所提供的货源运价很低。如果卡车司机没有其他获取货源的途径，经营就会发生较大的困难。

我认识的一个人，买了一辆 4.2 米的蓝牌货车。他没有自己的货源。买车的时候公司说保证货源，这个车的价格要比正常买车的价格贵两三万块钱。公司说安排货源，但是价格特别便宜。他的车买了一年多，经营不下去就把车卖了，还是他买车的那个公司收回去的。（四川 XD－XS 访谈录，卡车司机）

（四）维系"关系"

如果是贷款买车，在当地政策允许的情况下，那么卡车司机还清卡车贷款之后，车辆就可以从挂靠的公司转出，过户到自己名下。对于不是因为贷款买车而形成的挂靠关系，挂靠方也可以根据合同约定的日期与被挂靠方协商解除。这意味着挂靠方和被挂靠方的关系是动态的、不稳定的。此外，挂靠于同一家企业的卡车司机多集中于同一地域，或者彼此形成了一定的关系网络，所以如果某一位司机选择不挂靠，就会产生带动效应，即"一走就走一片"。相应地，如果能够发展或者维持一个客户，该客户就可能会带动一批人前来挂靠。因此，具有长远眼光的企业主，有时即使亏本也要维持客户。

> 你在这一个地方做得好，就可以向其他地方辐射。有些地方的客户资源真的是白干，但是我们要留住他……你现在不赚钱不代表以后不赚钱，如果客户走了，那么你想把他重新拉过来很难，客户是一走就走一片的，有的时候你不能讲利润，必须把他留住。（江西 GA - K 访谈录，企业负责人）

调研中发现，挂靠公司维系与客户关系的方式主要有家访、垫资、困难帮扶等。

1. 家访

在江西省 GA 市，一家颇具规模的挂靠公司负责人金先生说他维系客户的方法，就是逢年过节带着当地的米粉、辣椒酱等特产，前往挂靠的卡车司机家里进行"慰问"。这项在创业之初为了降低贷款卡车司机不能还款的风险而采取的措施，被该企业主作为联络感情的纽带延续下来，在建立品牌、维系客户方面取得了很好的效果。（江西 GA - J 访谈录，企业负责人）该企业客户从湖南娄底开始，逐渐发展到整个湖南省，然后延伸到广西、贵州、海南、四川等省。2002 年，该企业仅有一辆挂靠卡车，目前挂靠车辆则有 3600 多辆。（江西 GA - 管委会）

2. 垫资

如果挂靠的卡车司机不能及时交纳某些费用，一些挂靠公司就会代行垫付，最常发生的是保险费和购车贷款的垫付。卡车保险费是一笔不小的金额，一辆牵引车一年的保险费用约为 28000 元，前几年甚至达 35000 元。

（湖北 XY‑L 访谈录，企业负责人）卡车司机有时因为各种原因难以拿出这笔钱。挂靠公司如果断定挂靠的卡车司机并非故意拖欠，通常会为之垫付，甚至在短期内不收取利息费用。（江西 GA‑W 访谈录，企业负责人）如果公司担保借款，那么当卡车司机不能及时还款时，一些挂靠公司也会向金融机构垫付。

> 我们公司还给我们垫钱了。去年（指 2020 年）疫情的时候，4 月刚解封，每个月要还车贷，哪里还有钱买保险，公司给我垫了一万多元的保险费。（湖北 XY‑CSH 访谈录，卡车司机）

> 疫情的时候，我记得李总（挂靠公司负责人）说他的信用卡被刷爆了，都是（因为）给几个车还贷款。因为还不了，都没钱，疫情期间停工了几个月。（湖北 XY‑HQ 访谈录，卡车司机）

3. 困难帮扶

一些挂靠公司会在挂靠方遇到困难时给予帮助。一位挂靠公司管理者称公司是卡车司机的"娘家"，司机遇到各种困难都会去找公司，公司也会尽力提供帮助。

> 他们有困难都会找我们。家里发生变故，或者有什么困难，都会来找。他们在外面没要到运费，也会来找我们，我们就去帮他们讨要运费，在帮他们讨钱的同时还会资助他们一些钱。（江西 GA‑L 访谈录，企业管理者）

对于重要客户，关系维系尤为重要，公司予以帮扶的力度也更大。所谓重要客户，是指拥有较多车辆的车主。这些客户通常与挂靠公司老板称兄道弟，形如家人，对彼此生活的介入程度较深。陈师傅目前有 6 辆车挂靠在一家汽贸公司，他与企业主吴先生的关系非常密切。他称贷款还完之后也不会把车辆转出，因为这样会对不起吴先生。他说吴先生总是尽可能地帮助他，主动借钱给他买房一事尤其体现出吴先生的深情厚谊。

> 2017 年的时候我女儿读书，那个时候我们这边没有房产证就不能到市里面读书，必须回户籍所在地，所以我只好在市里买房。钱不够，吴总说你还差多少钱，我说差 15 万（元），他马上说快去找房子，15 万（元）从我这里拿。（江西 GA – CH 访谈录，卡车司机）

四　挂靠公司的经营风险及防范策略

作为一个市场主体，挂靠公司面临着各种经营风险。挂靠公司的业务类型多样，所以风险来源各有不同。我们在此只分析挂靠公司因为挂靠业务所承受的风险。早期挂靠业务的风险较低，企业只需向挂靠的卡车司机"出借"道路运输资质即可，几乎不需要担负责任。但是近年来，随着法律法规的完善、交通管理的强化、卡车金融的扩张以及卡车司机经营状况的恶化，挂靠公司因挂靠业务而承受的风险不断增加。本节对挂靠公司的风险类别和挂靠公司为防范和降低风险所采取的行动策略加以介绍。

（一）交通事故中承担民事责任甚至刑事责任的风险

当挂靠车辆发生交通事故时，被挂靠方的法律风险主要表现在以下四个方面。

第一，当挂靠方与第三人发生交通事故对外承担民事责任时，被挂靠方需承担连带责任。对于此种情况下被挂靠方承担何种责任，我国法律规定经历了从无到有的变化。1992 年出台的《最高人民法院关于适用〈中华人民共和国民事诉讼法〉若干问题的意见》第 43 条规定，个体工商户、个人合伙或私营企业挂靠集体企业并以集体企业的名义从事生产经营活动的，在诉讼中，该个体工商户、个人合伙或私营企业与其挂靠的集体企业为共同诉讼人。2001 年，《最高人民法院关于实际车主肇事后其挂靠单位应否承担责任的复函》规定，被挂靠单位从挂靠车辆的运营中取得了利益，因此应承担适当的民事责任。2012年9月通过的《最高人民法院关于审理道路交通事故损害赔偿案件适用法律若干问题的解释》修改和完善了对于挂靠车辆发生交通事故时的责任承担问题，其第3条规定，以挂靠形式从事道路运输经营活动的机动车发生交通事故造成损害，属于该机动车一方责任，当事人请求由挂靠人和被挂靠人承担连带责任的，人民法院应予以支持。2021年1月1日正式施行的《民法典》第1211条明确规定，"以挂靠形式从事道路运输经营活动的机动车，发生交通事故造成损害，属于该机动车一方责任的，由挂靠人和被挂靠人承担连带责任"。

第二，对于挂靠方所雇用的人员主要是司机在工作中自身受到伤害的，被挂靠方亦要承担相应的民事责任。《最高人民法院：挂靠车辆中司机工作中伤亡能否认定为工伤问题的答复》规定，"个人购买的车辆挂靠其他单位且以挂靠单位的名义对外经营的，司机与挂靠单位之间形成了事实劳动关系，在车辆运营中伤亡的，应当适用《劳动法》和《工伤保险条例》的有关规定认定是否构成工伤"。一旦受损害的司机被认定为工伤，作为被挂靠方的企业就要承担相应的法律方面的责任。

第三，被挂靠方在承担一定的责任之后可能因为挂靠方的支付能力有限而不能足额追偿，从而造成损失。挂靠协议不具有对抗第三人的效力，因此被挂靠方往往需要对第三人承担责任，然后依据挂靠协议向挂靠方进行追偿。然而挂靠方属于个体，其清偿能力往往不能得到相应的保证。这导致被挂靠企业在承担责任之后无法依照双方的挂靠协议进行有效的追偿，进而蒙受损失。

第四，除了民事责任之外，挂靠企业还有承担刑事责任的风险。根据《刑法》第133条的规定，违反交通运输管理法规，因而发生重大事故，致人重伤、死亡或者使公私财产遭受重大损失的，应当立案追究。作为车辆名义所有人的企业在这种情况下要承担刑事责任。

　　　　每一辆车都能决定你的生死。M县的大货车（事故）有三十多人

死伤，老板都被拘了，还是国有企业。（河南 JZ – YSZ 访谈录，企业负责人）

一家汽贸公司的负责人向我们谈起一次有惊无险的经历。公司的一个客户发生重大交通事故后逃逸。如果公司与该客户签署了挂靠合同，则他就要承担刑事责任。

> 我公司卖的一辆车，签的是买卖合同，他开了几个月就发生了一起特大交通事故。他的车拉了 40 吨（注：超载），这个司机看到联合执法就开始跑，交警追了几十公里，追到市中心去了，市中心有下班的人在等红绿灯，（遇到）红灯要停，司机开车快，货车超载刹不住，就把过马路的人撞了，当场撞死 6 个人。这辆车我卖了，所以产生的利益跟我没有关系。如果我跟他签了挂靠合同，那么我现在还在（监狱）里面，最少判三年。后来司机以危害公共安全罪被判无期（徒刑）。（江西 GA – K 访谈录，企业负责人）

目前已经转行、曾经经营挂靠公司 6 年的吕先生说自己因为挂靠车辆频繁发生交通事故不胜其烦。尤其是黄牌卡车，因为跑长途，所以事故发生率很高。

> 总上法院，交通局也查，还有安全委员会。……你挂靠在我这儿，出事故的话，（受害人）如果不接受保险理赔，就会直接起诉公司，而不是车主。法院判我公司去赔钱。……一个蓝牌 4.2 米的车在 TZ（北京某区）发生了一起（事故）。（被撞的人）是一个老爷子，60 多岁了。拐弯的时候货车司机没注意，老爷子骑着自行车，他把老爷子兜了一下，老爷子躺在那儿，起不来了。老爷子索赔 2 万元。货车司机哪有钱，只能走保险。保险公司把该理赔的都理赔了，老爷子又要精神损失费、误工费，他就起诉了，一审判决下来之后，司机赔给他一部分医药

费，其他的费用没赔。后来老爷子又起诉，之后协商解决，由司机给老爷子 2000 块钱，这件事情就算结束了。结果这 2000 块钱没给他，法院就把我公司的法人限高了（指因为征信问题而限制高消费）。（北京－LBC 访谈录，企业负责人）

为了防范上述交通事故风险，挂靠公司主要采取以下措施。

第一，对挂靠的卡车司机进行安全教育，并对司机的驾驶情况施行监控、实时提醒。一家挂靠公司负责人介绍，公司花费 80 万元购买了一个车辆管理系统，对每辆车进行 24 小时的实时监控，一旦发现司机超速就会进行人工提醒，以最大限度地防范交通事故风险。

导航会提醒司机超速，包括疲劳驾驶，但是他不听。有的是为了赶时间，有的是为了省事，所以我们要人工提醒。……为了管理好车辆，不要怕花钱，才能做得好。（江西 GA－J 访谈录，企业负责人）

最重要的是对驾驶员的安全教育要到位，以前我们在这方面的意识比较淡薄，现在我们比较重视。司机有违规驾驶、超速行驶，有超载行为，我们都会去监督。……我们有人专门去盯着他们（指挂靠的卡车司机），保证车辆安全。我们经常跟他们讲，你们不要去做危害社会的事情，因为现在把危险驾驶上升到法律层面是很可怕的，一旦有伤亡事故，对我们双方的损失都非常大。（江西 GA－W 访谈录，企业负责人）

第二，提高保险额度。几位挂靠公司负责人均提到近年来企业为挂靠车辆购买的保险额度越来越高。比如，以前第三者责任险的保额为 50 万元，后来加到 100 万元，现在为 150 万元，有的车甚至买了 300 万元的保险。（河南 W－Y，江西 GA－J，企业负责人）

一辆货车的保险主要包括：交通强制险，这是交管部门强制规定要上的保险，保额为 20 万元，面向第三者，保第三方的人与物；座位险，保车上人员，保额最高为 20 万元。一些企业还会购买团体意外险，同样是保车上人员，保额可达 50 万元；第三者责任险，与交通强制险一样，面向第三者，但是属于商业险范畴，保额一般为 100 万元；超赔险，即超额赔款再保险，保费一般在 1200 元左右，单次最高赔付限额为 500 万元。这些险种全部购买的话，一辆货车的保费约为 3 万元。

尽管卡车司机的保险意识逐步增强，但是由于保费金额不菲，仍然有一些卡车司机不愿意购买保险，尤其是不愿意购买交通强制险和座位险之外的商业险。此外，有的卡车司机因为有一些人脉，自己买保险可以享受到较高额度的佣金，因而对通过挂靠公司买保险有抵触情绪。

> 有的司机说我媳妇和表妹都在卖保险，我到她们那儿买保险还能赊账，我到你这儿（指挂靠公司）买又贵又赊不了账。……我小姨子是做保险的，我就在她那儿买的保险，她把提成转给我了，在挂靠公司买的话，提成肯定不给你，一分也不给你。（湖北 XY－CSQ 访谈录，卡车司机）

如果卡车司机拒绝购买保险，那么挂靠公司首先会跟卡车司机讲道理。如果卡车司机还是不愿意买，那么挂靠公司可能会采取一些强制措施，比如不允许上路。这些如果都不奏效的话，挂靠公司就可能会起诉。

> 我派人去跟司机说，你不买（保险），车就停着不要动、不要开，一旦发生交通事故（后果）不得了。如果他不同意我只能起诉，起诉的话时间要 3 个月到半年。（江西 GA－K 访谈录，企业负责人）

但是即便买了足额的保险，也并不意味着万事大吉。因为发生交通事故之后，保险公司要根据责任认定进行理赔。保险公司理赔不了的部分，如果是卡车司机要承担的，则由司机赔付，司机赔付不了的，挂靠公司赔付，之后挂靠公司向司机追偿。但是如前所述，由于卡车司机的偿付能力有限，追偿很可能不了了之。

> 有个司机降级了，之前是开牵引车的，可能是因为扣分驾照成了 B 照。驾照成为 B 照之后就不能开牵引车了，但是他瞒着公司开，然后出了事故把人撞死了，要赔 120 万（元）。但是这笔钱保险公司不赔，因为是在不符合法规的情况下撞死了人。这种情况就很难处理，公司也背黑锅了。（湖北 XY - L 访谈录，企业负责人）

第三，改变合同性质。在江西省 GA 市，一些公司与挂靠的卡车司机签订的合同不是通常的挂靠合同或协议，而是"购车分期付款保留所有权合同"。与通常的挂靠合同相比，"购车分期付款保留所有权合同"的特别之处在于以下条款，"乙方因购车资金不足，向甲方借款，并采用分期付款保留车辆所有权的方式购车，该车在乙方未向甲方付清购车款本息及甲方为乙方垫付的各项税、费前，甲方保留该车辆的所有权，该车辆注册登记于甲方名下，乙方表示同意"。

据 GA 市公路货运管理部门负责人介绍，从挂靠合同向"购车分期付款保留所有权合同"转变，主要出于两个目的。第一，保全公司的经济利益。当地的挂靠公司多有金融业务，如果挂靠公司与卡车司机形成挂靠关系，那么在发生法律诉讼时，公司的利息不受法律保护[1]。第二，帮助公司规避责任。（江西 GA - L，管委会负责人）在"购车分期付款保留所有权合同"中，甲方与乙方并没有挂靠关系，因此，如果发生了交通事故，则公司可以

---

[1] 当地政府管理部门的一位负责人谈到如何为了保护企业向司机收取的利息而改变合同性质，"我们本是做金融的，一辆车 50 万元，司机出了 10 万元，40 万元是我公司借给你的，按道理我算 1 分的利息是正当的。但是在打官司的过程中，如果是挂靠合同，法官就不支持利息。公司向银行贷款，是要给银行利息的，给司机 1 分的利息，我还有些盈利，结果法院不支持我这 1 分的利息，那我就亏掉了向银行付的利息。打官司的时候，GA 市的法官站在为 GA 市产业发展的角度，是会考虑利息的。但是中央不支持，驳回了，那没办法了，然后我们就想出路。挂靠合同肯定不行，后来就推出购车分期付款保留所有权合同"。（江西 GA - L，管委会负责人）

不用承担连带责任。

一家汽贸公司负责人熊先生称新的合同形式使得企业大大降低了风险。

> 我们在广东的一辆车拉了一百多吨，凌晨三四点钟，司机在路边倒车，一个班车直接往上面撞，（班车）司机死了，七个乘客重伤，损失上千万，车辆保险只有100多万元。一审就告我们公司，保险公司赔得不够要我们公司赔。打完一审打二审，但是我们公司不承担责任。（江西 GA - X 访谈录，企业负责人）

在熊先生看来，这是在运用法律手段维护自身的权益。根据《物权法》关于融资租赁的规定，当卡车司机向企业借款买车时，二者的关系其实是租赁关系。

> 车是他（指卡车司机）的，但他欠我的钱，所以我保留了所有权，（车）现在还在我名下，你什么时候还完钱，我什么时候过户给你。从法律上看，虽然车是我们公司的，但实际上他是车主，因为他欠我钱，所以他是以车为抵押，户口之类的都在我这里。（江西 GA - X 访谈录，企业负责人）

但是另有一位被访者郑先生认为这种所谓的融资租赁的实质仍然是挂靠。理由有二。其一，如果是租赁关系，那么根据《物权法》和《侵权责任法》，公司无权扣车卖车。不仅如此，根据法律规定，逾期还款90天才能扣车，现实中则是逾期还款45天公司就会扣车。其二，如果是融资租赁业务，那么公司应该具有一定的资质，要由国家保监会挂牌，但是实际上这些企业并无相应资质。（江西 GA - ZWP 访谈录，企业负责人）

（二）还款风险

早年间，卡车司机多是全款买车。大约从20世纪90年代中期开始，重卡第三方消费贷款模式开始出现。到 21 世纪初，卖车—分期—挂靠—维修的一站式服务开始出现并逐步增多[1]。越来越多的卡车司机以分期付款的方式购买卡车。本次调查数据显示，845 个卡车司机样本中，33.8% 的人当前驾驶的卡车为付全款购得，其余样本的卡车均为贷款购买。在分期付款的模式下，卡车司机支付一定比例的首付款，剩下的款项在一定时期内（通常为 24 个月或 30 个月）每月连本带息偿付。首付款的比例根据地域和企业而有所不同[2]。一些汽贸公司为了促销，甚至零首付即可提车（见图 1-1）。

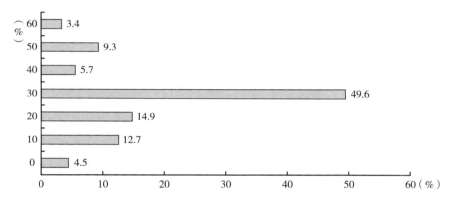

图 1-1　贷款买车的卡车司机首付款的支付比例

资料来源：2021 中国卡车司机调查。

如图 1-1 所示，贷款买车的卡车司机支付的首付款比例以 30% 为最多，占 49.6%；其次是 20% 和 10%，分别占 14.9% 和 12.7%。4.5% 的卡车司机为零首付购车。

---

[1] 据一份调查报告显示，从 2001 年开始，CQ 市一些汽车运输公司以分期付款、融资租赁等方式吸引附近区县个体户上挂企业从事货运经营。参见黄应强《关于挂靠经营现象的调查报告》，《重庆市工商行政管理系统优秀论文集（2003~2004）》，2005。

[2] 据江西的陈师傅介绍，当地对首付款的比例并无明文规定，实际支付的额度主要取决于购买者"跟公司的感情怎么样"，公司也要看购车者的"人品"。"我买了两辆挂车，100 多万元，我才付 4 万元。我答应它（指售车的汽贸公司）付 15 万元，厂里压了 50 多万元，到现在还没给我，我没借到钱，没办法。现在都还没给人家，还差人家 11 万元。"（江西 GA-CH 访谈录，卡车司机）

至于每个月的还款额度，9001～12000 元的占比最高，达 29.9%；其次为 12001～15000 元，占比为 22.0%；再次为 3001～6000 元，占比为 20.4%；15001 元及以上的占比为 7.7%（见图 1－2）。

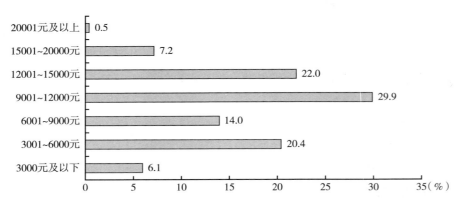

图 1－2　卡车司机每月偿还的卡车贷款额度

资料来源：2021 中国卡车司机调查。

如果卡车司机不能及时还款，汽贸公司就会面临金融风险。在 20 世纪八九十年代，由于没有 GPS 等可用来定位和监控车辆的设备，加之卡车买卖过程中涉及的主要是民间资本，放贷风险极大。据说，一位汽贸公司老板的妻子，在卡车司机把车开走之后，在家里大哭，因为担心司机不还款。随着卫星定位技术的发展和应用以及金融监管力度的加大，故意不还款或者逾期还款的卡车司机并不多。但是近年来，货运市场运费大幅度降低，卡车司机的经营日趋艰难，尤其是新冠肺炎疫情突袭而至，卡车司机的生计进一步恶化，加上自然灾害、环保政策收紧，不少卡车司机偿还贷款出现了困难。根据问卷调查数据，40.3% 的卡车司机称自己有过不能及时偿还卡车贷款的情况。

很多车辆连按揭都还不上。2020 年疫情的时候没活，车辆停运几个月。后来河南又出现洪涝，车过不去。洪涝过后，疫情又来了。山上又开始下雪……今年运输都非常惨。我们驾驶员，肯定要跨省，一遇到疫情，人家不让你过，你得做核酸。做完核酸以后，有的时候还要等，一等就是几天，但是银行不等人，所以很不好经营。（河北 HD－ZG 访谈录，卡车司机）

一位提供担保的汽贸公司的负责人谈到公司刚刚经历的司机逾期还款问题。

> 司机没有还钱，金融公司直接把司机和我公司都告了。公司的资金全部被冻结，司机把钱还了，那边才会撤诉，公司的钱才可以用。如果司机不还钱，那公司就得还钱。（湖北 XY－L 访谈录，企业负责人）

为了防范卡车司机不能及时还款的风险，汽贸公司的行动策略主要有以下几点。

第一，摸底，即通过各种渠道了解购车人的信用能力。除了验明身份证外，汽贸公司还通过婚姻、孩子、房子等情况来评估司机的还款能力。"要有老婆有孩子，要有房子，这种群体比较稳定。"（江西 GA－J 访谈录，企业负责人）

第二，通过北斗行驶记录仪/GPS 监控司机是否跑车并及时督促提醒。据一位挂靠公司管理者介绍，在政府管理部门强制要求安装北斗行驶记录仪之前，为了对车辆进行定位，公司就已主动在每辆卡车上安装了 GPS。为避免卡车司机拆掉 GPS，公司安装 GPS 的举动多在"暗中"进行。

> 以前是不跟他（指卡车司机）讲。这个车是公司的车，我们把一切东西都弄好了给他。以前（GPS）是装在顶上，是一个很小的东西。下面找地方也装一个，怕他发现了拆掉。所以司机跑到哪里我们都知道。如果他不跑，天天停在那里，我们肯定要打电话给他，（问他）"车怎么老是停在这里，如果你老是停着不开，你还不上贷款的！"要提醒他、告诉他。……所有的车辆都装了 GPS 定位，如果他（指贷款购车的司机）

不做事，天天停在家里的话，公司就知道他可能现在没有业务做了，（问）"现在是不是没有业务做了？我的钱你能不能还？不能还就把这辆车开过来"。我就把这辆车转让给别人，让有业务的人去做。（江西 GA - L 访谈录，企业管理者）

第三，扣车、卖车。如果卡车司机没有按约定的时间偿还购车贷款，则汽贸公司一般会先进行沟通，了解逾期的缘由。如果事出有因，公司出于维护客户的目的，会允许拖欠一段时间，但是公司会实时评估车辆的价值。当卡车的市价接近欠款额度时，公司就会密集地催款，如果车主仍然无法还款，则公司会及时扣车并拍卖，以免遭受损失。因为车上装有 GPS，所以公司扣车极为便利①。按照规定，汽贸公司本没有擅自扣车的权力。如果车贷逾期三个月未还，银行或贷款机构可以向法院起诉，法院将处置权转给公司，公司才可以拖车并拍卖，拍卖得到的款项优先用于偿还贷款。但是在实践中，汽贸公司在沟通无果后，往往会直接扣车。

比方说你欠我 10 万元，你的车能卖 15 万元，你一两个月不还，车的价值在那儿，卖了够还我的钱，一般情况下我不会催你。我要把握住，把你的车卖了不能低于欠我的钱，大概多少年的车能卖多少钱我们心里都有数。（河南 JZ - YSZ 访谈录，企业负责人）

还款时间能放松的我尽量放松，一个月不行，我给你两个月，两个月不行给三个月，但是有一个红线。比如一辆车是 30 万元，你付了 10 万元，还贷款 20 万元。这辆车开到 5 个月以后可能就只值 21 万元，但是你还欠我 20 万元。我们会上门，问你怎么办，不可能我贴钱让你开，

---

① 一位企业负责人谈到，在没有 GPS 定位的年代，如果买车的卡车司机欠债不还，则企业毫无办法。"有一个运输公司倒闭了。他卖（车）给别的县的一个回民村，那个村弄了好多辆车，然后都不还钱，就赖着。……村子还在，人还在，你起诉可以，官司能打赢，但是不能执行。"（河南 JZ - YSZ 访谈录，企业负责人）

实在不行你转一手，把车卖掉还有点钱。（江西 GA – K 访谈录，企业负责人）

虽然通常双方会通过协商解决逾期还款问题，但是在某些情况下，双方也可能走向法律诉讼。比如，司机拆掉 GPS，以致公司无法扣车、卖车，给公司造成较大损失；因为各种原因卖车款不足以偿还贷款等。这时司机通常会想方设法还款，以避免诉讼走到终点。"如果收到法院判决书，司机会被列入黑名单，这会同时影响司机自己的信用和他的担保人。"[①]（湖北 XY – L 访谈录，企业负责人）

卖车存在一定程度的不确定性，尤其是受到国家环保政策的影响，某些排放标准的车辆可能会突然大幅降价。在这种情况下，汽贸公司遭受损失的可能性就比较大。

现在国家禁止国三了，（国三）卖不出去了，没人要。款还没还完，现在还都欠着我钱。几年前还看着他欠我 10 万元，（车能）卖 18 万元，没事儿，随便跑，突然就变成十万八万（元）了，你怎么办？猝不及防，没办法。（河南 JZ – YSZ 访谈录，企业负责人）

此外，如果卡车的分期贷款没有还清，则难以过户，而二手车买主往往要求过户，这为卖车增加了难度。如果面临这种情况，公司的一个处理办法是把车卖给老客户，作为不能过户的补偿，公司允许老客户不付款即提车。卡车司机以卖车款还完贷款，金融公司解押[②]之后，卡车即可过户。二手车买主（公司的老客户）待车过户后再把车款付给公司。公司在这个过程中因为垫资而担负着风险。

---

① 如果卡车司机通过挂靠公司担保借款卖车，则除了挂靠公司之外，还有一位担保人，通常是与卡车司机关系比较密切的人。

② 如果是贷款买车，那么付完首付款后，车辆就到了司机或者挂靠公司名下，然后司机就要用这辆车做抵押向金融公司贷款。贷款全部还清后，金融公司才会给车辆解押。

如果我这个老客户开车出了事故，那这辆车他就不会要了，这辆车十几万元就没了，就算到我头上了。（湖北 XY - L 访谈录，企业负责人）

（三）车辆违章导致的经营风险

近年来，交通管理部门对车辆违章的纠查越来越严格，处罚的力度也不断加大。由于各种原因，卡车违章是常有的事。比如，因为各地限行，禁行地段和时段日趋增多，而货物运输多有时效要求，所以卡车司机经常闯限行/禁行。

挂靠车辆违章会给挂靠公司带来较多麻烦和风险。各地交通管理部门对违章的处罚手段有所不同，大体上包括车管所扣车、新车禁止上牌照、禁止过户等方面。

据湖北的李先生介绍，如果公司出现三条违章，则公司的业务就会被冻结：车辆不能上户，不能过户，不能补行驶证。对于一家名下拥有 200 多辆卡车的公司来说，三条违章是很容易出现的，所以这令李先生极为"头痛"。

如果有三条违章，就会责令整改，就是把车子扣着，公司处理完之后才让把车开走。对于个人户，很多车管所根本管不住，它平时都不处理，直到审车才去处理。但是公司户不一样，它会卡你。公司的车子出现三条违章它就会冻结公司的业务。不能上户，不能过户，不能补行驶证。……很头痛，好不容易把这个车的违章处理完了，其他车违章又出来了。因为车天天在跑，违章也天天会有。（湖北 XY - L 访谈录，企业负责人）

江西的况先生也表达了同样的苦恼。尤其是新车不能上牌，对汽贸公司来说是致命的。

违章多的话，年检就不合格。年检过不了，车子就上不了路。一旦公司车辆的违章超过一定比例，车管所就会限制公司的上牌，新车就不能上牌。……比如你来我公司买一辆新车，如果车上不了户，你就不会买了，这个客户就流失了。（江西 GA - K 访谈录，企业负责人）

为了避免和减少违章带来的一系列麻烦，挂靠公司的主要做法是加强对车辆的管理，及时提醒司机清理违章记录。

车管所一般会在每月 25 号抽查公司违章的情况。我在 20 号的时候会把公司的违章查一遍，然后公布到公司的群里面，通知司机赶快处理。很多司机都是配合的，每月 25 号的时候就把违章处理得差不多了。（湖北 XY - L 访谈录，企业负责人）

据李先生介绍，虽然车辆违章关系到挂靠公司的经营，但是也有一些挂靠公司对这方面的管理不大用心。尤其是一些"僵尸"型公司，或者不再办理挂靠相关业务，或者转行从事其他种类的经营（因为企业名下有车辆，所以不能注销）。它们不会主动清查违章，车管所责令整改也不遵行，导致一些卡车司机的车辆无法过户，司机为此经常到车管所闹事。（湖北 XY - L 访谈录，企业负责人）

综上，挂靠公司的收入来源多种多样，且利润较高。为了吸引卡车司机挂靠，挂靠公司采用了低价卖车、提供货源等手段，并通过家访、垫资、困难帮扶等方式维系既有客户。但是挂靠公司也面临着多种风险，尤其是近年来由于法律对被挂靠方连带责任的确定、交通管制的强化、分期付款买车的盛行，挂靠公司的风险明显增加。为了防范在交通事故中承担民事责任和刑事责任的风险、挂靠方逾期还款的金融风险以及由车辆违章导致的经营风险，挂靠公司采取了诸多策略，如加强对车辆的日常管理、提高保险额度等。

第三章 卡车司机：挂靠概况
及挂靠风险

在第二章，我们从挂靠公司的角度阐述了挂靠公司的收入来源、获取客户策略、面临的经营风险和防范措施。本章主要从作为挂靠方的卡车司机的角度来描述卡车司机车辆挂靠的基本情况。这部分数据主要来自对传化安心驿站的卡车司机所做的问卷调查。本次调查共获得有效问卷845份，从车头牌照所在地来看，样本分布"北多南少"，北方又以山东、河北、甘肃等地居多①。地域分布的不均衡显示出样本存在偏差，因此我们很难从样本推至总体。尽管如此，我们仍然可以从数据中一窥卡车司机车辆挂靠的基本面貌。

一 卡车司机挂靠概况

（一）从业年限、挂靠企业数量

卡车司机从事卡车驾驶的年限以"5年及以上"为最多，占比高达87.6%（见图1-3）。从事卡车驾驶工作以来，卡车司机挂靠的企业数量集中在"1家"（占63.0%）和"2家"（占23.1%）上（见图1-4）。比较这两组数据可见，卡车司机并不是频繁地更换挂靠公司。究其原因，

---

① 卡车司机当前驾驶卡车车头牌照所在地分布如下：山东23.3%，河北15.1%，甘肃12.7%，辽宁7.8%，河南7.6%，黑龙江6.3%，吉林4.7%。贵州、浙江、广东、广西、安徽等南部省份所占比例均不足1%。

一方面可能是因为挂靠公司运用了比较积极的、稳定客户的策略并取得了成效，另一方面可能是因为一些挂靠公司以各种方式不允许挂靠车辆转出。

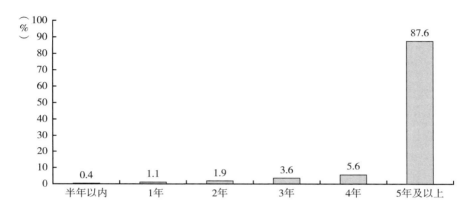

图 1 - 3　卡车司机驾驶卡车的年限

资料来源：2021 中国卡车司机调查。

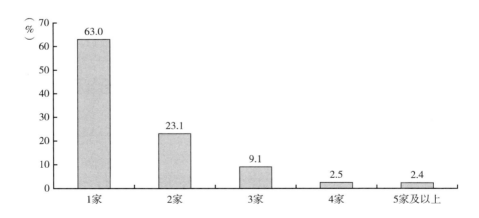

图 1 - 4　卡车司机从事卡车驾驶以来挂靠企业的数量

资料来源：2021 中国卡车司机调查。

（二）是否挂靠、为何挂靠

53%的卡车司机目前车辆挂靠在企业，这个比例与课题组在2017年的调查数据基本一致[1]。至于挂靠的原因，排前三位的分别是"根据当地政策，不挂靠不能运营"（45.5%）、"贷款买车，还完贷款之前必须挂靠"（43.7%）以及"办手续更方便，少操心"（36.0%），8.3%的样本选择了可以"从挂靠公司得到货源"（见图1-5）。可见，为了获得营运资格而挂靠仍然是挂靠的重要原因，按揭贷款和方便办理手续也是引致挂靠的重要因素。表1-2为卡车落户规定与卡车是否处于挂靠状态的交叉分析，从中可见，在卡车可以上个人户的地方，仍有相当数量的样本选择了将车辆挂靠在公司（40.2%）。这表明，政策限制并非挂靠的唯一原因。

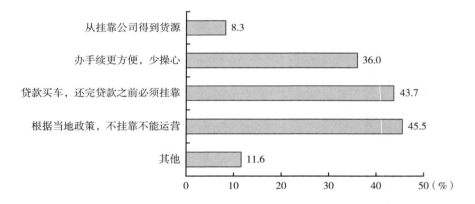

图1-5 卡车司机将车辆挂靠在企业的原因

资料来源：2021中国卡车司机调查。

---

[1] 课题组于2017年开展的调查显示，当时挂靠在公司的卡车司机所占比例为55.1%。参见传化慈善基金会公益研究院"中国卡车司机调研课题组"《中国卡车司机调查报告 No. 1》，北京：社会科学文献出版社，2018。

表1-2 卡车落户规定与卡车是否处于挂靠状态的交叉分析

单位：%

卡车是否可以上个人户	是否挂靠	
	是	否
可以	40.2	59.8
不可以	94.8	5.2
不清楚	85.9	14.1

资料来源：2021 中国卡车司机调查。

（三）挂靠在当前公司的原因

至于为什么挂靠在当前的公司，52.0%的人选择了"通过这家公司买的车"，34.5%的人选择了"认识公司老板"，27.4%的人选择了"公司口碑好"，26.0%的人选择了"这家公司收费合理"（见图1-6）。从数据可见，一方面，卡车司机对挂靠公司的选择比较理性，他们或者与挂靠公司老板或管理者已经相识，彼此有所了解，或者根据公司口碑等判断是否挂靠。另一方面，在贷款购车的情况下，卡车司机对挂靠在哪家公司并无太大的选择权。前文已述，很多汽贸公司都有挂靠业务，有的汽贸公司和挂靠公司属于同一家公司的子公司。所以，卡车司机从某一家汽贸公司购车时，往往会同时挂靠在这家公司。即使汽贸公司自身没有挂靠业务，通常也会与一些挂靠公司形成合作关系，当卡车司机购车时，汽贸公司就会将其推荐到合作的挂靠公司。

何师傅谈到自己为何会挂靠在当前的公司。他到一个汽车品牌的4S店，打算通过"以旧换新"的方式购车。4S店找到从事二手车交易的公司负责人李先生，何师傅的旧车便卖给了李先生的公司，并通过李先生公司的担保贷款购买了新车，新车也就因此挂靠在李先生的公司。

> 当时我去一汽看车，看好车之后，我跟他讲我自己有一辆车不用了。然后公司就给李总打电话，李总当时就去给我的车作价，我觉得价

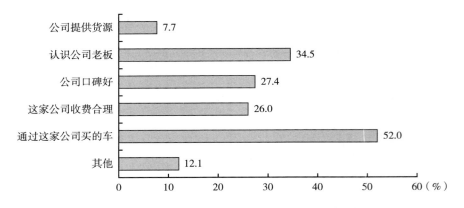

图1-6　卡车司机挂靠在当前公司的原因

资料来源：2021 中国卡车司机调查。

格可以，就把车给他了，说白了，就是一汽那边介绍的（挂靠公司）。（湖北 XY - H 访谈录，卡车司机）

买车时候他们推荐的。其实你根本不知道这个挂靠公司是哪家，等去签字的时候才能看到上面是谁。（湖北 XY - CSQ 访谈录，卡车司机）

（四）挂靠管理费

卡车司机每年支付的挂靠管理费，最小值为 0 元，最大值为 6000 元。中值为 1000 元，均值为 1334 元。众值为 0 元，即挂靠管理费为 0 元的样本占比最高。这与我们在访谈中得知的一些挂靠公司已经取消了挂靠管理费的说法一致。

我们以 500 元为区隔，对挂靠管理费进行了分组（见图 1-7）。卡车司机向挂靠公司每年支付的挂靠管理费，比例最高的是 0~500 元（39.1%），其后依次是 501~1000 元（17.5%）、1501~2000 元（13.5%）、1001~1500 元（11.2%）、3001 元及以上（10.0%）。鉴于本次调查来自某些省份的样本很少，尤其是缺少业内传闻挂靠管理费最高的省份的样本，所以可以断定，总体中挂靠管理费在 3001 元及以上的比例要比本次调查所得数据更高。

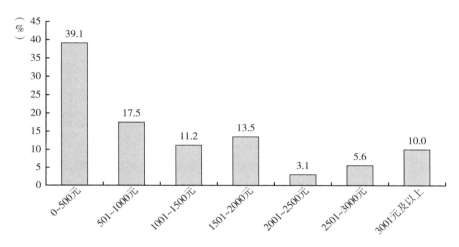

图 1−7 卡车司机每年支付的挂靠管理费

资料来源：2021 中国卡车司机调查。

（五）挂靠公司是否提供货源

前文提到，一些挂靠公司通过向客户提供货源以吸引客户。但从数据来看，在本次调查的样本中，挂靠公司为挂靠的卡车司机提供货源的情况并不多，只有 13.9% 的样本宣称其所挂靠的公司为之提供货源。在这些样本中，挂靠公司提供的货源占其总业务量的比例，20% 以内的占比最高（31.3%），其次为 21% ～ 40%（25.4%），再次为 41% ～ 60%（17.9%），然后是 81% ～ 100%（13.4%），最后是 61% ～ 80%（11.9%）（见图 1−8）。也就是说，即便挂靠公司提供货源，所能提供的货源数量也比较有限，卡车司机仍然需要通过其他途径"找活"。

（六）挂靠公司对挂靠车辆的日常管理

我们从挂靠公司是否对卡车司机进行安全教育、是否对挂靠车辆统一管

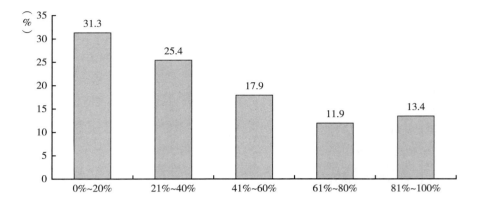

图 1-8 挂靠公司提供的货源占卡车司机业务总量的比例

资料来源：2021 中国卡车司机调查。

理、是否提醒司机清理违章等方面测量了挂靠公司对挂靠车辆的管理情况。
20.6% 的样本称其所挂靠的公司对挂靠车辆进行统一调度、统一管理和结
算。61.5% 的样本称其所挂靠的公司会定期提醒清理违章。50.3% 的样本称
其所挂靠的公司会监控其驾驶过程。47.4% 的样本称其所挂靠的公司会经常
对其进行安全教育，28.7% 的样本称挂靠的公司进行安全教育只是偶尔为
之，23.9% 的样本则称挂靠公司从未对其进行过安全教育。这些数据表明，
尽管仍然存在形式挂靠，但是挂靠公司"只收钱、不管理"的情况并不普
遍。相反，挂靠公司通过安全教育、监控驾驶、提醒清理违章等方式较多地
介入挂靠车辆的日常运营中。

（七）与挂靠公司之间的纠纷及解决方式

14.6% 的卡车司机与挂靠公司之间发生过纠纷，比例不高。从访谈获得
的信息来看，近年来卡车司机与挂靠公司之间的纠纷较前些年要少。究其原
因，一是卡车司机的受教育程度和权利意识有所提高，二是相关部门加强了
监管。这两大原因促使挂靠公司的收费和运营日益规范，侵犯卡车司机权益
的现象趋于减少。

原来好多货车司机没什么文化，他们不懂，（挂靠公司）能糊弄就糊弄。比如风险保证金，说是等三年到期了转走的时候退，但到时间又不退。现在这种钱都很少能收上来了（指卡车司机拒绝交纳这类费用）。现在正规了，不乱收费了。（北京－LBC访谈录，企业负责人）

至于发生纠纷的原因，67.1%的人选择了"挂靠管理费的问题"，64.3%的人选择了"保险费的问题"，这两项占比较高。双方因为车辆过户问题、贷款还款问题和交通事故的责任认定与赔付问题而发生纠纷的比例分别为44.3%、22.9%和14.3%（见图1－9）。可见，费用和车辆过户是双方发生纠纷的主要源头。

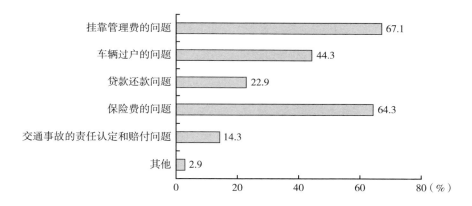

图1－9　卡车司机与挂靠公司发生纠纷的原因

资料来源：2021中国卡车司机调查。

据江西省GA市物流园区管委会负责人介绍，因为当地卡车保有量很大，所以虽然相关部门加强了管制，但是挂靠公司跟卡车司机之间的纠纷仍然比较多，且主要集中在费用问题上。

平均一天两三起肯定是有的。主要是司机跟公司之间算账算不清，公司说这笔钱要收，司机说这笔钱不应该收。（江西GA－L访谈录，管委会负责人）

纠纷的解决方式，"双方协商"的比例最高（74.3%），"诉讼、通过法院解决"的占7.1%（见图1-10）。走法律程序周期较长，而且成本较高，所以一般情况下，能够协商解决的问题，双方都优先选择通过协商方式来解决。尤其是对于卡车司机来说，通过法律诉讼来化解纠纷绝非理性的选择，因为请律师的费用不菲，耽误跑车的时间，而且审判结果很难料定。在挂靠关系中，挂靠公司相对强势，挂靠合同中往往有较多的"坑"，而卡车司机通常对合同条款并不留意，所以法院如果依据挂靠合同来审判，卡车司机即使有理也很难打赢官司。一些不正规的挂靠公司，正是认准了卡车司机不会轻易选择通过法律诉讼来解决纠纷，所以在与卡车司机发生纠纷后，动辄以"不同意你就去法院告我"相要挟。（四川XD-XS访谈录，卡车司机）

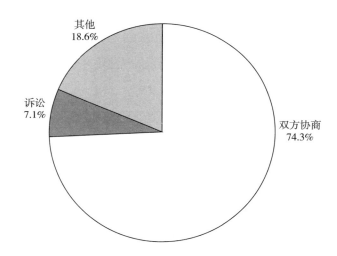

图1-10 卡车司机与挂靠公司发生纠纷的解决方式

资料来源：2021中国卡车司机调查。

（八）未来几年是否继续挂靠及原因

当被问及未来几年是否继续挂靠时，37.4%的人选择了"继续挂靠"，27.4%的人选择了"不挂靠了，打算过户到自己名下"，35.1%的人表示"没想好，边走边看"（见图1-11）。可见卡车司机对未来是否挂靠的态度高度分化，这与其所在地区的挂靠政策、挂靠公司的收费和服务以及卡车司机自身的运营状况相关。

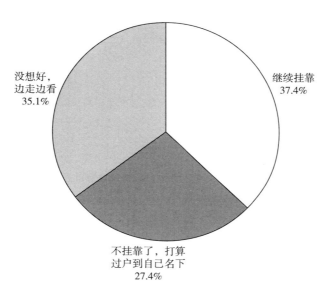

图 1 - 11　卡车司机未来几年是否打算继续挂靠

资料来源：2021 中国卡车司机调查。

打算未来继续挂靠的原因主要在于"方便，很多事情不用自己做了"（68.3%）以及"跟老板熟了，不好意思转出来"（32.2%）（见图 1 - 12）。访谈中发现，很多卡车司机贷款买车挂靠在公司，还完贷款后往往也不急于转到个人户。一些是出于个人情谊，如前面提到的陈师傅，因为与挂靠公司老板吴先生交情颇深，所以称自己不会把卡车转到自己名下；一些人认为挂靠公司"老板人还可以"，双方相安无事，所以合同到期后会继续挂靠一段时间。不愿转出的最主要的理由，是因为挂靠公司提供了诸多方便。卡车司机购车后面临上牌、保险、年检、年审、交通事故处理等一系列问题，通过挂靠公司来办理相关的手续以及处理发生的问题，对卡车司机来说省去了很多麻烦，而且在保险理赔等事项上，公司比个人具有更大的话语权，有助于避免损失。

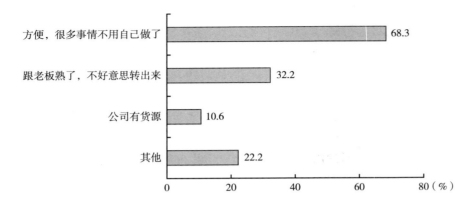

图1-12 卡车司机未来打算继续挂靠的原因

资料来源：2021中国卡车司机调查。

这（些手续）对我们运输公司来讲比较简单。司机作为一个个体，就感觉这些事情非常困难，而且太麻烦。跑车不认识人，到运管所也不知道该去哪里办理，上牌也上不了。年检年审，你（指卡车司机）到车管所去谁会理你？你排队排三天都不一定轮得上。所以司机还是愿意挂靠公司。……很多保险公司就是诈骗犯，我收了你的保险金，你出了案子，我就是想方设法不赔。为什么司机要挂靠公司呢？因为公司体量大，不是保险公司说不赔就不赔的。因为你不赔后面我就不跟你合作了，逼着你赔。单个司机谁会去理他。（江西 GA-H 访谈录，企业负责人）

公司是为司机服务的。第一，所有的（车辆）挂牌、营运证办理、（关于车辆的）所有手续和材料你（指挂靠的卡车司机）都不用管，公司办理这些业务已经非常熟悉了；第二，（车辆）保险业务，公司也比较熟悉；第三，发生了交通事故，理赔你也不用管，都是公司去，要是跟肇事方打官司的话，（假如）你是受害方，公司都会管。（江西 GA-L 访谈录，管委会负责人）

一位卡车司机谈到了挂靠的必要性：方便办理相关手续、更容易获取货源以及在运输途中出现问题能够得到协助。

> 一些营运证方面的事，自己办很麻烦。包括一些业务，和公司有关系的话，比较好拿（指以公司的名义更容易得到货源）。公司还有一些活给你。咱们是干活人，以干活为主。另外，车辆一直在路上跑，路上出现一些琐碎问题，公司也会积极处理。（河北 HD－ZG 访谈录，卡车司机）

未来几年不打算继续挂靠，而是过户到自己名下的卡车司机，给出的理由是"个人户更方便"（62.9%）、"为了能省钱"（60.6%）以及"公司太黑了"（37.1%）（见图1－13）。高达62.9%的人认为个人户更方便，可能是因为所挂靠的公司在代办相关手续时或者不及时，或者漏办一些事项，从而给卡车司机造成了不便。

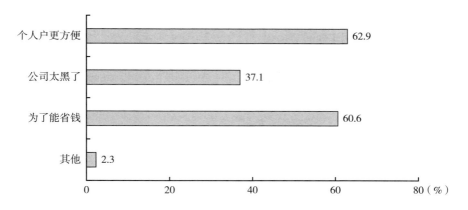

图1－13 卡车司机未来不打算挂靠的原因

资料来源：2021中国卡车司机调查。

> 3天就能审过的，他（指挂靠公司）审了一个星期，或者审半个月。有时候他们忙，就不给你弄。反正我今年和前年都有遇到。……我

办好 ETC 了，押了 500 元，结果（挂靠）公司没有到银行去面签，我是 2020 年下半年才知道，结果 ETC 我也用不了，得重新弄 ETC。（湖北 XY – CSH 访谈录，卡车司机）

"为了能省钱"的比例高达 60.6%，说明挂靠相关的费用对于卡车司机来说仍然是一笔需要"算计"的支出，在挂靠公司收费较高、卡车司机赚钱艰难的情况下尤其如此。

二　卡车司机挂靠风险

挂靠公司之间存在较大差异。有的挂靠公司收费合理、服务到位，甚至努力为挂靠的卡车司机排忧解难；有的挂靠公司则乱收费、不承担责任、强制延长挂靠期限，在业内，这类公司多被称为"黑挂靠"。当遭遇"黑挂靠"时，卡车司机就面临着较大的风险。根据访谈资料以及网络资料，"黑挂靠"主要表现在以下几个方面。

（一）巧立名目乱收费

除了通常的挂靠管理费、审车、验证等费用外，一些挂靠公司还巧立各种名目，从挂靠方收取费用，如入网费、培训费、排污费、车牌押金、保险押金、报废补贴押金、二级维护费等。

安全教育费，每年 1000 元。我们也不知道这是什么费用，就是每年都要交。公司说如果你交 1200 元，每个月去学习一下，给你退 100 元，但是也没有通知过我去学习。（四川 XD – XS 访谈录，卡车司机）

（二）随意涨价，多方"揩油"

一些挂靠公司随意调整各项服务的价格，特别是在变更法人的情况下，费用甚至成倍增长。据介绍，有的地方挂靠管理费竟然高达 5 万元/年。（江西 GA－L 访谈录，管委会负责人）调查数据显示，36.4% 的卡车司机曾遭遇"挂靠管理费与约定的不一样，随意上涨"的情况（见图 1－14）。

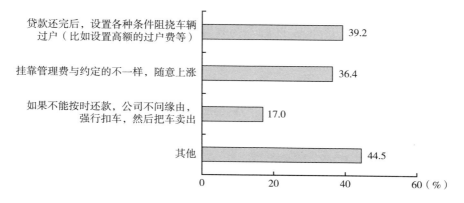

图 1－14　卡车司机遭遇"黑挂靠"的情况

资料来源：2021 中国卡车司机调查。

除了随意涨价之外，一些挂靠公司还会通过其他方式从挂靠的卡车司机身上"揩油"。最主要的表现有：对通常的服务项目收取较高的费用；想方设法克扣卡车司机应该得到的补偿。

> 二级维护是 1200 元，我们自己在外面做的话也就 600 多元。北斗行驶记录仪，公司收的是 800 元，个人办的话一年也就是两三百元。……我们的车子在路上如果发生交通事故，公司就会找各种理由让你的保险赔偿金从公司里面过，公司就会在里面扣点钱。……发生一般的交通事故，我们需要给保险公司报保险，公司就会派人帮你处理这件事，但是你得给他指派的这个人开工资、管吃住，还要负责车费。……公司批准以后车子才能报废，报废的钱还要经过公司才能到我们手上，这个钱到我们手上又会少一些。（四川 XD－XS 访谈录，卡车司机）

（三）在保险合同上"动手脚"

根据合同约定，车辆在挂靠期间的保险由公司代收代缴，但部分挂靠公司存在私吞卡车司机保险费用，或私下减少保额的情况，甚至有一些挂靠公司与保险公司沆瀣一气，收钱后不为挂靠车辆购买保险，出事后再临时补交。

> 我听说有些公司更离谱，把钱交给它了，它帮你买保险，过后又把你的保险给退了，等于没有保险，这种情况很多。（四川 XD－XS 访谈录，卡车司机）

（四）强行扣车，快速转卖

正常情况下，如果卡车司机逾期不还款，挂靠公司就会宽限一些日期，"黑挂靠"则不然。挂靠方若在规定日期不能还款，则挂靠公司马上扣车，并快速将车卖出。本次调查数据显示，17.0% 的卡车司机曾遭遇此种情况（见图 1－14）。这类挂靠公司一般会以极低的首付款吸引司机贷款购车，"（首付）5 万元就卖车，还不了钱就扣车"。（江西 GA－L 访谈录，企业管理者）

据 GA 市本地人黄先生介绍，他同村的几个年轻人目前就正在经营这种"扣车、买车"的生意。

> 司机这个月买了车，结果下个月生病了，可能就还不上（贷款）。正规的挂靠公司会通融，这个月还不上下个月再还。有的公司就不是这样，你还不上我就扣你的车，然后把车卖掉，你 5 万元就亏掉了。他把车卖给下一家可以赚钱，就赚快钱。他甚至巴不得你还不上，还不上他立马扣车。就算车停在服务区，他也可以锁定，你去上厕所他就把车开走了。（江西 GA－HY 访谈录，教师）

2020 年，CQ 市一"黑挂靠"案件受到法院宣判。某运输公司名下挂靠车辆达到 1700 余辆，仅 2016 年和 2017 年，公司法人通过收车模式获得的不法利益就达到 2000 万元以上①。此地还曾发生一起恶性事件：因为挂靠公司在扣车的过程中导致人员死伤，几百名挂靠的卡车司机集体罢工。江西省 GA 市也曾因公司强行扣车转卖发生多起卡车司机的上访案件。后来该市相关部门对此进行了整顿，规定挂靠公司不能擅自扣车，而要先向法院申请，"法院给你财产保全，由公安法院出面去跟对方联系"。（江西 GA – L 访谈录，管委会负责人）

（五）设置车辆转出障碍，强迫延长挂靠合同

挂靠期限以挂靠合同为主。合同期到，挂靠的卡车司机可以选择将车辆转出，或者挂靠到其他公司，或者上个人户。如果是"黑挂靠"，则公司往往设置各种车辆转出的障碍，百般刁难卡车司机，从而迫使卡车司机或者支付高价转出费用，或者不得不继续挂靠。数据显示，39.2% 的卡车司机遭遇过挂靠公司设置各种条件阻挠车辆过户的情况（见图 1 – 14）。

> 过户出去要盖公司的公章。我姨夫的外甥就挂靠在我们这里的一家公司，他过户去盖章，收盖章费 1.8 万（元）。（江西 GA – CH 访谈录，卡车司机）

谢师傅正在经历的车辆过户问题颇为典型。挂靠合同对挂靠期限的约定比较模糊，当谢师傅按照自己理解的日期与公司协商车辆过户问题时，公司以各种理由推脱，甚至大打出手。在谢师傅看来，公司就是不希望他将车辆转出所以才以各种方式进行刁难。虽然他"占理"，却无处"讲理"。走司法途径代价太大，最后还是只能寄希望于通过与公司协商，尽可能少交一些

---

① 《1700 多辆货车被坑、涉案 2000 万！取消货车挂靠、取消两证是货车司机共同的心声！》，运输（sohu.com），https：//www.sohu.com/a/377274918 – 224784。

违约金，以达到将车辆过户到个人名下的目的。

　　之前购车的时候，我跟公司协商挂靠的期限是 3 年，3 年过后我把车子从公司提出来。合同签的是 2021 年底，没有注明具体日期。我现在想把车子过户到个人名下，但是公司不让。他跟我说如果要提的话得交 2 万元违约金，但是合同上写的是 1 万块钱违约金。我从 7 月份一直在问公司车子过户的问题，公司一直没有给我答复，要么说老板不在，要么说让我去找老板，总之就是以各种理由不解决这件事。那天我去公司又问这件事，我说合同快到期了，咨询一下要准备哪些材料，协商一下日期去处理，但公司又是各种推脱。我就把车的登记证书拿在手上，让公司业务员给老板打电话说我要把登记证书带走。他们就给老板打电话，老板来了之后就说我抢东西，后面又来了一波人，一进来就说我抢东西，然后我们就打起来了。后来就闹到了派出所，派出所说打人这件事他们能解决，但是合同解决不了。他们公司还打电话威胁我说，要是我敢把事情闹大就把我的车辆拿去报废。因为车子挂靠公司，行驶证、登记证书全是公司的名字，他们就说车子是公司的，与我无关。（问：那你打算怎么办？）到月底的时候，我就去公司。如果说他不同意，那我只能按合同办，我签合同的时候合同上面写的是 1 万元违约金，那我就跟他协商看看给他多少钱。如果要走司法途径的话，我就得请个律师，耽搁时间，不划算。就算你去法院把他起诉了，起诉成功，法院（把车）判给你了，公司也不去执行，它不给你出任何资料，你也过不了户。然后你还得去找执行局，经过执行局再去找他们，如果他们不同意，法院才会强制执行，才会出个证明让这个车直接过到我的名下，不需要公司出面，这就导致事情变得很复杂。（四川 XD - XS 访谈录，卡车司机）

（六）倒卖获利

倒卖获利是指这种情况：A 公司吸引一些挂靠车辆之后，将名下所有挂靠车辆整体性地卖给 B 公司，B 公司或者再加价卖给 C 公司，或者通过收取高额挂靠费、保险费等从挂靠方获利。这种方式在早些年较为普遍，目前有所减少，并且以某两个省份居多。对于卡车司机来说，挂靠的公司整体性转卖存在两方面的风险。其一，公司变更法人之后，新的法人不承认之前的合同条款，从而给卡车司机带来损失。如合同约定挂靠期限为两年，如果在一年之后该公司被卖出，那么新的法人就完全可能重新计算挂靠期限，从而使得挂靠车辆过户的时间延长。其二，接手的挂靠公司通常会向挂靠司机收取高额费用。

> 很多公司像养猪一样，把猪养到 220 斤的时候卖给别人……比如 A 公司有 50 辆车，50 万元卖，我出 50 万元买下来，50 辆车就是我的了。我花了 50 万元，肯定想挣 100 万元。有两种办法：一是我 50 万元买的，直接 100 万元卖给 B；二是我想办法挣 100 万元。那怎么挣？保险。正常情况下，牵引车在 3000 元左右，我收 5000～6000 元；挂靠管理费，本来 1500 元，我收 3000 元。赚钱就这两种方式，要么把这个公司当成商品卖给另外一家，要么从车上、司机那里把这个钱挣回来。（湖北 XY-L 访谈录，企业负责任人）

> 玩了一年（指经营挂靠一年）不要了，就卖了。这种情况太普遍了。1 万元 1 辆买的话，第一年，每辆车挣 5000 元（指通过各种形式的收费），等于回（本）了一半。第二年，我有可能以同等甚至更高的价位卖出去。有的收费比较狠的，一年就能回本了。（北京-LBC 访谈录，企业负责人）

卡车司机之所以会遭遇"黑挂靠"的陷阱，其原因有四。第一，"黑挂靠"花样多、套路深，让人防不胜防。第二，某些地方"黑挂靠"垄断了市场，卡车司机除了"黑挂靠"公司别无选择。如上述谢师傅所在的四川省 XD 市，挂靠业务几乎全部被"黑挂靠"把持，卡车司机无论挂靠在哪个公司，都可能遭遇收费高、过户难等问题。第三，卡车司机在签订挂靠合同时没有仔细阅读合同条款，出了问题之后才发现合同中"暗藏玄机"，但为时已晚。

> 像我们开货车的，文化水平都不高，接触合同的次数也不是太多，它（指挂靠公司）把合同写得模模糊糊的，我们看着像那么回事就签了。这个纠纷（指车辆过户的纠纷）发生之后，我才把合同拿出来仔细看了一遍、研究了一下，才发现这个合同基本上都是霸王条款。（四川 XD – XS 访谈录，卡车司机）

第四，一些卡车司机缺少经验，且易被眼前的利益吸引，从而落入"黑挂靠"的圈套。据介绍，在"黑挂靠"盛行的地方，卡车的卖价往往较低，而这正是汽贸公司吸引卡车司机买车挂靠的手段之一。初始的低价往往会在其后被挂靠公司通过各种方式挣回来。

> 我之前有个客户，觉得我们这边买车贵。6.8 米的车子，我们这边全部手续办好需要 21 万元，××省 19 万元左右就能办好。他就去××省买车。买了之后开了大半年，他说不开了要卖掉。人家不给他过户，说他欠款。他说他可以把尾款还清，但是人家又说这违反了合同，签了两年的合同，必须等合同期满，不能提前还款。我们这边可以提前还款。结果他的车拖了一年半才卖出去，卖了 10 万元。我们这边能卖 16 万元，但他是在××省挂靠的车子，只能卖 10 万元。（湖北 XY – L 访谈录，企业负责人）

第四章 社会经济条件变化对挂靠公司的挑战及其回应

一 社会经济条件变化对挂靠公司的挑战

近年来，随着社会经济条件的变化，挂靠公司，尤其是传统的挂靠公司面临着越来越大的挑战。具体表现包括以下几个方面。

第一，道路运输证获取条件不断放开，"政策挂靠"趋向减弱。2018年12月24日，交通运输部办公厅发布通知，宣布"自2019年1月1日起，各地交通运输管理部门不再为总质量4.5吨及以下普通货运车辆配发道路运输证；2019年1月1日起，对于总质量4.5吨及以下普通货运车辆从事普通货物运输活动的，各地交通运输管理部门不得对该类车辆、驾驶员以'无证经营'和'未取得相应从业资格证件，驾驶道路客货运输车辆'为由实施行政处罚"。换言之，总质量4.5吨及以下的普通货车不再需要通过挂靠获得营运资格。根据本次调查数据，蓝牌轻型卡车（4.5吨普通货车中的主要类型）的占比为14.3%，虽然比例不高，但是卡车车辆总数庞大，所以其数量并不少。不仅如此，各地对卡车上个人户的限制不断放松。在本次问卷调查中，67.9%的卡车司机称其卡车车头牌照所在地允许卡车落个人户。这意味着出于政策要求而挂靠车辆的卡车司机减少，或者说挂靠公司的潜在客户正在且将继续减少。

北京的一家挂靠公司，从2012年开始经营挂靠，挂靠车辆最多时一度达到600多辆。因为大型卡车事故率较高，且北京对大型卡车数量严加控制，所以企业负责人吕先生将黄牌车逐步转出，专门经营蓝牌车的挂靠。2018年蓝牌车政策出台之后，企业遭到致命一击。现在公司已经倒闭，吕先生也已转从他业。据他介绍，北京像他公司这样的挂靠公司已经"死掉了一大批，大家都不做了，都转行了"。（北京－LBC访谈录，企业负责人）

第二，相关手续办理由难到易、由繁到简，弱化了卡车司机出于方便而挂靠的动机。卡车从购买开始就要办理一系列手续。在过去的很多年，与卡车相关的行政手续颇多，办理极为烦琐。但是2017年以来，国家出台了一系列政策，极大地推动了行政手续的简化，如货运车辆安全技术检验和综合性能检测依法合并、取消二级维护的硬性要求、大件运输异地许可等。前文提到，不少卡车司机之所以选择挂靠，一个重要原因是方便办理手续。未来手续的进一步简化，以及"黄牛"随时随在的服务，使得那些为寻求方便而挂靠的卡车司机可能不再选择挂靠。

卡车司机自己办理手续和通过"黄牛"以及挂靠公司办理手续，费用存在几百元的差别。据一位卡车司机介绍，就审车来说，如果自行办理，那么费用约为1000元；如果通过"黄牛"，那么费用为1200元；如果通过挂靠公司，那么费用可能在1500~2000元。

> 车管所外面有好多"黄牛"。我们宁愿拿钱让他们去办，也不愿意自己跑，最起码他们在里边面熟，知道怎么办理，我们去办理都是懵的。而且有时候我们弄得不对，窗口的人脾气不好的时候，他们还给我们来一顿（指责骂）。所以我们宁愿让"黄牛"替我们办。如果是公司户，公司给审的话，也不用管，流程是一样的，但是钱肯定比通过"黄牛"花得多。（湖北XY－CSQ访谈录，卡车司机）

> 现在这个社会，只要你愿意出钱，肯定有人愿意为你办事。就算是我们个人，只要愿意出钱，比如车子年审，去找"黄牛"，他们同样能帮我们，我们也可以不用管，只需要出示相关的证件、资料、手续，他们就能办好。（四川XD－XS访谈录，卡车司机）

第三，市场竞争日益激烈，一些挂靠公司通过挂靠获得的利润不断减少。当前货运市场上存在的挂靠公司数量没有统计数据，但是随着公路货运业的蓬勃发展，物流企业和汽贸企业不断增多，货运市场上提供挂靠服务的企业数量必然远超以前。访谈中挂靠公司负责人均感慨现在生意越来越难做，"竞争太激烈了"。为了吸引客户，挂靠公司不得不以各种方式向卡车司机让利，比如降低甚至不收挂靠管理费、保险佣金返还给卡车司机等。因此，如果只是做挂靠业务，那么公司的利润会不断摊薄。

> 以前的车有管理费，现在连管理费都没有了，就是竞争（导致的）。比如有公司说我免挂靠管理费，为了吸引车辆加入、挂靠，那你免不免？就都免了。以前我们利息是一分三的，对面那个运输公司是一分，现在全部都是一分。（河南 JZ - YSZ 访谈录，企业负责人）

第四，营业税改增值税后，以卖发票为主要业务的挂靠公司出现了合法性危机。营业税和增值税是我国两大主体税种。2011 年，经国务院批准，财政部、国家税务总局联合下发了营业税改增值税试点方案。2013 年 8 月 1 日，"营改增"推广到全国试行。到 2014 年 1 月 1 日，交通运输业已全部纳入"营改增"范围。前文提到，一些挂靠公司利用企业名下的车辆申领、外卖发票，并获得高额的税收返还。这成为挂靠公司的一个重要利润来源。但是营业税改增值税后，国家对增值税的管理颇为严格。《刑法》第 205 条规定，如果单位虚开增值税专用发票或者虚开用于骗取出口退税、抵扣税款的其他发票，则"对单位判处罚金，并对其直接负责的主管人员和其他直接责任人员，处三年以下有期徒刑或者拘役；虚开的税款数额较大或者有其他严重情节的，处三年以上十年以下有期徒刑；虚开的税款数额巨大或者有其他特别严重情节的，处十年以上有期徒刑或者无期徒刑"。因此，那些通过售卖发票获得收入的挂靠公司必须放弃这种盈利模式。

第五，网络货运平台的竞争优势凸显，对非平台运营的挂靠公司造成较大竞争压力。从 2014 年开始，国家推动无车承运人试点。2020 年 1 月 1 日，交通运输部和国家税务总局联合印发的《网络平台道路货物运输暂行管理办法》开始实施，众多货运行业市场主体参与到网络货运的申请和经营中，形成了网络货运平台这种新型的货运组织方式。就挂靠而言，挂靠公司能够提供的服务网络货运平台也可以提供，且网络货运平台在各项服务上更有优势，这为挂靠公司的运营造成了较大的竞争压力。

首先，网络货运平台与挂靠公司都具备提供道路运输证的资格。网络货运平台企业是以运输业务为纽带与卡车司机产生联结，即网络货运企业在运输业务执行时是甲方，解决司机的货源和生存问题，双方的联结会比单纯的挂靠要深。

其次，就商业保险来看，网络货运企业具备天然的定向产品推送渠道，也就是司机端 App，因此，在精准获客层面，网络货运企业具有先天优势。此外，网络货运平台的信息化特点使之累积了大量实际业务数据，这使其更容易与保险公司进行谈判，拥有更大的议价空间。因此，在车辆保险服务上，网络货运企业比普通的挂靠公司具备更大优势。

再次，在融资租赁与信息采集方面，网络货运企业同样因为其精准获客以及数据累积的优势，在与车辆销售方的谈判时具有更大的议价权，并且因为其业务地理范围受限小，开展后续的车后服务更为方便①。

最后，网络货运平台在税收上更有优势。在营业税时代，公路货运业"缴三抵七"和地方政府税收返还政策使得道路运输企业享受到很实在的税收红利。但是营业税改增值税后，出现了几个问题：其一，企业的税率提升（从3%提高到11%，后降到9%），且增值税进项抵扣难以获得；其二，营业税改增值税后产生的增值税由原来的全归地方改为地方只能分成50%，原来一些企业与地方政府达成的财政返还，从原来总额的90%左右变成地方留成部分的90%。这意味着政府的税收返还额度降低。据GA市货运管理部门负责人介绍，当地政府对货运企业的税收返还曾经高达70%，但是目

----

① 《"怪胎"挂靠的顽疾是否能依靠网络货运解决？》，https://www.sohu.com/a/434337542_747469，最后访问日期：2021年11月17日。

前只有30%。与普通的挂靠公司、运输公司相比，网络货运平台在税收上享有较大优势。这是因为，如果平台能够依据平台数据向税务机关证明业务的真实性，则可以将卡车司机的运输费用"据实列支"，即作为进项抵扣。有的地方税务授权平台可以为平台上的卡车司机代开发票，如此一来，运输费用也可作为进项抵扣①。不仅如此，地方政府出于发展新型产业等目的，往往会对网络货运平台企业给予较高额度的税收补贴。

二　挂靠公司的回应

面对上述社会经济条件的变化，一部分挂靠公司选择了"顺其自然"，即不再扩大规模，也不拓展新的业务，而是待名下既有挂靠车辆全部转出之后，"自然消亡"。另一些挂靠公司则试图通过业务转型、运营方式转型等方式提升竞争力。

（一）业务转型

一些地方的挂靠管理费已经取消，保险佣金额度下降，而且一些挂靠公司为了竞争将保险佣金返还给卡车司机，依靠单纯的挂靠服务来盈利已经难以持续。因此，传统的挂靠公司纷纷进行业务转型，从单纯的挂靠转向物流或者汽车贸易，从而形成了"汽贸+挂靠"和"物流+挂靠"的运营模式。

湖北省的李先生算了一笔账，说明当前纯挂靠只能维持企业的基本运转，要盈利就需要拓展其他业务。在李先生所负责的公司，挂靠业务已经比较边缘化，汽车贸易尤其是二手车买卖成为公司最主要的利润来源。

保险佣金为小车1000元、大车2000元左右，综合下来就是一辆车（赚）1500元。200辆车就是30万元。我们公司是5个人，每人每月工

---

① 《冯雷对网络货运若干问题的解答》，https://www.sohu.com/a/428410050_714065，最后访问日期：2021年11月17日。

资 5000 元，一年就是 6 万元。5 个人一年的工资就是 30 万元，场地费要 5 万元，一共 35 万元。这个费用也仅仅够公司的开销而已。……比如一辆车我 4 万元收，5 万元卖，赚 1 万元。司机不懂得怎么卖，他没有渠道，就算是有人要，他自己的车子也不会收拾。我们收过来清洗、修理，收拾得干净一些，卖的价钱就高。（湖北 XY – L 访谈录，企业负责人）

与转型到汽车贸易相比，纯挂靠公司转向物流的意愿似乎较弱。究其原因，可能是因为经营物流的挑战性更大。北京的马先生曾经经营了一家挂靠公司 12 年，挂靠车辆最多时达到 2000 多辆，现在他已经将车辆转出，自己也脱离了货运业，从事建筑装修。他之所以没有从经营挂靠转向物流，原因之一是觉得做物流太"费劲"。

把一堆车集中起来，管理挺费劲的，车管、安全、计划、业务、后台，这个事儿太大了。而且司机不好管，他在路上你看不到，你也不知道他有没有换个胎、偷个油、捎个货。（北京 – M 访谈录，企业负责人）

（二）探索平台化运营

挂靠企业名下拥有大量卡车，这为企业进行网络货运提供了条件。虽然一些挂靠企业对物流望而却步，但是也有一些挂靠企业开始越来越深地进入物流业务，即尽可能多地获取货源，将货源交付挂靠的司机承运。从这个意义上讲，挂靠公司已经从提供挂靠服务的企业转变为第三方物流企业。与传统的物流企业不同的是，这些企业依托网络信息技术，基于大数据进行车货匹配、运输流程控制和车辆管理，具有更强的获利能力。

河北 WH 物流公司，目前便正在尝试平台化运营。平台上的货源除了原来公司的固有订单之外，还包括新近发展的公司周边一些厂家的订单。平台上的司机一部分是原来挂靠的司机，一部分是新注册的司机。平台采取抢单模式，公司的业务员把货源（订单）发布到平台上，卡车司机通过手机App抢单。抢单成功后司机到指定地点装货，卸完货后上传相关数据，系统自动生成运费，并通过网上银行将运费打入卡车司机在平台登记的账户中。据平台负责人介绍，平台目前尚在推广阶段，盈利很少，主要靠税收返点。但这种模式不可持续，未来需要通过扩大规模，寻找新的盈利点。（河北HD – CL访谈录，企业负责人）

江西省GA市目前有各类型的挂靠公司3800家，从规模上来看形成了金字塔形的结构。挂靠车辆在200辆以上的公司不到100家，挂靠车辆在50～100辆的有近千家，挂靠车辆在50辆左右的公司有2000多家。针对这种"小"而"散"的状况，当地货运管理部门在"十四五"规划中提出了产业升级的目标。

> 我们现在提出的口号是，利用互联网、区块链、大数据技术，做到传统产业不传统、低端产业不低端，产业数字化、数字产业化。（江西GA，管委会负责人）

为此，当地政府积极引进了一批网络货运平台企业，如顺丰、安能、美团等，试图将这些网络货运平台企业的技术、金融和资金优势与GA市的车辆优势结合起来，以推动当地货运业的转型升级。据介绍，顺丰计划在三年内聚集GA市的150家企业，与这些企业共建车队，承接顺丰的快递业务。车辆由顺丰集采并上户到合作企业名下，货源由顺丰统一提供，合作企业负责找卡车司机，并对车辆进行管控，顺丰向企业支付管理费用。这种模式引发了一些经销商的担忧，因为车辆由顺丰集采意味着当地的卡车经销商可能会被越过；对于当地的挂靠公司来说，影响尚难确定。或许对某些挂靠公司而言，这是一种机遇；而对另一些挂靠公司而言，这是一种挑战。

除了与外来入驻的网络货运平台企业合作外，当地一些挂靠公司也在积极地"自我平台化"。如前述JB公司负责人金先生深感传统挂靠"没有前途"，从2020年开始尝试对公司进行平台化运作。公司目前共有3600多辆挂靠车辆，其中600多辆车进入了平台，入驻平台的货主达到100多家，运费由平台统一结算。据金先生介绍，平台化运营面临着几个方面的挑战：短期内利润较低；平台需要保障货物安全到达，中途如果出现问题需要负责赔偿；如果货主不能及时支付运费，则平台需要垫付。（江西GA–J访谈录，企业负责人）不过决定平台运营成功与否的关键因素是货源。如果能够获得足够多的优质货源，凭借挂靠公司拥有大量挂靠车辆的优势，再加上有效的管理，那么既可以很好地满足货主找车的需求，也可以满足车主找货的需求。

第五章　结论

基于实地调查资料和既有文献资料，本文从横向和纵向两个层次对卡车挂靠经营现象进行了描述与分析。从纵向来看，本文追溯了卡车挂靠经营现象的产生和发展过程，解释了社会经济条件的变化对挂靠公司的影响及挂靠公司的应对方式。从横向来看，本文通过对当前不同地域、不同企业的挂靠状况的考察，展现了目前公路货运市场上存在的挂靠关系类型，挂靠企业类型、收益、风险与行动策略，卡车司机对挂靠的选择、认知以及挂靠风险等方面的状况。本文主要发现如下。

第一，卡车挂靠经营具有明显的阶段性特征。从改革开放之初到20世纪末，挂靠的主要类型是个体卡车司机将个人所有的车辆挂靠在全民或者集体企业名下，以便在当时以公有制为主导的意识形态条件下取得合法经营的身份。这一时期并未出现专门的挂靠组织，因为个体卡车司机数量有限，这类挂靠现象总体来看并不普遍。从21世纪初开始的大约16年间是挂靠组织遍地开花的阶段。个人难以取得道路运输资格的政策规定、卡车金融和物流业的发展使得挂靠在政策限制和市场需求的双向推动下不断发展。这一时期的挂靠组织类型日趋多样，企业通过挂靠获益丰厚，同时因为监管不力出现了侵犯挂靠方权益的乱象。从2017年开始，经济、法律、技术等各种社会条件的变化使得挂靠组织，尤其是纯挂靠组织受到较大冲击，挂靠企业对环境变化的不同回应方式引致企业向不同方向发展。一些企业"自然消亡"，另一些企业则积极扩张。

第二，当前的挂靠企业普遍面临挂靠收益降低而风险增加的问题。收益降低主要是因为市场竞争迫使企业降低服务收费、下调保险佣金，政府税收返还政策改变，以及卡车司机权利意识增强等。风险增加的原因则主要在于法律对被挂靠方连带责任的明确、交通管理的强化导致车辆违章增多且相应的惩处力度加大、卡车司机经营状况的恶化导致贷款还款风险增加。面对经营风险，挂靠公司采取了多种策略加以防范，比如加强车辆管理、改变合同性质、提高保险额度等。

第三，从个体卡车司机来看，他们将车辆挂靠在企业主要是为了获得营运资格及购车贷款。卡车司机因为挂靠而承担的支出总体呈下降趋势（尽管在部分城市和地区，仍然存在费用畸高的现象），因挂靠而承担的风险（如不能过户、随意涨价等）呈下降趋势。尽管卡车司机对挂靠公司的态度和认知存在分化，但是总体上倾向于取消挂靠制度。

第四，挂靠缺乏制度上的明文规定，在实践中存在较大的弹性和操作空间，这导致不同地域在挂靠模式、挂靠业务类型、收费标准、责任认定等方面均存在较大程度的差异。一些地方挂靠管理费畸高，而一些地方则较低；一些地方主要采取"汽贸＋挂靠"的运营模式，而一些地方的挂靠组织则以纯挂靠为主；一些地方挂靠运营较为规范，而一些地方则"黑挂靠"盛行。同一地域的不同企业之间也存在差异。

第五，虽然存在地域上和组织上的差异，但是挂靠企业的发展趋势较为一致，即纯挂靠难以为继，挂靠业务将被进一步弱化。挂靠企业必须转换经营方式、拓展业务，在挂靠之外创造新的价值，方能在市场竞争中立足。平台化运营趋势将可能导致挂靠企业的两极分化，一些成功转型进行平台化运营的企业规模将不断扩张，另一些企业则可能被淘汰或者被平台企业整合。

20 世纪 70 年代以来，组织社会学的新制度主义理论对组织的制度化过程进行了深入考察。但是在诸多研究中，制度环境都是既定的，即制度被作为一种已经存在的东西来解释制度是如何发生作用的。保罗·赫希另辟蹊径，他通过对美国大公司之间的"敌意兼并"现象进行考察解释了制度环境本身是如何变化的。这项研究是新制度主义理论的一个推进。我们沿袭此路径，认为制度环境的演化过程是一个值得探讨的领域。而四十多年来公路货运市场挂靠制度的产生与发展过程，为我们理解制度的演化过程提供了一个很好的视角。在此，新制度主义理论在解释组织趋同现象时提出的合法性机制和效率机制给了我们较多启发。

迈耶提出，制度环境要求组织服从"合法性"机制，即采用那些被广为接受的组织形式和做法，否则，组织发展就可能经历极大的困难[①]。托尔伯特和朱克尔通过对 20 世纪早期美国 400 多个城市公务员制度推行过程的研究表明，城市是否采纳公务员制度在早期起作用的主要是效率机制，后期则主要是合法性机制，即在此过程中出现了机制的转化。我们发现，挂靠制度的演变过程体现了合法性和效率这两大机制的共同作用。改革开放之初，合法性需求和效率需求共同推动了挂靠制度的确立和推行（虽然一直处在模糊地带）。一方面，政府通过挂靠制度为个体卡车司机建立起在货运市场中的合法地位；另一方面，政府寄希望于通过此项制度对个体卡车司机进行有效的管理。但是，随着时间的推移，二者的意义在同步减退，挂靠制度不仅未能在对卡车司机的集约化管理上发挥预想的作用，而且随着其弊端日渐彰显，挂靠组织的合法性也遭到质疑。此时，制度转型的时代就到来了。挂靠制度四十多年来的演变历史表明了合法性与效率共生共死的过程。

---

① 周雪光：《组织社会学十讲》，北京：社会科学文献出版社，2003。

第二篇
卡车司机志愿者：
公益精神的力量与获得认可的需求

马　丹

第一章　卡车司机与志愿者

一　新冠肺炎疫情与卡车司机志愿者

2019 年底，我国湖北省武汉市出现新冠肺炎病例。2020 年 1 月 20 日，习近平总书记对新型冠状病毒感染的肺炎疫情做出重要指示，强调要把人民群众的生命安全和身体健康放在第一位，坚决遏制疫情蔓延势头。2020 年 1 月 30 日，世界卫生组织（WHO）宣布，将新型冠状病毒肺炎疫情列为国际关注的突发公共卫生事件。之后，新冠肺炎疫情在全球蔓延，抗疫与防疫成为全世界人民共同面临的首要任务。

在各级政府有关抗疫与防疫的工作中，抗疫物资的运输是一个关键环节。根据交通运输部的数据，2020 年，"在以习近平同志为核心的党中央坚强领导下，4000 多万交通抗疫大军闻令而动、全员皆兵，坚决把党中央、国务院决策部署落实到位，为我国抗疫斗争取得重大战略成果提供了坚强保障。……截至 2020 年 6 月 30 日，127 万吨生活物资、579.6 万吨生产物资、7.72 亿件邮政快递包裹，通过各种运输方式源源不断向湖北汇聚"①，其中公路货物运输是最重要的运输方式。与此同时，在疫情期间，由于很多地方的疫情防控与交通管控措施非常严格，加上病毒的传染性强、风险高，大多数卡车司机都没有开工，运输劳动力非常紧缺。例如，2020 年 2 月 12 日，"G7 物联网平台"与"车满满"发布的相关数据显示，全国物流运输状况受到严重影响，货运流量远低于同期。其中，作为商贸流通毛细血管的零担物流持续停摆，货运流量最高仅恢复到前一年旺季的 1%；保障大宗物资的整车运输流量也仅为前一年同期的 20%；全国主要快递企业中转场站的开

---

① 《2020 交通运输十大新闻》，"中国交通报"微信公众号，2021 年 1 月 1 日。

通率，截至 2 月 11 日也仅达到 30%①。

在巨大的抗疫物资运输需求与运力供给受限的矛盾中，涌现出一大批卡车司机志愿者，参与了抗疫物资的运输。这些卡车司机志愿者不畏艰险，在疫情严重时期逆流而上，将我国卡车司机公益精神的力量注入全国防疫、抗疫工作的广阔格局中。以卡车司机公益组织"传化·安心驿站"（以下简称"安心驿站"）为例，2020 年 1 月 25 日，安心驿站携手"传化智联"在全国范围内开通物资保障绿色通道，提供免费运力对接、仓储及物资中转等服务，并向平台上的 5.3 万名卡车司机发出紧急驰援疫区的倡议，号召大家用自己最专业、最擅长的技能——驾驶大卡车，为疫区人民送去最急需的物资。安心驿站的卡车司机大多在平台上表示"随时待命""随时出发"，展现出"最美逆行者"的公益精神。据统计，2020 年，安心驿站共计出动运输卡车 209 辆次，运输抗疫物资 3583.293 吨，这些抗疫物资多被运往武汉和发生疫情的其他地区，有力支持了当地的抗疫斗争②。

卡车司机志愿者有其不同于其他志愿者的特征：第一，他们是以职业为参与基础的志愿者，与青年志愿者、老年志愿者这些以年龄为划分标准的志愿者殊有不同，与特定赛事和慈善活动等招募的目标性志愿者也有很大差别；第二，卡车司机志愿者将其独特的职业群体特征带入志愿者的界域，他们的志愿活动特征即其劳动过程的特征，如他们大多是来自农村的中青年已婚男性，从事的是原子化、流动性、不确定性的运输工作，其团结以"虚拟团结"为主要形式，而支撑其劳动与志愿者活动的性别气质是典型的"霸权型男性气质"③（hegemonic masculinity）；第三，卡车司机的志愿服务经历不仅为志愿者研究提供了"职业群体"这一重要的切入点，还为志愿者研究的诸多中心问题提供了独特的视角，如志愿者的定义、志愿者的动

---

① 《公路货运每日播报：物流行业恢复活力还需政策加强引导》，"G7 物联"微信公众号，2020 年 2 月 12 日。
② 数据来自传化慈善基金会。
③ 参见《中国卡车司机调查报告 No.1》，北京：社会科学文献出版社，2018；《中国卡车司机调查报告 No.3》，北京：社会科学文献出版社，2019。

机、志愿者的酬劳与志愿者的培养和培训等；第四，作为参与了一线抗疫物资运输的志愿者，卡车司机的事迹并未"破圈"为大多数社会民众所知晓。尽管 2020 年我国交通运输部评选出的"最美卡车司机"表彰了众多卡车司机志愿者，各类媒体也在疫情期间采访、报道了卡车司机志愿者的"逆行事迹"，但一线卡车司机志愿者的故事、感受、困境与诉求仍未得到细致的描述与深刻的解释。有鉴于此，本篇报告以卡车司机志愿者的抗疫经历为主题，以期展现疫情期间卡车司机志愿者的参与动机、参与过程与参与感受，以卡车司机群体的职业特征为基础聚焦志愿者研究中众多悬而未决的问题，并力图将疫情期间卡车司机志愿者的荣光以文字的形式长久地保存下来，让更多的人看到。

二　研究方法、资料来源与被访者概况

本篇报告采取的研究方法是社会学的定性研究方法，以深度访谈和参与观察为主，并参考了近两年有关抗疫防疫活动的大量文字与影像资料，包括疫情期间国家各部委与地方政府颁布的法规、出台的政策与下发的通知，交通、物流、货运、卡车司机组织等微信公众号发表的相关文章，各类媒体在疫情期间的相关报道，卡车司机志愿者发布于微信朋友圈、卡车司机组织平台和短视频平台的信息记录等。由于疫情期间的田野调查充满了不确定性，非常受限，这些文字与影像资料便成为重要的补充。

深度访谈的资料来自三次田野调查。2021 年 4 月至 6 月，笔者先后到达山东省 WF 市、河北省 SJZ 市与湖北省 XY 市，对 16 位卡车司机志愿者与 2 位卡嫂进行了深度访谈。访谈以结构式访谈提纲为基础，采取"一对一"的访谈形式。所有访谈在征得被访者同意的前提下进行了录音，每个访谈的录音时长在 64 分钟至 167 分钟之间，最终获得的录音总时长是 1494 分钟，共整理访谈资料 481879 字。

除了深度访谈，"中国卡车司机调研课题组"在疫情期间始终与卡车司机群体保持着紧密的联系，2020 年与 2021 年分别以复工一个月、三个月与

一年为期对"疫情下的卡车司机"进行了三次颇具规模的问卷调查。在设计问卷、发放问卷与撰写报告的过程中，笔者通过线上座谈会的形式与众多卡车司机志愿者进行了交流，并将线上对话记录整理成详尽的田野笔记，共91624字。交流时，有一部分卡车司机志愿者正处于运输抗疫物资的过程当中，他们佩戴多日的口罩、他们穿着防护服戴着护目镜坐在风雪中的驾驶室里比"V"的瞬间、他们在服务区与志愿者好站友①的不期而遇、他们挂满"中国加油""武汉加油"红色横幅的卡车、他们运输物资时拍摄的疫情下的各地医院等，通过各种方式进入笔者的视野。这些都为笔者提供了写作的情境，构成了参与观察丰富的素材。

从16位卡车司机志愿者的概况来看，被访者均为男性，平均年龄为42岁。其中，"60后"有1人，"70后"有8人，"80后"有6人，"90后"有1人，这与卡车司机职业群体的年龄结构十分相近。被访者的学历以初中为主，多来自农村。从驾照类型来看，11位志愿者持A2驾照，4位持B2驾照，1位持C1驾照。他们参加抗疫物资运输的车辆与其驾照类型相对应，用于长途运输的多为9.6米与13米及以上的卡车，用于短途运输的则是3.6米与4.2米的蓝牌卡车。

在16位被访者中，有12位仍以公路货物运输为主要工作，属于典型的卡车司机；还有4位以公路货物运输为兼职工作，属于非典型的卡车司机，但是其身份认同仍是卡车司机。从雇佣性质来看，有12位为自雇卡车司机，3位为间歇性的他雇卡车司机，1位为卡车司机车主。在12位自雇卡车司机中，有5位仍处于卡车车贷的还贷期，每月还贷金额为5000元至13000元不等。除了1位运输医疗废弃物的志愿者之外，其他15位卡车司机志愿者均为安心驿站的成员，其中有2位志愿者为地区大驿站长，7位志愿者为地区大驿站所辖驿站的驿站长，6位为各个驿站的好站友。

本篇报告的章节安排如下。第一章介绍了卡车司机参与志愿活动的社会背景与研究概况。第二章概括性地描述了运输抗疫物资的卡车司机志愿者的

---

① 安心驿站将入站的卡车司机分为大驿站长、驿站长与好站友。

故事，包括他们如何组织和参与志愿活动、运输的路线与所见所闻。第三章介绍了在运输抗疫物资之外，卡车司机其他的志愿活动，包括运输医疗废弃物、参与村镇防疫工作、运输医疗队行李与发起捐助。第四章聚焦卡车司机志愿者参加抗疫志愿活动的困境与感动。第五章探讨了卡车司机志愿者的实践活动与其志愿观念之间的关系，共回答了三个问题：对他们而言，什么是"志愿者"？志愿者是否应收取酬劳？为什么成为志愿者？第六章总结了卡车司机的志愿活动，探讨了他们成为志愿者的动机：公益精神的力量与获得认可的需求。

第二章　逆行者在路上：
志愿运输抗疫物资

一　刘大站长："8车9人"的24天

刘大站长出生于1979年，是山东省 WF 大驿站的大驿站长，也是安心驿站互助协商小组的组长。在日常工作中，刘大站长的主要运输线路是往返于山东与新疆，他经常独自一人驾驶13米的卡车穿过茫茫戈壁。在加入安心驿站之前，刘大站长就曾加入过旨在互帮互助的其他卡友组织，互助、救援、团结与公益始终是他在职业生涯与卡友组织中最看重的。2020年2月，刘大站长带领他的志愿承运车队从山东省驾车驶向湖北省，共计"8车9人"连续运输24天，每辆卡车往返距离为16000多公里，运送消毒液、消毒粉与消毒设备等抗疫物资2000多吨，占安心驿站2020年度抗疫物资运输总量的1/2强。

（一）开启征程

2020年2月1日晚，疫情正值严重时刻，刘大站长接到安心驿站总部发布的运力需求通知，有一批中国红十字基金会的物资需要从山东省 WF 市运往湖北省各市的防疫一线——医院。刘大站长立即响应号召，代表 WF 大驿站与中国红十字基金会取得联系。通过交流，刘大站长知晓了对方具体的运输需求：需要运输多少吨货、几辆卡车以及什么车型等。随后，他就在 WF 大驿站的微信群中发布了招募志愿者的群公告。很快，CY 驿站的陈站长第一时间报了名。当晚，刘大站长就集结了8辆13米的卡车，并且根据具体情况配备了9名卡车司机。

　　这不是我们 8 台车：我 1 辆，王师傅 1 辆，还有 CY 驿站 4 辆，FZ 驿站 2 辆。这 8 辆车 9 个人嘛，当天晚上就安排好了。（WF - LSH 访谈录）

　　第二天一早，确定了志愿者、联系好车辆之后，刘大站长根据物资所在地分配了任务，安排大家各自装货、开启征程。这批中国红十字基金会的应急抗疫物资共有两个装货地，在 LQ 县装的是袋装消毒粉，在 AQ 市装的是桶装消毒剂。根据就近装货的原则，刘大站长与王师傅去往 LQ 县装载消毒粉，其余 6 辆车 7 位志愿者去往 AQ 市装载消毒剂。

　　安排装货的同时，刘大站长与 WF 市当地的先锋救援队取得了联系，先锋救援队负责中国红十字基金会在当地运输抗疫物资的诸项事宜。先锋救援队的队员们表示，由于疫情期间各地有严格的管控措施，志愿承运车队的目的地还是当时疫情最严重的湖北省，因此运送抗疫物资之前需要办理通行证。在卡车司机志愿者驾驶卡车至订货厂区开始装货时，先锋救援队的负责人同步办理了运输途中所需的通行证。前几趟运输抗疫物资只需要办理高速公路的通行证，但是随着疫情越来越严重，许多下道的路段被封禁，随后先锋救援队的办事人员又为他们办理了其他路段的通行证。

　　我们有两个通行证，高速上有一个通行证，再一个在下路上有一个通行证。因为每个县跟县之间都封了，都不流通了！村和村之间都不流通了！我们还得办一个 WF 市疫情指挥部的通行证。（WF - LSH 访谈录）

　　根据王师傅发给笔者的照片，高速公路通行证比较简单，是一张白底黑字的纸，纸张上方印有"新型冠状病毒感染的肺炎疫情防控应急物资及人员运输车辆通行证"，中间印有"承运单位"，即卡车司机志愿者的名字。国道、省道的通行证则较为复杂，是一张红底白字的纸，印有三行字：第一行中间是"战疫情，保畅通"六个字，左右各印有"WF"与手写的通行证编号；第二行有"通行证"三个大字；第三行左侧是手写的车牌号码，右侧印着制发单位："WF市疫情处置领导小组（指挥部）、WF市公安局"。

除了通行证，运输抗疫物资的卡车司机还需要携带介绍信与交接表。介绍信是以红字"中国红十字基金会"为表头的一张信纸，写着"兹介绍WF先锋应急救援促进中心一行运送防疫物资一批前往湖北，请求给予通行便利"，落款提供了中国红十字基金会联系人的名字和电话，还盖有"中国红十字基金会"的公章。介绍信与通行证一起保证了应急抗疫物资运输的效率。交接表则是一张一式两份、中国红十字基金会与交货方各执一份的表格，表格内标注了详细的运输信息，包括交货（单位）人、验收（单位）人及其联系电话，还列有接收地址、承运物品、物品单位与数量、承运公司、负责人（司机）及其联系电话和车牌号码。卡车司机送达抗疫物资时需要将介绍信交给收货方，由接收单位签字盖章以后，卡车司机拍照回传给中国红十字基金会，这样，一趟抗疫物资的运输才得以顺利完成。

装上抗疫物资，准备好所有的证件，这"8车9人"的志愿者承运车队就兵分两路从LQ县与AQ市浩浩荡荡地奔赴湖北省各大医院。出发前，在AQ市装货的志愿者们站在车前拍了一张合影：6辆崭新的红色13米卡车排成一排，每辆车的车头上都悬挂着红色的横幅，印有"传化慈善基金会驰援湖北"的字样；6位卡车司机也排成一排，手持一条红底白字的横幅，横幅的内容是"传化安心驿站WF大站，为湖北加油！"。第一次出发前在装货地的会合，是他们唯一一次集体碰面，之后由于卸货地和运输进程的不同，他们又进入日常原子化的劳动过程之中，开启了运输抗疫物资的"逆行者"征程。

（二）"大家"与"小家"："我不去谁去？"

在疫情期间运输抗疫物资去往湖北省，无疑是高风险的志愿活动，也是衡量"大家"与"小家"孰轻孰重、个体面临抉择的时刻。刘大站长接到需要运输抗疫物资的电话时，正与家人一起吃饭。

> 那是晚上接的电话，晚上刚吃完饭嘛，我妈也在。他们担心是担

心，但是不反对。因为我在这互助啊、做帮忙的事儿这么多年了，他们也知道我的性格。这个时候你说，我是 WF 大驿站长，我不带头，我不去谁去？如果我不去别人也不去，必须得我去！（WF－LSH 访谈录）

除了刘大站长，其他几乎所有的卡车司机志愿者都遭到了家人的反对，但是他们也只是简单地与配偶商量了一下，便毅然决然地踏上了运输抗疫物资的征途，并大多隐瞒了父母和子女。陈站长是 WF 大驿站下辖 CY 驿站的站长，他是第一个"主动请战"的，刘大站长接到运送抗疫物资的消息后第一个联系的人也是他。

我第一批就报名了，我是主动请战的。（农历）初三晚上，我给刘大站打了电话，我说："看着别的地方人家跑，咱这边有没有这样的活儿？"他说："等等看看，可能会有。"等了两天，他就给我打电话，来活儿了。那一气儿拉物资的很多啊！我看那边老马①他们都去了，我有点急躁，我说："人老马那边都去了，咱这边没点儿什么成绩干啊！"（WF－CT 访谈录）

关于参加抗疫志愿活动，陈站长将其视为一种必要的挑战。疫情当下，他并不害怕病毒传染，反而更害怕他们的驿站在志愿活动中落后于其他驿站。接到任务后，陈站长深知这件事的危险性，并未在驿站微信群中发布通知，而是直接打电话给"平时对劲儿"的站友，定了 3 辆车。（WF－CT 访谈录）陈站长说妻子听到这件事后一夜无话，第二天清早给他准备了食物，送他出门。由于感念妻子的理解与支持，陈站长在运输抗疫物资的路上每天都仔细整理仪容跟家人报平安。

她不愿意归不愿意，但是她也知道咱是个做善事、做公益的。以前

---

① "老马"指的是河北省 SJZ 大驿站的马大站长。

我这个人很懒的，出去走一天我从来不洗脸，在车上睡。但是那时候吧，想给家里安慰，我就天天刮胡子。洗完脸以后，就跟家里视频，天天报平安。（WF-CT访谈录）

王师傅同陈站长一样，在接到运输抗疫物资的消息之前，由于过年休假加上疫情突发，已经在家里赋闲了半个多月。这对于常年驾驶13.75米的卡车奔波于山东与江西之间的他来说，是极其不习惯的。看到运输抗疫物资的消息后，王师傅很快就报了名。报名时他也不确定是否有机会可以参加，没想到报名之后不到半个小时，他就接到了刘大站长的电话，通知他准备出发。尽管妻子不同意，但王师傅还是说服了妻子，加入了驰援湖北的行列。

我这个性格和他们不一样。如果是我决定的事情，我是非干不行。我这个人怎么说呢，在家待不住。你像这出门回家，待一两天可以，待上四五天我就烦躁。那个时候只能拉救灾物资，别的货源都没有。我说："我在家里也很躁得慌，出去拉救灾物资这是个好事儿，咱还能挣两块钱儿。"我就那样说的。（WF-WYL访谈录）

王师傅的女儿与他一起接受访谈，女儿说王师傅出发时并没有告诉她，她是在父亲运送物资的路途中通过微信知道这件事的，女儿坦言："他去了没办法，其实很不愿意他去。"（WF-WYL访谈录）但是女儿虽然担心，却说如果以后还有成为抗疫志愿者的机会，她仍然不会阻止父亲。

他去干这些事儿，都是为国家做贡献，我觉得他在自身安全的情况下，会让他去的。（WF-WYL访谈录）

在"大家"与"小家"之间，卡车司机志愿者无疑在高风险的时刻选择了"大家"。无论是出于对国家和社会的责任感，还是受到卡友组织公益精神的感召，抑或是面对疫情非常时期货源紧缩的理性选择，他们都是

"最美逆行者"，冒着生命的危险、背负着家人的担忧完成了 24 天的抗疫壮举。

（三）从山东到湖北："跟着疫情走"

冯师傅是一位喜欢发微信朋友圈的"80 后"卡车司机，接到运输抗疫物资的消息时，他非常兴奋，因为他的朋友圈又有了令人骄傲的素材——"那可是去湖北啊！"（WF－FJQ 访谈录）冯师傅的妻子也是从开始不同意到最终决定支持他，还带了新年卡车启动的第一挂鞭炮送他出征。

> 当时我媳妇也不让我去，后来反正就那么说的，就用车把我送过去，不是（卡）车在公司里放着嘛。我跟我媳妇拿着鞭炮（笑），开车往外出车嘛，就放一下鞭炮，不是驱邪嘛。（WF－FJQ 访谈录）

在鞭炮声中迎接冯师傅的，是当时疫情最严重的省份。按照陈站长的说法，他们运送抗疫物资是"跟着疫情走的"，每当他们运送物资到一座城市，就会发现这座城市变成了湖北省疫情更严重的地方。

> 以前我们干的时候是 WH 第一、HG 第二，我们去的 HG。到了 XG 以后，他们和我说："现在我们 XG 成第二了。"我们又去了 JM，以前不厉害，我们去了以后，那边又厉害了。我说我们这是跟着疫情走了，到哪个地方，哪个地方（更厉害）……（笑）（WF－CT 访谈录）

王师傅是 WF 市大驿站的 9 位志愿者中去过最多送货地的人，每次运送抗疫物资 32 吨左右。他清楚记得他是农历正月初九出发的，之后整个正月都在高速公路上度过。虽然抗疫物资的运送并无时间上的硬性要求，但是他们仍然日夜兼程、快马加鞭，尽量缩短休息时间，力求更快完成任务。因此，他们几乎是每 3 天跑一个来回，每辆车大约往返了 8 趟，将应急抗疫物资源源不断地送往湖北省的各大医院。除了要与体力的极限作斗争，他们还要克服被传染的恐惧。一开始笔者问王师傅运输抗疫物资去湖北是否害怕，他答不害怕，但是当他说起卸完货赶紧离开的情景时，还是坦承"不害怕是假的"。（WF – WYL 访谈录）

> 反正在那卸货，心里边就想："快一点儿快一点儿，赶紧出去这湖北省，哎，就行了。"也害怕，不害怕那是假的。我也不敢打电话，怕人家知道我出来拉救灾物资，回到家人人骂我嘛，就是跟家里人可以聊一聊。（WF – WYL 访谈录）

疫情期间，除了运送抗疫物资的车辆，路上几乎没有别的车，尤其是在去往湖北省的高速公路上。因此，虽然体力超出负荷、精神极度紧张，这些卡车司机志愿者仍然觉得那段时间"很好跑"：高速公路一路免费，很少堵车，日常货运工作中无法到达、总是限行禁行的城市畅通无阻，超速、超载、疲劳驾驶等问题甚至也可忽略不计。运输抗疫物资成为他们职业生涯中最为顺畅的运货经历。

虽然道路十分畅通，但是路上的防护工作依然不能懈怠。9 位卡车司机志愿者在车上所采取的保护措施有：戴口罩、戴手套、穿防护服、戴护目镜，同时备有高度酒精进行消毒。防护用品是刘大站长最开始与中国红十字基金会工作人员谈话时要求的，因此全部由中国红十字基金会提供。从他们当时运输抗疫物资的照片来看，无论是在驾驶室单独驾车还是在服务区休息，或者是到达目的地卸货，他们都全副武装，做好了完全防护，这也从侧面反映出当时疫情的严重程度。

> 进湖北之前必须把防护服穿上，眼镜全都弄好，下高速路你要登记，从哪里来的、拉什么货、登完记以后你要去到哪个地方卸货，有路线嘛。卸完货，人家把那个单盖完章。收到条卸好以后，你要出来。出来以后，我们一般都不敢停，直接出来以后，出了湖北到河南，把衣服脱了扔了，再正常空车往回走。（WF – LSH 访谈录）

刘大站长给9位卡车司机志愿者组建了微信群，群内还有安心驿站运输组的联系人，以及中国红十字基金会和先锋救援队负责调配的工作人员。各位志愿者在运输抗疫物资时联系紧密，但是"光说话，没见过"。（WF－WYL访谈录）直到志愿活动结束，王师傅也只见到了其中的4位志愿者。关于疫情存在的风险和如果不幸感染所产生的后果，他们从来不在微信群里说。大家在群里除了分配工作、互通有无之外，就是讲笑话和互相问候。

> 在路上我们之间的这几个车联系最多吧，因为我们送物资到湖北各个地方去嘛，又不是一个地方的。哪个车拉多少货，拉什么货到哪里去了，你回来以后到哪个地方装，你今天能回来几个车，装多少吨，我得安排这事儿。我跟先锋救援队对接，他们再跟厂家说，厂家安排生产。（WF－LSH访谈录）

将抗疫物资运至湖北各地，卡车司机志愿者接触最多的是当地负责对接的志愿者。

> 疫区我们接触的就是志愿者比较多，我感觉志愿者都挺不错，跟我们对接的态度都相当好。对接的多数都是对方的红十字会的，干活的、卸车的也都是志愿者，有时候我们也帮他们干。（WF－CT访谈录）

除了当地的志愿者，卡车司机志愿者也接触到了湖北省各大医院的医护人员。在接触中，他们近距离感受到了一线医院人满为患的危险，也看到了不同城市的医院物资匮乏的不同程度，这让他们更能感受到运输志愿者工作的价值。

> 最危险的是在那个医院里，我问医生说："咱们这边儿（确诊病例）多不多？"医生说："在后边儿楼上嘛，后边儿楼上住好几百（人）。"你能不害怕？那个楼就几十米，我们还在楼前照相。（WF－CT访谈录）

从山东到湖北，"8 车 9 人"的卡车司机志愿者团队完成了 24 个日夜的物资运输，为自己的职业生涯与志愿者经历添上了浓墨重彩的一笔。接受笔者的访谈时，这 24 天的劳累与紧张已变得云淡风轻，唯有充满自豪感的笑容闪现在他们的面庞。回顾 2020 年的抗疫行动，刘大站长说："大家都在为抗疫努力着，我们卡车司机也应有我们的责任和担当。疫情不退，我们不退！"①

二 马大站长与三批抗疫物资

出生于 1962 年的马大站长是河北省 SJZ 大驿站的大驿站长，也是被访者中年龄最长的志愿者。作为具有 30 多年职业经历的资深卡车司机，马大站长一直活跃于公益舞台，以卡友组织为基础，与 SJZ 市当地的多个慈善机构、志愿者组织保持着紧密的合作关系。2020 年 1 月至 2 月，马大站长带领 SJZ 大驿站的多位志愿者承接了三批抗疫物资的运输工作，将消毒粉、消毒液、连花清瘟胶囊与泡腾片等应急物资从河北省与上海市运往湖北省。这次志愿行动，是马大站长与驿站成员们一直坚持的公益精神的生动体现。

（一）三批抗疫物资的由来

SJZ 大驿站运输的第一批抗疫物资，是 2020 年 1 月 28 日至 2 月 2 日，由马大站长与 XT 驿站的董站长将 XJ 市的捐助物资运往湖北省。这批物资是通过安心驿站总部对接的。

> 疫情开始了以后，安心驿站发起了一个对接救援物资的活动。当时最早是 XJ 市有一个社工，弄了一批 84 消毒液，没人给她运，车也都出

---

① 《驰援武汉、公益救援、爱心助困，开大车的爸爸有这么多"英雄故事"！车轮上的奋斗诗》，"快公益"微信公众号，2021 年 8 月 31 日。

不来。我们这儿当时准备了好几个车，总部里一号召，我作为大站长，我得找几台车吧。（SJZ－MQH访谈录）

接着，安心驿站运输组的负责人把联系人电话发给了马大站长，他就与XJ市捐助社工取得了联系。

> 我跟对方一联系，她就问我要多少钱，我说："不要钱我也给你拉。"当时我就说一车半车的，我作为一个大站长，还有下面的小驿站，咱们都拿出个油钱来，完了以后拉一趟行了，反正也没有过路费。最后人家说："不行，我们是志愿者凑的钱，我们凑出这个钱来除了买药品，也把运费给你们准备出来了。"后来用了小董的车，我记得是跑到YC，对方说："我们就剩2500（元）了，看看行不行，不行我再贴。"我说："够了，其实我们花油钱也花不了那么多，反正过路费能免，路上有证明。"（SJZ－MQH访谈录）

紧接着，第二批抗疫物资的运输需求随之而来，这批物资来自SJZ市文明办下属的SJZ市志愿服务基金会。马大站长负责的SJZ大驿站是该基金会正式入驻的签约单位，在疫情之前就参与过基金会的多项公益活动，在疫情期间更是义不容辞。第二批物资需要运输的是连花清瘟胶囊，需要的也是轻型卡车。马大站长又找到时刻准备着的董站长，来回运输了两趟才把物资运完。

> 第一趟是我跟小董去的，第二趟是让李站长跟小董一块儿去的。其实也没事儿，因为你到那边儿跟任何人都不接触。把货拉到之后，那街里都没人，你就往那儿一停，人家卸完了之后给你签个字你拿着走就行了。我说就去吧，不管怎么着，反正是能把事儿做了算了。（SJZ－MQH访谈录）

第三批抗疫物资比前两批数量多，来自河北省慈善联合基金会，该基金会是河北省最大的一家慈善组织。河北省慈善联合基金会与马大站长的 SJZ 大驿站也保持着日常合作关系，因此他们需要运力时便找到马大站长。马大站长联系了宋站长、耿站长与秦站长，加上刚运输完第二批抗疫物资的董站长，集结成队，按照运输需求分配了任务。

> 因为以往做了好多公益也是跟他们对接，他们后来就找我说："马站你看我们这儿啊，得下来大几百吨货，你看看能走呗？"我说："行，用多大车？"他说："大的小的都得用，你联系几辆吧。"（SJZ – MQH 访谈录）

在第三批物资运输开始之前，马大站长与河北省慈善联合基金会谈好了最低限度的酬劳。

> 我跟大家说："运费我来给你们谈，你们不用谈。"他们说："这要运费不对呀！"我说："为什么不对呀？他们有人捐款得有运费这个开支。不是说咱都得给他们免费，你赔一趟可以，赔两趟你赔起了吗？"最后说，人家也不让赔，就说："你看看运费多少钱？"我说："你们说吧。"他们说："不行，你们说，毕竟是代表河北省捐东西的，我们不差这个钱。"最后我就给他介绍说，多大车多少钱，一公里多少钱，就这么定的运费。（SJZ – MQH 访谈录）

在运输第三批抗疫物资时，马大站长与耿站长合开一辆卡车，共运货 25 天，往返 11 趟。他们二人的主要运输路线是从上海市到湖北省各地级市的医院，包括 WH、YC、XY、XG、QC 与 HG 等，运输的主要货物是河北省慈善联合基金会在上海市采购的药品。回顾那段货运旅程，马大站长表示："受罪吧，是真受罪。"（SJZ – MQH 访谈录）

　　我们出去是真没饭店，人家好多服务区都不让进，进去以后也没有饭店，就在加油站那儿买一些方便面啊什么的。其实到湖北人家挺好，包括说来救援湖北来了，人家自热米饭给几盒，但是你得加人家油，对吧？就是这情况。（SJZ－MQH 访谈录）

　　因为所有卡车司机志愿者都是经由自己派车出门，马大站长很是担心大家的安危，不仅给各位志愿者购买了双份保险，还每天在微信群里提醒大家注意安全。

　　当时我也怕，你看我把人家招进去，真是传染了我就没法儿弄了。当时有两个群，我们都在群里。他们这儿的领导吧，也挺关心，打电话一直慰问、嘱咐："千万做好防护，不管咱入保险不入保险，万一弄出事儿了对不住你们家里人。"我也是讲这个，我说："你们千万千万别下车，到了医院门口让他们卸车，有货他们愿意扔在上面儿，回来咱们自己再解决。咱做这个活儿不一样，你坏了、烂了、散了，就扔到上边儿就行了。"不管怎么着吧，反正加点儿小心是对的，是吧？（SJZ－MQH 访谈录）

（二）董站长与李站长："尽微薄之力"

　　对于在家过年的 XT 驿站的董站长来说，甫一看到运输抗疫物资的任务他便决定参加志愿活动。

　　那个时候没考虑到钱，我出去就没想着说要人家那个运费，因为当时我就是揣着钱走的，走得也挺急的。我看到群里发以后，我就联系了马大站，然后是跟家里边儿说了一声，我说："我要出去啊，去湖北，拉救灾物资去。"（SJZ－DWL 访谈录）

董站长所在的村镇当时已经封村，人与车均无法自由出入，所以他还需要跟村干部报备。

> 我跟大队上那些干部说："我去办好事，我去支援 WH，回来你们得表扬我。"他们说："你出去就别回来了，村儿里边儿就不欢迎你了。"他们还以为我出去挣钱呢。（SJZ – DWL 访谈录）

SJZ 大驿站的第一批抗疫物资，就是由董站长与马大站长一起运到 YC 市的。任务结束后，董站长回到家自行隔离了 3 天，又接到任务"偷着跑出来"，与李站长一起去了 WH。（SJZ – DWL 访谈录）因为怕妻子担心，董站长只好告诉妻子他去的不是 WH，而是省内某个相对安全的城市 BD。

> 我都是跟她说，"我这边儿挺好的，待两天我就回去了。这东西一时半会儿送不完"。她好几次就是问我："你肯定在骗我，你是不是又到 WH 了？"我说："没有，我就在 BD 呢。"她说："你给我发位置。"我就编个位置呗，手机上的位置不是能更改吗？我就更改那个点儿，给人家赶紧发个位置（笑）。没办法，你要是告诉她又去那边儿了，肯定跟你急眼！咱是为了不让她担心。（SJZ – DWL 访谈录）

李站长是作为押运员与董站长一起去的 WH。虽然不再以卡车为业，但是作为一名卡车司机组织的驿站长，他认为自己有责任参与志愿活动。

> 就是说一个是责任，一个是当时需要。当时真的就是那种心情，国家现在需要有这样的人站出来去做这件事儿。那个"责任"是对国家的多一点儿，然后是对驿站。从小受这种教育吧，爱国嘛。（SJZ – LZJ 访谈录）

去往 WH 的路上，李站长说他跟董站长都有点害怕，就通过聊天来互相安慰，"给自己壮胆"。（SJZ - LZJ 访谈录）他们还特别注意卫生问题，到服务区吃饭前先洗手和消毒，尽量不接触外物。二人虽然在路上小心谨慎地做好了防护，也计划着与 WH 外环的接货方避免接触，但是由于接货方只派了一位卡车司机来接货，他们只好放弃原则，下车帮忙倒货。

> 我们去的时候，其实跟那边儿沟通的是人我们也不见，我们就把货直接卸地上，放到那儿然后有人接收。结果交接的时候呢，也相当于是近距离传递：他站他们车上，我站我们车上，直接把货倒到他那车上了。（SJZ - LZJ 访谈录）

马大站长知道他们近距离接触了 WH 的收货方，安慰了他们，让他们尽量不要揉眼睛，吃饭前多洗几遍手。虽然在运输抗疫物资的途中发生了很多计划之外的事，但是董站长与李站长都认为，如果有再一次做抗疫志愿者的机会，他们仍然愿意挺身而出，略尽绵薄之力。

（三）宋站长与 SNJ 林区的"十回首"

宋站长是 SJZ 大驿站的元老，疫情突袭而至时他正在家中照顾父亲。电视上播报的愈演愈烈的疫情让他寝食难安，因此他与马大站长联系，表示他9.6 米的卡车闲置在家，如有需要，责无旁贷，"我就等着去！需要的话咱也得表现一下子！"（SJZ - SGJ 访谈录）

SJZ 大驿站的第三批抗疫物资进来之后，宋站长首先表示想要参加，但是长途运输高昂的油费个人无法负担，又令他心存踌躇。得知油费由基金会负担，高速费又可以减免之后，他才放下心来。

> 我说："你看这么远，问题是油钱咱负担不起，它不是小车，三百五百的。"后来问了问，基金会的 D 部长说那边儿开个证明信，高速费

肯定给免，其他的话，就是给油钱。我说："那就行，咱没指望说挣运费，给油钱就行。那就去吧！"（SJZ - SGJ 访谈录）

宋站长运输抗疫物资的路线，也是从河北省与上海市到湖北省，主要运输的物资是泡腾片。运输物资的第一趟宋站长是与耿站长驾驶 9.6 米的卡车一起去的，接到通知的当天晚上他们连夜赶到了上海市，装完货第二天上午就赶到了湖北省 QC 市的一家中医院。第一趟运输物资时宋站长还没有感觉到紧张的气氛，但是当他独自运输第二趟物资到达 WH 的时候，情况就不一样了。

第二趟就紧张了，服务区根本就不开了。好多服务区就连厕所都不开，别说水，什么都没有。卖东西更别说，就没人。第一趟的时候我们没太有感觉，因为往上海那边儿走，还差点儿。第二趟尤其是往 WH 那边儿，越来越近，什么都没有。（SJZ - SGJ 访谈录）

之后，宋站长又连续运输了 7 趟抗疫物资，让宋站长记忆最深刻的，是运往湖北省 SNJ 林区的两趟路程。SNJ 林区上山的路蜿蜒曲折，当地以"十回首"的地貌为旅游宣传的重点，但是对于驾驶货运重卡上山送物资的宋站长来说，却是噩梦一般的存在。上山之前他看地图就知道路不好走，作为有经验的卡车司机，他还向当地的收费员询问了路况，对方告诉他如果是第一次来最好不要走夜路，于是他就在山下广场休息了一晚才上山。对于这种极难行驶的山路，宋站长很快总结出经验：一是要降低速度，慢慢开；二是不能装满货，装太满可能会翻车；三是打一把方向轮过不去，就打两下、三下；四是尽量小心驾驶，因为路太窄。

哎呀别提了！人家那个景区上写着，叫"十回首"，那个路，一回首、两回首、三回首……一直到十回首。第一次去，真的，我那车拐弯都光想翻！那个车亏的是没装那么多货，要是货装满的话，到那儿拐弯就得翻，一路山上还有碎石往下掉呢！后来我一边儿走一边儿跟他们视频，就说下一趟我不来了，我说："我怵了，谁愿意来谁来，我真的怕了！"（SJZ - SGJ 访谈录）

虽然信誓旦旦地表示再也不去了，但是得知有下一趟应急物资需要运往 SNJ 时，宋站长仍然义无反顾地接下了第二趟的任务。第二次去林区，是董站长陪他去的，那也是他在 2020 年往湖北运输抗疫物资的最后一趟。

你看，去两趟 SNJ，也习惯了。你不去谁去呀？也得去。别人没有车，正好是咱们这边儿的货，去就去吧，咬着牙去吧。跑一趟反正也就那样了，习惯成自然，见多了也不怕。（SJZ - SGJ 访谈录）

从 2020 年 1 月底出发起，宋站长一共运输了 9 趟抗疫物资，进出当时的疫情中心 WH 市 4 次，一共持续了 27 天，运输抗疫物资 100 多吨。在这27 天中，即使回到家乡装货他也没有回过家，一直在装货、行车、卸货、继续装货、行车、卸货中循环往复。只要尚有体力，他就争分夺秒地开车，实在无法坚持时他才进入能够进得去的服务区，在驾驶室稍事休息。无论风霜雨雪，他都凭着一腔孤勇坚持了下来。

累吧，也累，能不累吗？你想白天晚上地开。第一次我从上海走，那阵儿一直下雨。往 WH 返的时候是第二趟还是第三趟啊，好家伙，快过长江那时候，下着雨特别大，后来又下开大雪了！那鹅毛大雪，根本就看不清路了！"哗哗哗哗"！是挺可怕的，还有一段下坡的小山路。你无非慢点儿吧，那也没事儿。我说："这是老天爷考验我啦，是考验我的意志了。"开玩笑呢。（SJZ - SGJ 访谈录）

马大站长带领 SJZ 大驿站的各位驿站长运输三批抗疫物资的工作，仅是SJZ 大驿站公益活动的一个侧面。他们在之后的抗疫防疫救援活动中，在多个省份水灾来临时，都第一时间挺身而出，发挥出卡车司机志愿者的奉献精神，彰显出卡车司机志愿者的公益力量。

三 乔站长的公益梦

乔站长出生于 1984 年，在安心驿站以现场救援第一名而著称。他不仅是 SJZ 大驿站下辖 XJ 驿站的站长，还是安心驿站互助协商小组的成员。根据安心驿站的平台信息，在安心驿站成立后的 4 年间，他一共为卡友们提供了 1032 个有效帮助事件与 76 场现场救援，是安心驿站组织中参与互助救援最多的驿站成员。乔站长的文笔颇佳，常年在驿站平台上连载他的"公益互助笔记"，截至目前已撰写了 63 篇。事实上，早在加入安心驿站之前的很多年，他就开始参加公益活动了。2017 年底，他携成立于 2016 年的卡车连队进入安心驿站，他们的宣言是："在 XJ 市，在周边方圆百里，为驿站兄弟、为卡友守护一方平安！"而乔站长在"公益互助笔记"中写得最多的一句话是："我们是一帮有大爱的卡车司机！"

乔站长目前经营 6 辆卡车，他每天的工作以联系货源、调配卡车司机为主，偶尔兼职替班司机，其余大部分时间都用于公益活动，例如关爱孤寡老人、贫困职工与残疾儿童等。笔者问他的身份是否已经不应算是卡车司机了，他表示他的身份认同仍然是卡车司机，因为他还参与着卡车司机互助救援的公益活动，并且对卡车司机弱势的社会地位深有感触，想要为这个群体发声。乔站长的车上有一个河北省志愿者协会赠予的挎包，里面装有 XJ 市志愿者联盟、XJ 市青年基金会与 XJ 市大红门爱心志愿服务协会三个志愿者组织的服装，他不仅是卡友组织的驿站长、车队的队长，还是很多民间志愿者组织的发起者与管理者。乔站长有一个公益梦，他认为公益在自己的人生中最为重要。

（一）WH 抗疫时期：在地组织、运输抗疫物资

乔站长表示，马大站长与董站长送往 WH 市的第一车物资，就是他经

由 XJ 市志愿者联盟组织、由协会内部的爱心人士捐赠的，包括口罩与消毒液。因为物资不多，由一辆 4.2 米卡车装载最为合适，安心驿站运力小组便联系了董站长。之后，乔站长又组织大红门爱心志愿服务协会给 XJ 市本地捐赠物资，开展了在地运输抗疫物资的志愿行动。

> 后来我在我们本地做的，那会儿不光 WH 缺啊，全国各地都缺啊，我们 XJ 也缺啊！我也是照样整了一车那个消毒液、口罩，我们大红门爱心协会的会长同意，我组织的捐款，然后我去筹备的物资。（SJZ - QH 访谈录）

安心驿站的公众号上记录着："（2020 年）2 月 6 日，SJZ 市 XJ 驿站的驿站长乔站长带领好站友，将 1132 箱 84 消毒液运送至 XJ 市防控一线办公室和市民政局下属 10 家养老机构。这是 XJ 驿站和当地社会组织——XJ 大红门爱心志愿服务协会的一次联合爱心行动。XJ 驿站参与了筹款、联系物资、捐赠、装卸等全过程。"在该简报中，乔站长还说："我最先提议这事，然后大红门志愿服务协会的管理层商量后决定开展。我们好站友们参与了物资款筹集、物资发放；我负责联系物资，通过 DB 快递和 SZ 的 YT 快递给的渠道，联系到了 84 消毒液生产厂家，然后开车去订货、装货。"① 除此之外，XJ 驿站还把爱心人士捐助的 50 箱鸡蛋，运送至 XJ 市人民医院。

在物资紧缺的疫情期间，筹措物资是最艰难的工作。乔站长的本业是运输快递货物，因此他跟 SZ 的 YT 快递的老板打了招呼，凭借自己的社会资本让对方给匀出一车价值五六万元的抗疫物资。购买物资的钱款是由大红门爱心志愿服务协会的会员捐赠的，据乔站长介绍，这个志愿服务协会是由卡车司机、环卫工人与企业老板等组成的爱心组织，已有八九年的历史，乔站

---

① 《"疫情不退，我们不退！"驰援疫区，传化·安心驿站在行动》，"传化·安心驿站" App，2020 年 2 月 7 日。

长是其中的管理者之一。这一批抗疫物资是由乔站长自己运输的，另一车则由 XJ 驿站的好站友京师傅负责运输。

（二）SJZ 抗疫时期："驰援空城 SJZ"

2021 年 1 月，河北省 SJZ 市疫情肆虐，乔站长凭借自己的公益力量，单枪匹马完成了一次抗疫物资的运输。运输的物资由 XJ 市当地的爱心人士捐赠，送往 SJZ 市精英中学。

> 这个捐赠不是我自己，我是出了一部分，然后这个车是我借的，油是我的。是一个公司给这个 SJZ 精英中学捐了一车鸡蛋，我借了一个 4 米 2（的卡车），拉了整整一车来的。（SJZ – QH 访谈录）

当时 SJZ 市疫情严重，乔站长只身前往 SJZ，他说比一年前的 WH 管控还要严格。这次志愿行动被他写进"公益互助笔记"，题目叫作《驰援空城 SJZ》，里面提到诸多细节：运送这批抗疫物资的前一天，他还在核酸检测点与众多志愿者冒着严寒为测核酸的监测点维持秩序，而当时 SJZ 消息闭塞，对于是否能进出、如何进出他均一无所知，也没有时间和途径办理通行证。他唯一能做的就是尽快做完核酸检测，借了一辆能够进入 SJZ 市区的 4.2 米蓝牌卡车，整理了简单的行囊，就孤身上路了。

> 傍晚下岗去 JY 物流开走 4.2 米高栏车，晚上回家还是有些许忐忑：回不来怎么办？十点还在打问 SJZ 通行的情况，无果，只能做好最坏的打算，开始整理旅行包，该拿的不该拿的全往里边塞，出不来大不了我在 SJZ 做志愿者，安营扎寨！颇有"风萧萧兮易水寒，壮士一去兮不复还"的感觉……（SJZ – QH "我的公益互助笔记·六十二"）

装车时，乔站长与捐赠人一起设计了贴在每箱鸡蛋上的标签，他出了前半句"风雨同行"，捐赠人写了后半句"情系河北"。借来的 4.2 米卡车的车头上系着红色的横幅，写着"疫情捐赠物资"，卡车的侧面条幅上分别写着"捐赠物资、助力河北"和"传化安心驿站 XJ 驿站"。

> SJZ 市是 1 月 5 号、6 号起来的是吧？我们筹备这个物资应该是 7 号、8 号，我是 11 号、12 号进来的。最严的时候，根本就进不来。WH 还有人在高速口接待呢，还有人能送你出来是吧？我上 SJZ 来，没人管。那会儿不知道能不能进来，我挂着条幅进来了，凑合进来了。（SJZ – QH 访谈录）

乔站长出发时随身带了四个充电宝、两箱方便面和两箱矿泉水，他的计划是如果进入 SJZ 之后没办法回到 XJ，他就住在 SJZ 了。因为是自己筹措物资、自行运输，没有组织给他提供更全面的防护措施，他只戴了口罩就出发了。进入 SJZ 时，收费站的工作人员表示已经有很多天没有外来车辆进入过 SJZ 了，乔站长至今仍记忆犹新的也是空荡荡的高速路上除了救护车，看不到任何其他车辆。

> 我从 XJ 上了路过来，什么也看不见！外面光光那个景，没啥车！怕，真怕，一上了高速我就怕了！过去的没别的，都是负压车，负压车是什么？就是那种负压救护车，专门运送重症病人的，那能不怕吗？我是直接上"震中"来了！（SJZ – QH 访谈录）

将抗疫物资送到目的地后，受捐学校的老师卸了货，并对物资进行了消毒。卸货后，学校领导邀请乔站长下车合影。他们站在摆在地上的物资前，"一人隔着一米远"拍了一张疫情期间的合影。（SJZ – QH 访谈录）回程时，精英中学给乔站长开具了接收证明，但是他出城仍然花了 3 个小时。他在"公益互助笔记"中记录道："入口的检测人员和交警更是全副武装、戒备森严，我看到要出去的车被劝返，心里又沉重了几分。"乔站长告诉笔者，他当时给负责协调的某慈善组织打了电话，又拿出纸质核酸证明与爱心物资捐赠接收单，这样才完成了登记，顺利离开了 SJZ。

（出城）得绕路，然后到港口这儿，人家检查。人家没见过进来的，你说见过出去的吧？那不更不容易吗？体温什么的都要检查，那会儿 SJZ 全市封闭啊！（出来之后）我在群里边儿说："哥又出来了啊！（笑）然后你们谁也别搭理我啊，记得给我买点吃的放门口！"（SJZ – QH 访谈录）

回到 XJ 市，乔站长在自己的车队办公室开始了为期 14 天的自我隔离。他在"公益互助笔记"的文末写道："有人问我这么做你图什么，我只能告诉他，我就是一名普普通通的货车司机，咱这河北疫情这么严重，我们货车司机也想做点什么，为抗击疫情贡献自己的一分力量！货车司机其实是有大爱的一个群体，期待被了解！御者，落雨无声，逆风而行！"这是乔站长的公益梦想照进现实的光辉时刻。

四 尹站长：我和我的家乡

尹站长出生于 1981 年，曾经在部队做过两年的"汽车兵"，转业后先是当了两年的他雇卡车司机，积累了足够的经验又自己购车成为自雇卡车司机。他驾驶的车型为 9.6 米卡车，来往于湖北省与广西壮族自治区运输食品和配件。作为一名退伍军人，尹站长一直觉得自己应该做更多的公益，加入安心驿站也是为了能与其他卡车司机互帮互助。2020 年，当疫情在他的家乡蔓延开时，他便已经决定要成为一名志愿者。

（一）"为家乡出份力"

2020 年 1 月 26 日，在尹站长的号召下，湖北省 XY 驿站联系当地的好站友组建了一支救援车队。据尹站长介绍，他通过"114"查询到电话，主动联系了 XY 市的红十字基金会、民政部门与运管所等，表示随时等待各方的物资运送安排，"哪里有需要，我们就去哪里。好站友们都愿意为自己的家乡尽点力。因为那个时候说实话，（疫情）太严重了"。（XY – YYX 访谈录）

当你看到那种严重性的时候，你睡不着觉！所以说，大年初一的晚上睡不着觉的时候我在想："我怎么去联系？我没有其他可做的，我就是车呀，只能拉物资啊。"然后第二天一大早，我就打"114"查这个民政局、商务局，还有慈善基金会，我就查电话问他们。（XY‐YYX访谈录）

尹站长的驿站当时有40多位好站友，在他的号召下有2/3的好站友报名成为志愿者。那时WH市已经封城，他们所生活的XY市也在两天之后封城了。笔者问为什么有这么多好站友愿意在那么危险的时刻参加志愿活动，尹站长引用了驿站陈师傅的一句话："为了我们的家乡，我们不出份力，谁出份力？"（XY‐YYX访谈录）

反正我这人的原则就是吧，只要我能做到的，我就会尽力冲上去。去年疫情严重的时候，我首先报的名，我就在我们那个驿站群里面组织他们嘛，我说："有谁愿意参与的，就参加。但是和家人一定要商量好，因为这个毕竟是疫情，是病毒，毕竟是危险，这个谁都保证不了。只要家里面同意，你就出来；不同意，不要勉强。"结果最后，我发了个"群公告"以后，一会儿的时间，有二三十个人报名。（XY‐YYX访谈录）

XY驿站的好站友们与尹站长的想法是一致的。当家乡疫情蔓延时，每位卡车司机志愿者都不愿独善其身。刚买了新车还处于还贷期的陈师傅并不在乎补贴问题，他认为卡车司机志愿者参与的是"家门口的事情"和公益事业。"大伙儿都在抗疫情，咱们没必要为这个小事情斤斤计较。"（XY‐CSQ访谈录）"90后"的程师傅运输第一趟抗疫物资时也没有询问运费的问题，他说："就算没有，我就跑这一趟也无所谓。"（XY‐CS访谈录）

因为怎么说，别的贡献不了多大的力量，这个还是可以的。当时遇到这种情况也着急啊！别的你做不了啊！人家就说医生们贡献大，你像我们平民百姓，只有自己居家，才是最大的贡献。但是确实我有这个工具，能做，能贡献我就贡献。其他的，你想贡献也贡献不了，知道吧？（XY－CS 访谈录）

可见，以尹站长为代表的湖北省卡车司机志愿者与其他省份的志愿者有些许不同，除了为国家和社会做贡献、彰显卡车司机的公益精神，他们还有一个更为迫切的动机：保卫自己的家乡。对于尹站长来说，"为家乡出份力"的迫切心情甚至战胜了对于病毒的恐惧。

你出去了之后，不管走在什么地方，看到空荡荡的，空无一人，多静哪！那时候说实话心里面根本都承受不了：热闹的市区大街，没人；高速公路上平时多繁华的，一个车没有，就剩你一台车跑。你恐惧的就是觉得太静了！太不可思议了！说实话你说咱们活了这么多年从来没遇到过这样的事情，是不是？太安静了！所以在路上你就在想着，怎么样能够帮助咱们自己的家乡，度过这次疫情。（XY－YYX 访谈录）

（二）志愿者的担心与偶遇

2020 年 1 月 27 日，尹站长收到了他所挂靠的物流公司的李总发来的运输抗疫物资的消息，他答应了参加运输任务。紧接着，安心驿站运输组的负责人又找到他，希望他寻找一辆卡车从 XS 市运送口罩辅料至四川省 CD 市。一开始需要的是 13 米的卡车，尹站长给拥有 13 米卡车的某位驿站长打电话，但是对方没有接电话，他于是想起了自己驿站的好站友程师傅。程师傅出生于 1993 年，是刚入行 2 年的新司机，最近一年常跑的线路就是四川省 CD 市。听说有抗疫物资需要运输，尽管车型并不十分符合，程师傅也主动要求前往。1 月 28 日一大早，尹站长将程师傅送上了高速公路。尹站长说当时他已经把自己的生命抛之脑后，但是安排自己的好站友出门，他却非常担心。当天有一家电视台的记者采访他，他因为太过担心而泪洒当场。

> 电视上播出了以后嘛，好多朋友问我："你怎么有一个哭的镜头啊？"我说："你想过没有，如果把你换成是我，你想一下，安排出去的人，人还没回来，你现在在家里面，你想一下你心里面是什么滋味儿，你能不能放心？因为这是病毒，这不是其他的。"我是有后怕。我自己不怕，但是毕竟人是你安排出去的。（XY – YYX 访谈录）

1 月 29 日，送走程师傅，尹站长也装车出发，空车奔赴 YC 市，从 YC 市拉回一车电缆回到 XY 市，用于 XY 市中心医院隔离院区的建设。到 YC 服务区的时候，尹站长偶遇了 SJZ 大驿站同样运输抗疫物资的卡车司机志愿者。尹站长感念他们千里迢迢来支援自己的家乡，把车上仅剩的饼干和泡面塞给了他们。董站长在访谈中也回忆起这次偶遇，他记得尹站长对他们说："你为我们湖北，支援我们湖北，我们应该感谢你！"（SJZ – DWL 访谈录）

> 当时我车上，那时候说实话，市面上吃的东西买不到，我就在加油站买了几袋饼干，两桶泡面。他们这么远跑过来嘛，正好还没吃饭，我就剩两盒饼干，还有一桶泡面，我给了马大哥……（XY – YYX 访谈录）

（三）"鄂牌车"：歧视与鼓励

运输完第一批物资，尹站长按照安心驿站运输组的指示原地待命。2 月 10 日，李总打来电话，说需要一辆卡车去河北省接收捐赠物资。尹站长在确定"鄂牌车"能够外出之后，与程师傅一起接下这趟任务。运输的物资是在北京市工作的湖北老乡筹钱从国外购买的防疫物资，以回馈家乡。

2月10号的那一次，中午刚吃完饭，李总给我打电话，说有通行证，还有交通局的人跟着一起过去，要求我们晚上立马走，第二天凌晨1点钟之前必须得赶回来，因为车上物资是等着用的。（XY－YYX访谈录）

尹站长与程师傅交替驾车，披星戴月地到达了河北附近的某个服务区。由于驾驶的是"鄂牌车"，他们没办法下高速，只能由接驳车将捐赠物资运上高速，在服务区进行交接。因为知道"鄂牌车"在疫情期间比较敏感，他们行走在路上特别小心，几乎不进服务区休息，不希望给别人带来麻烦。程师傅说他运送口罩辅料去CD市时，在整个运输过程中很少下车，因为真切感受到了"鄂牌车"在当时所受到的歧视。

歧视蛮大的。打比方我车停在服务区，晚上想休息一会儿，保安来了，就直接让我走。走就走呗，没办法。你跟他争也没有用，人家不管你这个，你是"鄂牌车"，湖北是最严重的疫区，就算你身上没有什么，人家不相信，人家也有那种恐惧感。我去那边，他们卸货的时候就说："你把门打开你就直接上车去吧。"他们都离我老远。他们看到"鄂牌车"就跟看到啥一样，话说难听点儿，你就是个病毒携带者。我心里很难受啊，没办法，谁让你是湖北人啊。（XY－CS访谈录）

身为湖北人，驾驶"鄂牌车"出行，尹站长与程师傅在返程的路上，接到了沿途多个省份的盘查电话，询问他们出行的目的和逗留的准确地点。对此，尹站长非常配合，因为在他看来，这种举动并非歧视"鄂牌车"，而是非常时期必需的防疫手段。另外，由于驾驶的是"鄂牌车"，尹站长在运输抗疫物资的路上还收获了别样的鼓励。当他行驶在高速路上时，经过的车辆先是与他并行，打开车窗对他伸出大拇指之后，又减速让他先行。尹站长觉得很是感动。

不过在路上的时候也挺好的，在路上的车，不管是大车还是小车，那么冷的天，都给你竖大拇指。当时说实话，一开始的时候我还没感觉到知道吧？最后，我说："不对呀，这怎么每个车超我的时候竖一下大拇指，然后就慢慢走，减速了，让我走？"他们给你按喇叭，然后车窗放下来，知道吧？因为我们车上边儿贴着横幅嘛。他们也有拿手机拍这个横幅的知道吧？（XY-YYX访谈录）

他们驾驶"鄂牌车"在疫情期间所感受到的复杂情绪随着湖北省的疫情告一段落而逐渐淡去。尹站长他们这些湖北省的卡车司机比其他省份的卡车司机复工都晚，刚开始解封外出时，仍会发生由于是湖北省的户籍而无法登记住宿的情况，但是随着时间渐长，一切又恢复正常。尹站长认为没有真正生活在湖北的人无法体会他们的感受，以及他们对于许多行为的谅解。

我是最理解这一点的，疫情防护需要，犯不上跟他们去争去吵。你看我在群里面，我说："在哪里只要别人让你们去做核酸你们就去做核酸，你为这些事情犯不上。"因为这个疫情，你没有在湖北待过，你们体会不到的。只有我们真正待过的人，我们体会到的，才知道。反正是怎么说呢，疫情的需要嘛，是不是？人家需要怎么着你做好就行了。我们经历过的，我们知道是什么。（XY-YYX访谈录）

以上通过四个驿站的卡车司机在2020年与2021年新冠肺炎疫情期间的志愿者经历，概述了卡车司机最主要的志愿行为：运输抗疫物资。通过概述可知，自雇卡车司机志愿者参与运输抗疫物资志愿活动的途径有四：一是通过加入的卡友组织对接慈善机构与捐助企业等；二是直接对接当地慈善机构与捐助企业；三是通过自己管理或加入的志愿者组织发起捐赠，完成物资运输；四是通过物流公司获取抗疫物资的信息。WF大驿站的志愿活动以第一种为主；SJZ大驿站的抗疫物资来源则较为广泛，包含了前三种；XY驿站的志愿参与则是以第一种和第四种为主。无论是哪种参与方式，卡车司机志愿者们都以职业群体为基础展现出这个群体的公益精神："哪里有困难，哪里就有我们"①。

---

① 这是"传化·安心驿站"所推崇的公益精神。

第三章　其他志愿活动

运输抗疫物资，尤其是运送至疫情严重省份是一项高风险的志愿活动，并不是所有卡车司机都有机会接触到抗疫物资，同时，在地方疫情管控非常严格、许多地区封车封路的前提下，也并不是所有卡车司机都可以出门运输货物。为此，很多卡车司机积极参与了其他形式的志愿活动，例如建设防疫医院、参与社区或村镇防疫工作、发放防疫用品、为公共场所消毒等。根据访谈资料，本篇报告列举出四类卡车司机参与的颇具代表性的志愿活动，分别是运输医疗废弃物、参与村镇防疫工作、运输医疗队行李与发起捐助。

一　何师傅：在 WH 运输医疗废弃物

何师傅出生于 1979 年，驾驶一辆 9.6 米的卡车与妻子樱子一起跑车。他们没有固定的运输路线，跟随网络货运平台订单的轨迹而流动。2020 年疫情突袭而至时，他们夫妻二人正在湖北老家过年。农历正月初十，按照樱子的话说，"疫情正严重、正疯狂的时候"，"每天只能关在自家阳台往下看"的何师傅接到了他们挂靠的物流公司的李总的征召信息，需要 XY 市的卡车司机去"震中"WH 市做志愿者。何师傅当即报了名，起先他告诉笔者报名的理由是"在家里待得太无聊了，感觉没那么严重"，但是后来说起当时 WH 市空荡荡的街道时他却潸然泪下，说他要为家乡"尽自己一份责任"。（XY – CY 访谈录，XY – HWJ 访谈录）

> 可能李总跟运管所有联系，上面下来的通知，说是那边需要人。我们这个车不合格，它那个属于是危化品。这边有一个医疗垃圾处理公

105

司，他们专门有几十台车，就是缺人，我们是去开车的。当时到 WH，一去的时候，看到那个情况都哭了，都很震撼！平时去的时候人山人海，那时候去了，这么大一个城市，一个人都看不到（哽咽）！包括最繁华的地方，都看不到一个人（落泪）。（XY - HWJ 访谈录）

何师傅第一次报名时，樱子并不同意。但是第二天何师傅又一次报了名，樱子拗不过他，只好让他参加。

当时志愿者不是给一点补贴吗？我说："不行，再多钱都不去！太危险了！人家都往出跑，你要往进去，家里面老的老、少的少，你要真的有点闪失，我这一家老小怎么办呀？"然后家里面也都不同意，结果第二天，他又报名了！第一天已经跟我说了，然后第二天他说："不行，我还是要去。"（XY - CY 访谈录）

当时 WH 市的医疗废弃物垃圾过多，亟待支援。加上何师傅，XY 市向 WH 市一共派驻了 12 位卡车司机参加这次志愿行动。报完名的第二天，12 位志愿者集体签署了志愿书、按了手印，就驾驶专门的医疗垃圾车、打着"XY 志愿者支援 WH"的条幅去了 WH。何师傅当时并不知晓具体的志愿工作是什么，也不知道会在 WH 待多长时间，他连换洗的衣服都没有带够，还是樱子后来托人将衣物带给了他。

那时没有想到这么长时间，他们也没说清楚，就说是转垃圾，没说是转这个垃圾。我不知道是拉什么，以为是送医疗物品这些（笑）。（XY - HWJ 访谈录）

XY 的志愿者们到达 WH 的第二天，就完成了工作的分配。何师傅被分配到 QK 区环保局下设的垃圾处理中心，也就是医疗废弃物处理中心，负责运输社区、医院与病毒研究所等地的医疗废弃物。一开始还只是戴着口罩的他们，很快就达到了"全副武装"的程度，每趟运输都需要备齐防护服、护目镜、N95 口罩、手套与酒精等。

　　一看他们都穿着防护服，我们还都戴个口罩，当时心里这家伙还有点儿害怕，就是那个环境让你情不自禁地这样了。他们那防毒面具搞得好好的，那里面有蒸汽啊这些，一看拉的是医废，头两天心里面还有点儿"咯噔"得慌。（XY－HWJ 访谈录）

运输医疗废弃物的工作安排是这样的：每天早上 8 点，何师傅会收到工作短信，告知他去哪个医院装载垃圾，他与搭档就全副武装、一起出发。因为医疗废弃物属于危化品，一辆车上必须配备驾驶员与押运员两个人，因此他们都是以"一车二人"的模式进行工作的。每天的工作量由 QK 区环保局根据全区医疗废弃物的总量统一安排，那些医废垃圾已经"堆不下"的医院通常会得到优先安排，余下再按照顺序进行分配。

按照指令，何师傅与搭档驱车前往需要清理医废垃圾的医院，他们会将车停在固定的垃圾站旁边，而垃圾站通常设置在医院的后门。一般来说，他们到达时，垃圾站已经摆好一桶一桶的医废垃圾了，他们需要将所有的垃圾桶装上车，还要拍照上传至专门的系统，登记好这是从哪个医院拉出来的医疗废弃物，共收了多少桶。之后，他们再将这些垃圾桶送往指定的垃圾处理中心，到达垃圾处理中心后仍然由二人将垃圾桶从车上卸下，待跟中心的人签字确认之后，他们就可以回到待命的酒店等待下一次工作任务了。他们每天运输医疗废弃物的趟数并不固定，平均一天跑两趟，有时也会达到三四趟。每趟运输完毕，何师傅和搭档都要把车停在一旁用喷雾器喷洒酒精进行消毒，除了要消毒车辆，还要消毒全身，包括鞋底。因为当时几乎所有的医疗废弃物都来自医院的感染者，这种垃圾较为危险，除了不能随意丢弃外，还需谨防感染。这些垃圾被运至垃圾处理中心首先要进行高温消毒，之后再进行粉碎或者拉到火力发电厂用来发电。

何师傅说，他们在医院后门运输医疗废弃物时，经常可以看到殡仪馆的车。

> 有时候能看到过世的人，殡仪馆的车也在我们旁边，都是黄袋子一装嘛，就挨我们旁边。当时反正心里有点儿说不出来的这种伤痛、悲凉，因为也没人送也没人啥的，你像平常人过世不得儿女们都在……（XY－HWJ 访谈录）

QK 区环保局给志愿者们统一安排食宿，为避免交叉感染，他们一人一间住在指定的酒店，工作之余大多需要待在自己的房间，不可随意走动。但是相比于当时 WH 市无法外出的普通市民，他们仍有更多外出的自由。当时去超市买东西都要穿着防护服，超市里面的工作人员也同样穿着防护服。这不是何师傅第一次来到 WH，但这次却让他感受到了完全不同的 WH。

> 我们在 WH 跑完一圈只需要半个小时，也没车。路上有警察，因为路口需要检查，进城出城的地方都有警察。警察看到我们这种车他也不拦，还敬礼（笑）。（XY－HWJ 访谈录）

刚开始，何师傅不敢告诉樱子他的工作是近距离接触感染者的医疗废弃物。因此，他只接樱子的语音电话，不接视频电话，尤其是工作的时候。后来樱子得知他的志愿工作是运输医疗废弃物时，感到非常害怕和后悔。

> 我知道他是拉医废的时候就已经很害怕。刚开始跟我说是拉医疗物资，然后说是去 WH，我想着都好恐怖。后来他才跟我说是拉医废，哎哟，我就后悔死了！我说："早知道你拉医废，说啥都不能让你去！"（XY－CY 访谈录）

何师傅运输医疗废弃物的工作持续了 25 天，又在 WH 工作的酒店就地隔离了 14 天，回到家已经是 40 多天之后了。这 40 多天里，樱子的心一直悬着。一年之后回头再看这段经历，樱子又觉得何师傅的志愿行动非常了不起。

他回来的时候啊？反正最后两天的时候心里面就开始盼着："啥时候能回来？啥时候能回来？"然后就感觉特别激动！回去想想，就觉得他挺厉害的。（XY – CY 访谈录）

二　秦站长与京师傅：村镇防疫志愿者

1972 年出生的秦站长与 1979 年出生的京师傅都是 SJZ 大驿站的成员。秦站长于 2019 年 10 月创立了 SJZ 大驿站下属的 YS 安心驿站，目前该驿站共有 63 名好站友，为大家互帮互助搭建平台，日常也帮扶有困难的卡友。京师傅则是 2018 年 4 月就加入了 JC 驿站，为卡友提供过 186 次线上帮助与 7 次现场救援。在日常的货运工作中，秦站长驾驶 16 米的集装箱卡车运输河北省与广西壮族自治区、贵州省之间的快递货物，京师傅除了驾驶自购的 4.2 米蓝牌车于河北境内运送泡沫材料外，还间歇性地作为他雇卡车司机驾驶 13 米的卡车跑长途。在疫情来临之际，他们都参与到抗疫物资的运输工作之中：秦站长逆行至湖北省运送过两趟抗疫物资，京师傅则在地运输捐赠物资送往 XJ 市的医院与防控中心。除此之外，他们都第一时间报名参加了村镇的防疫志愿活动，以卡车司机志愿者的身份参与了村镇的防疫工作。

秦站长虽然已经举家搬往县城，但是发生疫情之后，他立刻与所在村的村支书取得联系，表示他们 YS 安心驿站是一个卡车司机的公益组织，如果村里有需要他们可以义务帮忙。后来，村支书就邀请他们到村里的核酸检测点帮忙维持秩序。

第一次做核酸，村儿里边等于说有人素质低点儿，本来需要隔一米，他们不行，不说隔一米还乱挤，跟抢东西似的，差点没打起架来。第二次做的时候，村支书给我打的电话，说："能派几个人维持秩序吗？"我说："行，要几个人？"他说："最少五六个人。"我说："行。"（SJZ – QZB 访谈录）

挂掉电话秦站长就在驿站的微信群里发布了公告，征募本村的志愿者。

> 当时外村儿的来不了，他们想进也去不了我们村儿，我就在我们村儿的微信群发了个公告，我说："谁在家啊？有时间了去给做做义务，维持维持秩序。"当天就有 6 个人报名。后面也有人报名，我说："行了，有 6 个就行了。"这些事都是无偿的对吧？去了我给大家打电话，我说："可以吃大队里边儿熬的大锅菜。"就这么维持了两天。（SJZ－QZB 访谈录）

站岗维持秩序时，秦站长与驿站成员特地穿了安心驿站的服装，他们想让大家看到卡车司机的觉悟和卡友组织的公益之心。不仅是第二次核酸检测，村里第三次核酸检测的时候他们也全员集结，负责站岗执勤。站岗时，有些村民认为他们是有酬劳动，问他们一天挣多少钱。秦站长对于志愿活动并不多做解释，他认为即使坚称他们是义务劳动村民们也不会相信。

> 我就说："一天 500（元），你也来站吧！"你说没钱他们相信你吗？他们不相信你。（SJZ－QZB 访谈录）

虽然村里除了提供"大锅菜"并无任何补贴，秦站长仍然为每位志愿者发放了口罩，还送了每人一袋大米聊表心意，以鼓励更多的好站友参与到志愿活动当中来。

> 我总感觉咱也没多大本事，弟兄们到一块儿了，我说："钱没有多少，一人给买一袋大米吧。"正好我做这个，在群里边发吧，也让他们看看，不让站岗的寒心说我白站岗了，对吧？让他们没去站岗的也心里想想，"哎呀，这还有报酬呢"，是吧？（SJZ－QZB 访谈录）

与秦站长不同，京师傅参与最多的是村内的卡口执勤。疫情伊始听说村里要戒严封锁，他第一时间就在村中的微信群里报了名。

> WH那边儿一闹疫情，新闻里边儿我就看到了。然后村里边儿说咱们这边儿也开始戒严封锁什么的，我就直接报名了。那个时候车还没事儿，但是我那车我就不跑了，拉了两趟抗疫物资之后，就开始天天执勤了。（SJZ-WZJ访谈录）

执勤就是把守村界路口，对于进出的行人、车辆进行登记和身份查验。一开始查验的是身份证，后来变成验证绿码。执勤人员驻守村口采取轮班制，每6个小时轮值一班岗，每班岗出动2名志愿者。京师傅负责轮值的执勤岗位刚开始是4名志愿者轮班，每人一天值班2次，共12个小时。2020年WH疫情期间京师傅在村口执勤长达1个多月，2021年SJZ疫情期间他又执勤了半个月。SJZ发生疫情时京师傅正给别人开半挂车跑长途，他怕村里有需要找不到他，即刻停止工作回家待命。

> 怎么说呀，反正感觉自己不上，心里边儿过不去。国家有难是吧？应该咱们往前冲嘛，是吧？咱们是年轻人，该往前冲，其实我一直是抱着这种心态。（SJZ-WZJ访谈录）

三 运输医疗队行李与发起捐助

除了运输医疗废弃物与参与村镇执勤，湖北省的卡车司机志愿者还参加了运输援鄂医疗队行李的志愿活动。这项志愿活动也是挂靠公司的李总从当地政府获取了运力需求，卡车司机志愿者报名参加的。当时疫情严重，全国各地的医疗队纷纷来到湖北省的各个城市进行医疗支援。陈师傅认为，他们参与此次志愿活动是代表家乡人民感谢远道而来支援他们的医护人员。

> 我们当时的想法啊，作为我们安心驿站来说，只是说尽到我们本地人的一个职责，是吧？人家讲话，"人人为我，我为人人"嘛，"人人"就是说，那个救援队是吧？那么远过来，人家都不怕我们怕啥啊？人家来帮忙了，我们躲后边儿去了，也是说不过去。（XY–CSQ访谈录）

医疗队从到达到分配，既需要大巴客车运送医务人员，也需要卡车运输行李和部分医疗物资。卡车司机志愿者在机场装好需要运输的行李和物资，就随着医疗队转移到他们居住的 XY 市的酒店。有一部分医务人员最终驻扎在该酒店，行李运输就宣告结束，志愿者可以回家；还有一部分医务人员被分配到 XY 市下面的县级市，志愿者就跟随他们的行程去往不同的县城和乡镇。

> 从机场接到酒店，然后再从酒店接到乡下，就一天。他们在酒店培训，我们就回家了。培训完电话一打我们又过去了。如果说他那儿需要用车的话，我们就在那儿住一晚上。住一晚上基本上一个人一个房间，都是消过毒的。（XY–CSQ访谈录）

最后一项卡车司机的志愿活动是发起捐助，例如 WF 大驿站的刘大站长不仅组织卡车司机志愿者运输抗疫物资，还组织整个山东省的安心驿站成员捐赠钱款，购买物资送往疫区。

> 实际上我们作为山东人来讲，我也很自豪的！我发了一个倡议，捐款爱心菜，各个站长都积极响应。我们是捐给 HA 县的。（WF–LSH访谈录）

捐赠爱心菜的契机来自刘大站长在运输抗疫物资时结识了 HA 县的某位志愿者，他可以对接捐助的物资，因此山东省安心驿站的好站友们就将捐赠的蔬菜直接运送到这位接收人所负责的乡镇，并且进行了合理的物资分配。

如果没有对接的人你捐也没地方捐，捐给人家你不知道给谁。所以我跟他对接时他说："我给你分配这个，我担着风险，也挺累的，但是我愿意干这个事儿。"我们拉过去以后，他直接就是，今天这个村儿的来多少户，来多少你们回去分，都称一下。他们都这么弄的，很均匀。（WF－LSH 访谈录）

WF 大驿站捐赠到 WH 市的牛奶也是与当地的志愿者组织直接联系，由该组织进行实地分配的。在捐赠与对接的过程中，刘大站长深刻感受到民间志愿者组织的高效与潜能，也坚定了他继续参与志愿活动的决心。

他们有一个志愿者车队吧？我们拉过去以后，到小区里边儿，我们大车进不去嘛，他们就分装到小车上，负责分配。也是具体到哪一户多少人，他们就分配了。然后每家分配了多少，他们都给你写好交接回来，特别正规。（WF－LSH 访谈录）

通过对卡车司机志愿者运输医疗废弃物、参与村镇防疫工作、运输医疗队行李与发起捐助的描述，我们更全面地了解了卡车司机在疫情期间组织和参与的志愿活动。可以看出，卡车司机志愿者参与的公益活动多种多样，他们将卡友组织内部互帮互助的公益精神延伸至货物运输之外更广阔的世界，在各种各样的志愿活动之中锤炼了自己，成为更好的志愿者和公益人。

第四章　卡车司机志愿者的
困境与感动

卡车司机以各种形式参与了疫情期间的志愿者活动，淋漓尽致地展现出这个职业群体的公益力量。在参与志愿活动的过程当中，他们有着非常复杂的感受，一方面是疫情特殊时期和卡车司机的职业地位特征交织而产生的困境，另一方面是在这些困境中总是掺杂着感动，让他们百感交集。

一　红色横幅：去程的凯歌，回程的麻烦

运输抗疫物资的卡车一般会在车头与车厢两侧挂满红色的横幅，挂横幅的意义有三：其一是表明身份，即车内运输货物为应急抗疫物资，这样路上的收费站与交通执法人员可以快速辨认出来，以免除高速费用高效放行；其二是说明来源，横幅上一般会言简意赅地说明该批物资是由哪些机构、组织或企业捐赠给哪些地区的；其三是在象征的意义上为疫区加油，例如印满"中国加油""武汉加油"等字样。

> 车上弄横幅了，写的是"河北慈善联合基金会支援 WH 抗疫物资"。因为弄上这个以后啊，就等于是一路绿灯吧，就相当于有一个通行证了。（SJZ – LZJ 访谈录）

第一趟装载着抗疫物资出发时，卡车司机志愿者通常会慷慨激昂地挂上横幅，像是出行的凯歌；但是在运送完抗疫物资回程时，他们发现这鲜明的横幅给他们带来的却是层出不穷的麻烦。因此，大部分卡车司机志愿者都是

去程挂满横幅以作辨认，回程就把横幅摘下以减少麻烦。这也从另一个角度说明了他们运输抗疫物资时起伏跌宕的心情。

> 去的时候反正是，很高兴的心情。因为怎么说，我第一次干这个事情，我们车上都挂着那横幅，感觉在路上开着就是，挺自豪的！反正你上服务区人家一看到，咱也感觉很自豪！怎么说呢，就是往外走是高兴的；回家这一说，人家就了不得了，就害怕了。（WF－WYL访谈录）

如王师傅所说，运送抗疫物资向疫区进发时，卡车司机志愿者们的心情往往是既迫切又充满自豪感的，横幅所彰显的支援疫区的身份让他们一路获得的都是欢迎与盛赞：交警向他们敬礼，加油站的员工与他们挂满横幅的卡车合影，收费站的工作人员向他们支援自己家乡的英勇行为表示感谢，目的地的医护人员和志愿者还会想尽办法送给他们食物与防护用品。

> 第二趟去，WH第九医院的医护人员也在那儿卸货，他们挺客气："师傅，你吃饭了呗？"我说："哪有饭啊，服务区连水都没有。"他们赶紧给我拿了一大堆我没见过的那种泡面，还有小米粥，也是那种即食式的，浇水那种。他们还问："哎，你有水呗？"我说："我水倒是有，别管了，你们也挺辛苦，挺不容易。"他们说："哎我们不如你们，你们连吃喝也顾不着的。"说话挺客气，给我心里挺安慰。（SJZ－SGJ访谈录）

这种欢迎与盛赞的情况在卸货后调转车头返程时，便大不相同。红色的横幅在人们态度转变的过程中扮演了重要的角色：它引发的第一个问题是可以很快被辨认出去过疫区，卡车司机志愿者们回程时会被路上的防疫检查站拦截，不允许他们驾车从某个路口下高速。刘大站长与王师傅每次去湖北送完物资之后，都需要回到AQ市装载下一趟运输的消毒剂，但是他们频频被AQ市高速路口的检查站拦住，先是记录他们的车牌号码，再把他们赶回高速路，不允许他们从该路口出高速，即使他们随身携带了 WF 市委提供的通行证。刘大站长他们没有办法，只好在高速路上绕一个大圈从另一个路口下高速，再抄下路去 AQ 市装货。随着他们运输抗疫物资的时间越来越长，无法顺利出去的高速路口越来越多。

就是特别烦人啊，我们没办法：CL 高速口不能下了我们从 ZC 高速口下，ZC 高速口知道我们从 WH 来了又不能下了，我们就没地方下高速……前 3 次还好说，最后越来越严了！我们都没地方下了你知道吧？从哪里下都不行！你下到高速口会查，然后在下道上也截。（WF－LSH 访谈录）

为了尽快把时效紧张的应急物资运输完毕，刘大站长想了很多办法，例如请中国红十字基金会的先锋救援队出面沟通，或者拨打市委电话和"12345"政务服务便民热线进行协调。但是每次协调都仅能覆盖一次运输，到了下一次返程仍然会面临同样的困境，这让卡车司机志愿者们苦不堪言。

好不容易下来一趟，又走了，回来又成了麻烦了！一下高速，因为你是从 WH 来的，把收费员吓得一愣一愣的。下来之后就开始量体温、登记，全部登记完之后，你要把车停在一个有摄像头的地方，不能动，然后再去装货。（WF－LSH 访谈录）

为此，每次送完抗疫物资从湖北回程之前，卡车司机志愿者们都需要提前给在他们前面装车的志愿者打电话，询问哪个路口可以下高速。

最难的就是下不了高速，最难的是回不了山东！那边儿是"欢迎"，这边儿是"不欢迎"，因为我们是从湖北过来的。（WF－LSH 访谈录）

冯师傅将回程的经历形容成"打游击"，他本来觉得车上挂满横幅非常光荣，但是后来自认"高调"的他也在回程时把车上的横幅摘掉了。横幅从志愿者的骄傲变成了唯恐避之不及的"污名"。

> 说实话那时候"打游击"很伤心。当时我不是高调吗？挂这个东西不是觉着挺光荣的嘛，那上面写着"中国加油"，还有"捐献物资"什么的，但是后来不让下高速，因为你挂着那个横幅了，就是湖北回来的。哎呀后来我才知道了，我把前面横幅也都摘掉了。（WF－FJQ访谈录）

除了下高速时困难重重之外，横幅所展现出的明显的身份特征也使得卡车司机志愿者们面临经常性的社会排斥，这是横幅引发的第二个问题。宋站长绘声绘色地为笔者描述了他去 HD 市装载抗疫物资时的情景，虽然他理解疫情期间防疫的必要性，但仍然心生委屈。"连轴转"运输抗疫物资 27 天的高强度劳动没有让他觉得委屈，但是在路上由于横幅所引发的诸多问题却让他觉得"很不是滋味儿"。（SJZ－SGJ访谈录）他曾经坚定地认为做志愿者是做好事，但是这些复杂的后果仍然令他始料未及。

> 就是去 HD 拉这个东西，一下高速，人家看到挂了条幅过来，就害怕了，那个收费员"咔——"就把窗户关上了。下高速还得登记，刚开始登记的桌子那儿围着有七八个人，我下去了往那儿一站，他们问："你哪儿过来的？"我说："WH！""噜——"一下人都没了，就剩一个人了，那一个人还离我老远，往后站站（笑）。（SJZ－SGJ访谈录）

马大站长与耿站长也遭遇了同样的情况，他们第二趟从湖北返回上海装货时，厂家知道他们运输物资的目的地是湖北，因此装货时不允许他们下车，也不允许他们在厂区摇下车窗通风，甚至封车都要求他们在厂区之外自行解决。他们只好等物资装载完毕后将车开到马路上盖篷布和封车。于是从第二趟运输开始，他们发现自己变成了恐慌的来源。因为车前挂着运输抗疫物资的横幅，他们在路上不分昼夜连续跑车二十几天却连洗个澡的愿望都难以实现。

> 我们跑得实在累，没办法了，那天我们在上海，我说："咱俩去登一个旅馆去吧？"结果一扫行程码，去过湖北，人家不让我们两个人住。不让住没办法了，在车上住吧（笑）。我们主要是愿意洗个澡不是，车里面不能洗澡是吧？早腻歪得没办法。我们最后到了哪儿？到了YC一个服务区，耿站长说他身上实在是腻歪得没法儿了，我也腻歪了，最后我俩人穿个裤头在外边儿，接了半桶热水，兑上凉水在外边儿洗了洗。那时候天挺凉，我说我弄点儿热水擦擦，穿着衣裳就这么在里边儿蹭了蹭，哎呀！（SJZ – MQH 访谈录）

对于横幅在去程与回程引发的两种不同的对待和情绪，卡车司机志愿者们虽然委屈、生气，但是仍然倾向于将自己的很多遭遇理解为疫情期间的工作需要。对他们来说，这枚硬币的"一体两面"似乎是解不开的结，他们也只好努力合理化这些行为，平复自己的情绪。

> 那时候很生气呀！我这做好事儿，你们这么对我呀？肯定委屈啊！那你也不能因为有点委屈就不干了吧？人家也是为了工作嘛！他也是为了工作，你咋弄？（WF – LSH 访谈录）

二 "吃饭最难"："方便面"与"热乎饭"

被问到在运输抗疫物资的路上遇到的最困难的事，卡车司机志愿者们异口同声地回答："吃饭最难。"原本在日常货运过程中，定点、营养、丰富的饮食对于卡车司机来说就殊为不易，疫情期间路上可获得食物的饭店与超市大多关闭，又为这项基本生存需求的满足增添了更多的困难。因此，运输抗疫物资的卡车司机志愿者们大多只能每天吃方便面、饼干、面包与袋装小零食等方便食品，唯有在装货点和卸货点条件允许的情况下才能吃到为数不多的"热乎饭"。这些"热乎饭"与吃腻了的"大碗面"在他们的记忆中交相辉映，成为志愿者路途中对比鲜明的片段。

王师傅在运输抗疫物资的 24 天中，几乎每顿饭都是在服务区打上热水泡一碗方便面。当他拍了方便面的照片发到微信朋友圈时，很多人都评论说："你们就天天吃这个啊？"王师傅回答："就天天吃这个，你有钱现在也吃不上别的。"（WF – WYL 访谈录）

> 在路上基本上就是，火腿肠、方便面，最多就是上服务区灌点热水。因为服务区的超市和饭店都关了，我说："天天能吃个这个就好。"我基本上都是来我们本地买方便面，就下高速、上厂里走的时候，或者上加油站里边买，别的超市什么的全关了。（WF – WYL 访谈录）

家在疫情中心的尹站长甚至回到家都买不到方便面，因此在路上能吃到方便面和饼干，对他来说已经很满足了。正因为如此，他在服务区偶遇远道而来的马大站长一行人时，把自己车上准备的食物倾囊相赠更显得弥足珍贵。

> 泡面，饼干……甚至泡面都没有了，家里已经空了，只能从家里面找东西挺着嘛。那时候刚好过年，家里有一些凉菜什么的吧，带上在路上将就一下。虽然是冷的，那你没办法啊，你吃不到东西嘛，那个时候泡面根本都买不到，特别我们家这边儿，都买不到。（XY – YYX 访谈录）

由于货运劳动的流动性，运输抗疫物资的卡车司机志愿者们没有办法像其他志愿者一样在固定的酒店、食堂或村镇吃饭，因此能在装卸地吃上"热乎饭"对他们来说最为难得。

上 WH 对接的是蓝天救援队吧？他们给我们买盒饭，这是我们最感动的！他们知道我们不容易，他们有条件能买到盒饭，我们就在那个地方吃碗盒饭啊！别的地方没有啊，山东吃不了，就那个地方能吃到盒饭。你到哪里买饭？饭店都关门了，全部都关门了！因为 WH 有些志愿者，专门给这些救援队做快餐的。（WF – LSH 访谈录）

至今，宋站长都在感念某个湖北省的医院为他与耿站长张罗的一碗牛肉面，马大站长也仍在回味在某个卸货点的食堂吃的那顿"一人一桌隔开坐"的自助餐，（SJZ – MQH 访谈录）冯师傅则一直记得在运输途中某位志愿者大姐为他们专门准备的北方大馒头。

志愿者有个大姐，挺感动人。她说："我知道你们北方的愿意吃馒头，我特意安排做饭的，头一天把馒头就给做好了，做得可能是没有你们北方的好吃。"吃完了，还给带的。（WF – FJQ 访谈录）

三 "坏车"：无法避免又迎难而上

在路上"坏车"，是卡车司机职业生涯中最担心的事，因为在陌生的异乡及时寻找到物美价廉的维修服务十分困难，要进行拖车、修车、救援等又会影响送货时效。为了尽可能避免这种麻烦，有经验的卡车司机会花很多时间与金钱进行卡车的保养，尽可能减少在路上"坏车"的概率，或者增加卡车在微小"坏车"的情况下还能坚持开回家再维修的概率。但无论如何小心保养，"坏车"仍然是卡车司机运货途中无法避免的事情，在疫情之下运输紧急抗疫物资时"坏车"则更加令人无可奈何、一筹莫展，因为这不仅仅是"坏车"的技术性问题，很可能还会带来"生存的问题"。（SJZ – LZJ 访谈录）

你就是车不能出事儿，一旦出了事儿那就不但是面临走不了的问题，你可能会面临生存的问题了，真的。首先你要是路上一旦出了各种事儿是吧，比方说车坏了，你得找地儿住，有没有人收你的问题；然后你吃饭，你没地儿买的问题。就是直接转化成生存的问题了。（SJZ – LZJ 访谈录）

据刘大站长介绍，运输抗疫物资期间，他们 WF 大驿站的 8 辆卡车基本都遭遇了或大或小的"坏车"的问题。除了"坏车"本就是货运行业无法避免的问题，不确定性本就是他们劳动过程的重要特征之外，"坏车"的原因之一是当时正值新年过后，这 8 辆卡车都在家中因为过年或疫情停跑了一段时间，而"车停的时间长了它自己就坏"。（WF – LSH 访谈录）他们接到任务出发时比较仓促，来不及做好万全的保养和准备。原因之二是运输抗疫物资时有超载的情况：当时紧缺的抗疫物资需要尽快送到疫区，加上卸货地较多、设备较大无法分割等，因此"重货快跑"给卡车带来的磨损也较大。

虽然"坏车"的概率很大，但是疫情之下得到及时有效维修的概率却很小。低维修率有时是客观情况造成的不得已，更多的却是人为设置的障碍。刘大站长的离合器在自己家乡外的高速路上发生故障，没办法挂挡，他却因为检查站阻拦无法下高速而没有办法自行去修车，只好请相熟的维修工偷偷爬到高速服务区帮忙修车。王师傅的卡车不能正常加尿素液，也因为无法下高速找人修理，只好坚持着运输了 24 天的抗疫物资，等到回家隔离后才把车修好。

马大站长与耿站长遇到的则是卡车的电瓶出现问题，无法启动。当时耿站长的卡车是新车，还处于保修期内，他们就给该品牌的 4S 店打电话，通过 SJZ 的 4S 店反映到北京，总厂又给他们联系到上海的门店。上海的门店一开始听说他们运输抗疫物资到湖北，没有人愿意给他们运送新的电瓶，后来在因缘际会之下他们才得到了新的电瓶。

后来我们啊，也是碰到好人了。上海这个 4S 店的老板，就是湖北人。人家最后反映到老总这儿了，他说："我就是湖北人，谁说不给送啊？我给送！"人家弄了一块电瓶，让一辆面包车给我送。送过去以后，人家不给我们往车里弄，离我们车前得有200米，把电瓶放到那儿，打电话说："你们别下来啊，我把电瓶放到你们前面啊。"这家伙吓得，我们去湖北都不怕，你们见去过湖北的人还这么怕。（SJZ‒MQH访谈录）

在所有的卡车司机志愿者中，董站长是在运输抗疫物资的路上遭遇"坏车"问题最多的人。第一次，在与李站长运输物资回程时，他的轮胎被扎坏，只好停车换备胎。

回来的时候就感觉怎么车有点儿晃悠，因为毕竟董站长那个车也不太大吧，后边儿可能是单胎的。我说："这怎么办啊？现在服务区没有修理的人。"后来他说："我这儿还有个备胎。"他干活也挺利索，就是冷啊！赶上有下雨的时候，加上那种条件下，心里边儿又慌。（SJZ‒LZJ访谈录）

第二次，董站长驾车从XY卸完物资、去往WH之时，发现前面有辆卡车的轮胎掉了，有一个滚到他车前，导致他撞向隔离带。董站长下车后第一时间与前车的师傅一起寻找轮胎，以防后面的车辆再次撞到发生危险，但是自己装有抗疫物资的卡车仍然遭到了损坏，亟待维修。

我就是看着那个车一斜，然后有个轮胎跑到我前边儿了，我撞到离隔离带就剩这么点儿了。人没事儿，就是那个轮胎当场就爆了，能感觉到后边儿那个轮胎已经翘起来了。（SJZ‒DWL访谈录）

车坏在高速上，拖车下去维修需要1000元钱。交警判定前车全责并且确定董站长的卡车运输的是抗疫物资之后，决定免费帮他拖车下高速。

交警跟我说："你这个拉的是救灾物资吧？"我说："是，我这里证明啥的都有。"他说："你确定呗？"我说："我确定，一个外地的车不可能在这边弄虚作假，也没必要。"他说："你要是做公益、支援我们湖北的话，我们湖北也不能旁观，我们免费给你救援。你说拖到什么地方，我们给你拖下去。"（SJZ - DWL 访谈录）

救援队将董站长的卡车拖到离事发地最近的服务区，董站长又联系了距离他最近的安心驿站的尹站长，尹站长驿站中某个好站友的邻居恰好经营修轮胎的生意，但是当天天色已晚，只能第二天前来维修。董站长在自己的车里原地等待了一晚，由于他的卡车为单排小车，没有卧铺，他只好在驾驶座上坐着休息了一整夜。第二天，维修工准备好工具前来维修时，却因为疫情管制而无法成行。

因为那边儿全都管制着，你必须开了证明以后才能出来。他到派出所开证明，不给开。我说："那我协调一下吧。"我给防控办打电话，防控办说找应急办，应急办又让我打"110"，"110"后来又让我打应急办。我说："别这样踢皮球了，我一个外地的车，我来支援你们 WH 来了，如果你们要是说不管我这事儿，可以。我车也不要了，救灾物资就在车上扔着，我走。哪怕我想办法回家，我不救援了，我没办法了。"（SJZ - DWL 访谈录）

经过"踢皮球"式的协调，当地的应急办让董站长找到高速路口的交警队队长，才最终放行让维修工前来修车。维修工到达之后发现卡车的减震又出了问题，需要购买新的配件。董站长只好给保险公司打电话，让对方帮忙找到减震配件，他驾车到厂里换好配件，才在延误了两天的情况下继续上路运送物资。

人家挺好，到最后都按正常的价格、平时修车的价格给我修的车。

人家一说我是支援湖北的，挺好的，给修好以后，把我送出来，然后我才去的 WH。（SJZ – DWL 访谈录）

四 "污名化"与隔离：做志愿者是好事还是坏事？

在卡车司机最初的构想中，做志愿者运输抗疫物资或参加各种志愿活动，是一件彻彻底底的好事。在他们的卡友组织中，多年的互帮互助也确实为这个原子化工作的职业群体提供了实在的益处。然而当他们从职业群体内部走向外部参加抗疫志愿活动时，却发现自己不仅遭遇了各种困境，还因为接触到疫情中心地带而一再被"污名化"，甚至连家人都因为这种"污名化"而承担了种种后果。可以说，这种"污名化"与疫情带来的恐慌有关，也与卡车司机职业的社会地位有关。

"污名化"的第一个表现是，否定卡车司机志愿者的公益行为，将他们的公益行为市场化，给他们贴上"挣钱不要命"的负面标签。疫情期间公路货运业呈现出了两种极端的情况：一种是由于疫情管控等，大部分卡车司机完全不能动车出门；另一种是部分卡车司机一直未回家或有条件驾车出门，他们就以几倍于市价的价格承接市面上的货单。卡车司机志愿者是免费或以低于市价的补贴运输抗疫物资的那部分人，他们与那些高价运货的卡车司机是不同的，这也是他们认定自己的行为是志愿者行为的最根本的原因。这种"污名化"抽走了他们作为"志愿者"的根基，让他们在人言可畏的乡村尤其百口莫辩。

董站长出门运输抗疫物资时，怕家人担心特意淡化了去疫区的色彩，只是简单跟老人说要出去一趟。起初在路上母亲给他打电话时语气较为平和，只叮嘱他注意安全。后来，村里很多人对他的母亲说他是外出去挣钱了，说他是"挣钱不要命"，母亲再打来电话时的语气就不同了。儿子所谓的志愿者行为，使得母亲在村集体里变成了被孤立的人，经常相伴来往的朋友都不再让母亲进门，大家看到他的母亲走过来，都躲得远远的。

后来我去了以后，我妈给我打电话，就带着那个哭音儿给我打电话说："人都说你出去挣钱儿去了，挣钱不要命！"我说："谁这样说的你让他给我打电话，你看他知道我挣钱去了，给了多少钱儿，我去的哪儿，你让他跟我说。"（SJZ－DWL访谈录）

刘大站长同董站长一样，也遭到了父老乡亲和众多卡友的猜疑与非议。一方面，大家认为他一定发了大财，因为疫情期间货多车少，市场上的运费高企，是日常运费的好几倍；另一方面，大家认为他为了挣钱而去疫区运货是自私自利的行为，没有考虑到病毒感染的可能给乡亲们带来的风险。刘大站长于是也不禁怀疑他本来以为很纯粹的志愿行为，是否真的是一件好事。

人家说我挣了100万（元），好多都说我挣了好几十万（元）的。卡友啊，或者是村里人都说："你这下发了！"为什么说我们发了？你看，我们同样是上WH拉货吧？就我们WF那个板房，他们都拉那种货，他们拉一趟确实是挣好几万（元）。（WF－LSH访谈录）

对于这样的质疑，"90后"的程师傅认为，直接回击是最好的应对办法。

有说我出去挣大钱的，但是我想告诉他们的是："你们不知道背后的事，到底人家给我多少钱，你也不知道，是吧？你不要说我出去挣大钱了，我有勇气出门，我有勇气尽一份力，你们没有。有本事你们也去，不要跟个缩头乌龟一样在家里面哪都不敢去！"反正我就这样怼他们。（XY－CS访谈录）

"污名化"的第二个表现，则是反复强调运输抗疫物资去过疫区危险的一面，而弱化甚至抹杀了志愿者行为光荣与无私的一面。王师傅自从发现自己家乡的高速检查口不欢迎他之后,运输抗疫物资的24天他都没有回过家,一直在车上休息。但即使他克制着不回家,仍然频繁接到了家乡从市级到村级各级单位的问询电话。村里知道他去了湖北之后,每天在大喇叭里广播,虽然将他的行为界定为"一件好事",但仍然让全体村民监督不让他回家,并且不允许与运输物资的他毫无接触的妻子出门。为此,王师傅总结道:"我们拉着物资上 WH 那边儿,就是英雄;回到我们本地,就是老鼠,人人见到我们都害怕。"(WF – WYL 访谈录)

> 他们报到我们 QZ 市,QZ 市又报到我们乡镇上,乡镇上又报到我们村儿里,这不是一个又一个地给我打电话,各级都给我打。他们问:"谁叫你去拉的救灾物资?"我说:"我是自愿的,没人逼我拉。""给什么拉的?"我说:"给红十字会拉的。""不可能!你给红十字会拉的我们 QZ 有红十字会不知道吗?"我说:"不要紧,我给你个 WF 的红十字会联系人的电话。"我们 GL 镇的书记也不相信,哎呀,可凶了!(WF – WYL 访谈录)

待运输结束隔离完回到村里,王师傅发现各级单位的电话又演变成了许多村民的疏离和排斥。他同时敏锐地发现,人们对于自己志愿者行为的反应存在代际差异:相对来说,年轻人对他的敬佩更多,而年长的人对他的排斥更多。

> 怎么说呢,反正是年龄大的对我有排斥的思想,年轻一代的都说:"你太牛了!你还为国家做好事,去拉救灾物资。"人家还能理解这个事情。我隔离完14天出来以后,只要是年轻一点儿的见我,都感觉是很热情、很好,就年龄大的不行,他们就说:"哎呀,你不怕死吗?你去,你得回病来怎么着呢?"他们会躲着我。(WF – WYL 访谈录)

对于各种流言,刘大站长习以为常且已能一笑而过。但是他的行为给家人带来的实质性的影响,却让他非常愤慨。首先受到影响的是他的孩子，孩子学校的老师要求每天统计家长的行踪，而刘大站长往返于湖北省与家乡之间，虽然整个运输期间他一次也没有回过家，14 天隔离结束后为了避免引起麻烦他还直接装货去了新疆，但是他仍然变成了孩子学校的"名人"，不仅需要时刻应对学校老师的检查，还需要给学校提供隔离证明。

> 人家说："可能 LQ 县就你一个人儿（去湖北)!"老师都不高兴啊，因为你报上去之后，领导老找老师啊! 人家老师也不高兴，就老找我!（WF – LSH 访谈录）

最让刘大站长感到难过的，是他还夜以继日地奔跑在去往湖北的路上，家中老父却因为他而被拉去隔离。在运输第三趟抗疫物资的时候，刘大站长的父亲感冒了，发烧到 37.6℃。村里把这个消息汇报到县里，因为有一个去过湖北的儿子，老人家不由分说地就被带去县里的医院隔离起来。刘大站长打电话回家保证他从参与志愿活动的第一天开始就没有回过家，他去湖北运输抗疫物资与父亲生病之间没有任何因果关系，但是没有人相信他。父亲被隔离在 LQ 县医院，因为害怕体温总是降不下去，一直维持着高于 37℃的温度。县医院让老人自己做检测，可是老人不会使用微信，在仓促之中也没有带钱，刘大站长只好求助在县医院工作的同学，他的同学跟领导说："这是人家儿子在 WH 抗疫的，你们这么对人家？你看人家在前边儿抗疫，你们在后边儿捣鼓人家这个事儿! 那不行啊这么做!"① 所以后来是同学带着他的父亲做了各种检测，最终送老人平安回家。但是父亲仍然切实承担了儿子的志愿行为被"污名化"所造成的后果。

> 一个老头儿给抓到县医院去了! 他给我打电话，话都说不出来了! 因为他儿子在拉物资，人家都害怕了。那时候都特别敏感嘛! 一说我在

---

① 资料来源于 2020 年 2 月卡车司机线上座谈会的田野笔记。

WH，他们就说我爸感染了、确诊了，说是因为我传染的他，这么弄的。（WF‑LSH 访谈录）

"污名化"不仅存在于运输抗疫物资的过程之中，卡车司机志愿者去过湖北的经历也在一定程度上影响了他们复工后最初的日常工作。王师傅复工后，在家乡装了百货运往江西，虽然他将程序要求的隔离证明和医学证明都准备好了，但是卸货的厂家仍然不让他进厂送货。无奈之下王师傅只好找了另一位师傅帮他把车开入厂里卸货。卸完货他接了车去下一个厂家装回程货时，对方不仅不让他装货，还把他遣返到高速公路上，不让他再去当地别的地方。对此，王师傅的感受是，做志愿者运输抗疫物资他并不后悔，但与此同时他也理解人们对于疫情的恐慌与防疫管制带来的后果："我受点难为就受点难为吧，以后时间长了都理解了就行了。"（WF‑WYL 访谈录）

他叫我使手机扫一下那个二维码，他说："你去过 WH？"我说："是去过，我拉的救灾物资，在家隔离了 14 天。我有隔离证明，还有医学证明。"他们说："不行，我们不让你进厂。"（WF‑WYL 访谈录）

"污名化"的第三个表现涉及卡车司机志愿者的隔离。WF 大驿站的张师傅认为，那是一种在隔离时所感受到的谴责和排斥。张师傅完成物资运输下高速时，填写了详细的身份证信息与家庭住址。消息很快传到他租住的物流城，物流城当即就被封锁了。张师傅被要求隔离在出租屋内不能出门，日常只能联系门口小卖部的老板帮忙送些菜。每当他打开门取菜时，邻居会立刻把门打开以示监督。

关键你回来以后，别人用一种什么样的眼光看你啊？我们回来以前，物流城是四个大门全开着，我一回来"咔咔"全关了，只留一个门。因为我是湖北回来的，就全关起来。（WF‑ZM 访谈录）

"污名化"不仅是一种人们的眼光，还具体到志愿者隔离的每一步安排。第一，卡车司机志愿者较难及时、顺利地进入隔离场地。这些运输抗疫物资的卡车司机几乎都是马不停蹄地连续驾车多日，身心已是极度疲惫，但他们不仅无法回家，还需要等待烦琐和不确定的隔离程序。

宋站长在结束物资运输后，回到家乡在服务区等待隔离的消息，一等就是两天。当时他已经27天没刮胡子了，"跟大爷似的"。中国红十字基金会的某位部长到服务区与宋站长对接时说："宋站长，你都成这样儿了！哎呀看得我心里特别难受，成这样了！"（SJZ - SGJ 访谈录）

> 到 SJZ 这个服务区我待了两天以后，居委会打来电话，说："你是不是去 WH 了？你怎么不跟我们说一声啊？"我说："我上哪儿跟你们说一声儿去？我这说走就走了，运送物资这么要紧的事儿，我找你们谁去啊？我知道你们谁负责这个事儿？"他说："你在哪儿了？"我说："我在车上，野外。"后来他们说："那你哪儿也不能去啊！你不能回家，回家之前你得隔离。"我说："行，隔离在哪儿？费用呢？"他们说："那你自己掏啊！"我说："这不能吧？是你们让我隔离的，而且我们是志愿者。"他说："那我给你问问吧。"后来，就说那意思是给你安排好了，别人的隔离都得自费，你这个已经说好了，直接去就行了。（SJZ - SGJ 访谈录）

第二，许多卡车司机志愿者还面临无处隔离的窘境。董站长在结束志愿者任务回家隔离时，村干部给他打电话，不让他回家隔离，也不提供隔离场地。经过一番交涉之后，村里才勉强同意董站长回父母家隔离，但是家中众人需要撤离，并且要求他不能在白天大张旗鼓地回村。最后他是在夜半时分把车停在村外偷偷回去的。

> 我说："你看你不让我回来也行，你给我安排地方。"他说："我不可能给你安排地方，你自个儿找地方吧。你随便找地方，你自个儿隔

离，反正村儿里边儿不让你进。"我当时挺生气的，我说："我是去做好事儿去了，不是为了挣钱，我挣钱吧你不让我回去我就不回去了对吧？我毕竟我这是有组织的对吧？我为国家去做贡献，你要说村儿里边儿不让，我上县里边儿反映；再不接受，我反映到市里边儿，最起码得有地方让我安住。"（SJZ – DWL 访谈录）

第三，由于这些卡车司机志愿者多是自雇卡车司机，并非正式单位的成员，他们的居住地还分散在各个社区与村镇，因此在隔离的地点、待遇、时长与费用上，他们少有话语权与决定权。

冯师傅与 CY 驿站的 4 位卡车司机志愿者完成抗疫物资运输时，一开始地方政府让他们自行回家隔离，但是他们担心连累家人，就联系安心驿站与中国红十字基金会帮忙与地方政府沟通，最终地方政府在乡镇的宾馆安排了一个隔离点，他们才得以进入隔离程序。但是他们不仅需要安置自己，还需要安全的停车地点，几经交涉这些问题都无法得到解决，最终他们只好托人找了收费的场地停车。

我们回来那一阵儿停车都费劲，你把车停在什么地方？我们那时候只好把车停在公路上。后来好不容易联系我们车队上一个人给寻摸个地方，把车停下来，又跟你说："把车停下赶紧走人。"停车一天是 50 块钱，停了反正是，隔离 14 天。4 个车停在那个地方，我们 CY 站 4 个一块儿去的。（WF – FJQ 访谈录）

综上，对于卡车司机志愿服务过程当中困境与感动的描述，向我们展示了卡车司机这个职业群体在疫情突袭而至之时进行志愿活动的复杂图景：红色的横幅在车头的方向调转之间便倏忽具有了不同的意义，在食物极度缺乏的前提下每次得到的"热乎饭"都带来了深刻的感动，日常"坏车"的恐慌被疫情扩大了无数倍又有惊无险地得到解决，志愿行为的纯粹性与公益性在"污名化"的过程中屡受质疑。就像货运劳动作为一种经典的蓝领劳动而并不只是驾驶卡车装货卸货一样，疫情之下以运输抗疫物资为主的志愿者劳动也不仅是驾驶卡车驶向疫区，它饱含了卡车司机群体与各个组织机构的谈判与对接，牵扯出卡车司机群体内在的交往架构、社会网络与职业地位特征，无论是疫情的走势、地方性文化的特征，还是特定的行政程序都影响着卡车司机志愿者每次的行程，也不断重塑他们对于"志愿者"的认知与今后从事志愿活动的动机。

第五章　关于"志愿者"的
认知与动机

卡车司机对于"志愿者"这一特殊称谓的认知，是在公益活动的实践中逐步形成的，与卡友组织的宣传教育、公益活动的荣誉认定和志愿活动的观念在社会中的普及有很大的关系。同时，卡车司机志愿者参与的公益活动与志愿服务越来越多样化，从日常工作中以职业特征为基础的互帮互助，扩展到社区村镇的公益服务，随着疫情来袭也涉及越来越多的防疫抗疫服务与疫区救援活动。在这个过程中，卡车司机对于"志愿者"的认知愈加清晰，关于参加志愿活动的动机也从朴素的事后解释逐渐上升为有关"成为志愿者"的明确界定。

一　卡车司机眼中的"志愿者"

参加防疫抗疫的卡车司机大多得到了所服务的慈善机构与卡友组织的表彰，被认定为正式的"志愿者"，他们的行为被明确界定为"志愿服务"。关于"志愿者"的定义，虽然卡车司机们的理解多种多样，语言表达也较为松散，但是在关键点的界定上，他们又出奇地一致。他们来自公益实践的对于"志愿者"的解释很准确地触及了这一称谓的内涵。

首先，被访的卡车司机们都认为，"志愿者"意味着帮助别人。

> 其实我这个人本身就是热心肠，"志愿者"嘛就是咱看到别人有难处的时候，出手拉一把嘛。我觉得这是最简单的定义了。（SJZ – WZJ访谈录）

帮助的对象，可以是身边的一个人、一群人，也可以是远方遇到困难的人。

"志愿者"从我的概念里边儿就是说，一方有难了，咱就是尽最大的努力去帮助别人，咱不求回报。（SJZ - DWL 访谈录）

帮助的时点，应该是别人最需要的"关键时刻"。

"志愿者"吧，应该怎么说，关键时刻应该挺身而出吧。（WF - CT 访谈录）

这种帮助意味着"尽自己的一份力"。

"志愿者"，这个理念看个人的说法。反正"志愿者"就是……你让我说我也说不上。我的感觉就是，尽我自己的一份力就够了。（XY - CS 访谈录）

这种帮助的初衷是无私奉献、不求回报。

在我心里面，"志愿者"我认定的就是：付出，不需要什么回报。特别是像这种重大的灾害是不是？出现什么问题，咱们就鼎力而上，不计什么后果，这就是我那时候所想的。毕竟怎么说呢，因为我是个退伍军人嘛。（XY - YYX 访谈录）

这种帮助是自愿、利他地"为别人提供服务"。

"志愿者"首先来讲的话就是为别人提供服务，是吧？是自愿的，打内心我愿意帮助你，我也不图你回报，这就是"志愿者"，是利他

的。我尽我的能力，我想为你或者为这个群体、为什么事儿做点事儿的，这就是"志愿者"。（WF - LSH 访谈录）

其次，有的卡车司机被访者提出，"志愿者"的"志愿行为"最好是有组织的、专业的，并且是持之以恒的一系列行动。在这个意义上，王师傅认为自己并不算真正的"志愿者"，虽然他获颁了中国红十字基金会的"志愿服务证书"。

我认为自己还不是一个"志愿者"吧。因为你像这个事情我是第一次干，也是得有我们这个组织。要是不加入这个组织的话，我也不能去拉，咱也没有信息呀！我反正是长到这么大第一次干这个事情，我感觉就是一个参与者，应该还不属于"志愿者"，离真正的"志愿者"还有一段距离吧。（WF - WYL 访谈录）

最后，被访者们一致认为，"志愿者"所做的是高风亮节的好事。对此，冯师傅颇有感触。他运输抗疫物资去了湖北省的很多城市，近距离接触到了许多抗疫一线的志愿者，他认为在疫情最严重的地区做一线志愿者极其需要勇气。为此他拍了很多志愿者的照片，将他们作为自己从事公益活动的目标。

见到志愿者以后，哎真好那志愿者！我们去了以后最早接待我们的是蓝天救援（队）的志愿者，从接待到帮扶我们，在那个地方，看着让人挺佩服！看着这个风格确实挺高！疫情跟战争一样，志愿者在那个地方，当时疫情多么厉害啊！（WF - FJQ 访谈录）

二 志愿者是否应收取酬劳？

可以看出，在参与志愿服务的卡车司机眼中，"志愿者"意味着自愿、利他、尽自己的力量去帮助有困难的人，不求回报。那么，"不求回报"意味着什么？意味着"完全免费"吗？志愿者是否可以收取一定的酬劳？酬劳以何之名、以何种形式发放才能符合"不求回报"的设定？这是许多卡车司机志愿者在服务中思考和纠结的问题，也是"志愿者"这一称谓从"形而上"的理想类型的定义下降至"形而下"的复杂的社会实践中需要面临的考验。在这个问题上，卡车司机志愿者给出了三种不同的答案。

第一种答案认为，"志愿者"行为就应该是免费的，不收取任何形式的酬劳。张师傅认为"免费的公益"才能算得上是"志愿者"行为。

> "志愿者"实际上涉及的方面很广啊，我的理解就是帮助别人，做对社会有贡献、免费公益的事，我的心理上觉得收钱就不算了。（WF - ZM 访谈录）

乔站长也是"免费公益"的支持者，但是这其中涉及两个不同的方向。对于他自己而言，他认为志愿活动应该是"全贴"的"免费公益"。疫情期间运输抗疫物资的公益活动，他包办了组织捐款、筹措物资、借车装车与驾车运送等一系列的环节，每个环节产生的费用他都自行支付，因为"有偿"对他来说就意味着"挣运费"而不是"志愿行为"，这与他的"公益梦"是相悖的。

> 我自己有车，油钱也是我自己出，任何一分钱运费或者补贴都没有。人家硬给我也不收。我做这个没想过收钱的事儿。（SJZ - QH 访谈录）

但是与此同时，乔站长也认同这样的志愿行为需要具备一定的经济基础，对于没有能力如他一般进行无偿志愿服务的卡车司机而言，他认为收取一定的补贴也是合理的。2020 年新冠肺炎疫情期间，乔站长同当地志愿者组织联系了一批物资，对方要求找一位司机师傅运送。在谈论酬劳时，乔站长思来想去，认为还是不应该让其他师傅冒着风险免费工作，因为"做公益也会产生费用"。（SJZ – QH 访谈录）但他一再强调，收费仅限于成本，不能将志愿行为用于赚钱和谋生。

> 人家说："这个不都是免费的吗？"我那会儿也是觉得不该出钱，要不我说："我问问别人怎么着啊。"后来我觉得也对着咧，你最起码给人个油钱，给人个成本吧，虽然我不需要，但是我说："怎么也得给人个油钱啊！做公益也肯定会产生费用啊。"（SJZ – QH 访谈录）

董站长也认为，志愿者不应该收钱，因此他收到的酬劳仅是"油补"，而非"运费"。只有"义务"进行的公益活动，才能让董站长产生参加的动力。对他来说，吸引力最大的是纯粹的公益，而非意在谋利。

> 给我钱，我一分钱都不会要，我说："我去都不去。"跟建这个方舱医院一样，好几个哥们儿给我打电话说："你去吧，一天 900 块钱。"我说："我不去，给钱的事儿我不去。但是你要说让我义务地做一件事儿，我去做。"（SJZ – DWL 访谈录）

董站长甚至认为，他还可以倒贴钱做志愿者。

> 因为我从里边儿垫了……就是 800 块钱吧，因为这 4 趟里边儿都是我自个儿，掏腰包还掏了 800（元）。油钱够，但是吃喝，你路上得买着吃。修车给了一部分，但是我自个儿还掏了一点钱，因为出事故的那个车也是救灾物资，是 WH 的车，后来因为需要发票啊什么的，我说："你甭管了，我自个儿掏钱就得了。"（SJZ – DWL 访谈录）

董站长"贴钱"做志愿者不仅是在疫情期间，日常卡友之间的救助他也会垫付一些花费，并不需要酬劳和回报。

　　你要说回报，也没想过回报什么的，你像我救助别的司机修车啊，如果你感觉钱多，你说多少钱能接受，剩下的钱我可以给你垫付。你多出来这点钱我自个儿掏，让你满意。你修了车，让你走。哎，我就是这样。（SJZ – DWL 访谈录）

　　第二种答案认为，志愿者可以收取对方主动提供的一定的酬劳，但志愿者不能主动要求对方提供酬劳。宋站长给出的就是这样的答案。一方面，他认为志愿者是自愿的、热心的，肯定不能主动收取酬劳；另一方面，他们运输抗疫物资收取的金钱也并非酬劳，而是"油钱"，"油钱"与"收入"是不同的。因此，宋站长认为，只要他"不主动去要"，而对方提供的金钱又是用来覆盖必需的成本的话，这就是合理的关于"志愿者是否应收取酬劳"的答案了。（SJZ – SGJ 访谈录）

　　尹站长也认为志愿者不能主动索取酬劳，他从一开始就没有与联系物资的李总或安心驿站总部谈论过运费的问题。他认为疫情当前，救援最为重要，酬劳则是其次的。后来因为李总需要向市交通局上报预算，尹站长他们商量了一下，虽然有公司对于运输医疗队的行李开出的运价是一趟5000元，但是他们决定无论运输里程是多少，都按照2000元一趟来计算。

　　李总当时问我运费多少，我就说了一句话："现在不谈。"他问："到时候怎么报啊？"我说："等完成了以后再说。"我们几个都没有谈过。他说有的公司在瞎报，我说："什么价呀？"他说："5000（元）。"我说："我的天哪，抢劫啊！"我当时就想的，又不要高速费嘛，就是烧点油钱，能多少钱哪？当时正是疫情，我贴几千块钱吧。（XY – YYX 访谈录）

　　与程师傅去河北接收抗疫物资那次运输，尹站长的报价也只有8000元，李总认为报价太低，给他们提高到1万元。

李总说:"8000 块钱够什么呀? 你来回 2000 多公里啊! 算了你就不说了,我就报 1 万块钱价吧。"我当时一共跑了 3000 多公里,收了才不到 2 万块钱吧,一共 1 万多块钱。这个东西你就不想挣钱,你不谈价钱谈什么贴钱不贴钱呀? 自己做就行了。(XY - YYX 访谈录)

因此第二种答案认为志愿行为可以收钱,但"不是为了钱",也不能主动要求对方付钱。

就算没有运费,我跑这一趟也无所谓。因为怎么说,给人民贡献不了多大的力量,这个还是可以的。我们是不收费也可以,但是给一点儿油费也可以,知道吧? 我心里面说:"给不给都可以。"(XY - CS 访谈录)

第三种答案认为,"志愿者"行为的初衷是利他的、无私的、不期待回报的,但是如果志愿服务本身具有一定的风险,或者志愿活动的主办方提供了某种形式的酬劳,又或者志愿行为产生的成本超出了志愿者本身的承受能力,那么志愿者可以要求并收取适度的酬劳。

WF 大驿站的刘大站长最初与中国红十字基金会确定运输意向时,就谈到了酬劳的问题。在他看来,运输抗疫物资具有一定的风险,而运输的主要生产工具——卡车在多次运输中所产生的油耗与维修等成本,是他们这群自雇卡车司机无法承受的。因此他与对方确定的酬劳是在刨除油费等成本之后,每辆运输抗疫物资的卡车每天的纯收入是 1000 元。这份收入在他看来并不是雇佣性质的"工资",而是"适当的补贴",远远低于当时的市价。(WF - LSH 访谈录)

我感觉我们是志愿者。为什么呢? 虽然我们收取了费用,但是我们各种配送一是有风险,再说我们车得烧油吧? 我们这有磨损的,这是有成本的。如果说你给他帮帮忙:"我今天给他维持交通一天。"那无所谓,凭我的劳动力,那无所谓。但你说我从这里去哪个地方,这个成本光烧油就烧

了 1 万多（元），我说不收，那我两趟不就破产了吗？（WF – LSH 访谈录）

获悉运力需求时，刘大站长是与陈站长商量的酬劳问题。关于是否应该提及酬劳、如何计算酬劳等问题，陈站长说他们也苦思冥想了半天，这种纠结事实上来自"志愿者是否应收取酬劳"的不确定性。

> 当时商量是这样的，要多了怕人家笑话，给不给的还是另一码事儿哈，你做公益嘛；要少了怕不够本儿，都是贷款车，不够本就麻烦了。哎呀，当时也有这方面的顾虑。（WF – CT 访谈录）

他们当时也不确定中国红十字基金会是否会支付酬劳，但是又怕冒险报名参加志愿者活动的好站友赔本，于是二人向之前跑过 WH 线路的卡友打听了相关的信息，按照路线与公里数计算出油费，向基金会报了价。基金会也清楚卡车运输的成本，又在他们报价的基础上涨了些金额。当时从山东省往返湖北省的市价运费是一趟 2 万元，笔者问陈站长为什么不去运输 2 万元运费的物资，他说："2 万（元）的话我们就不去了，那就没意思了。那时候真没考虑到钱重要，如果是叫我自己去的话，这个赚 2 万多（元）的话我是没必要去的。"（WF – CT 访谈录）

在组织抗疫物资的运输时，SJZ 大驿站的马大站长考虑更多的也是个体卡车司机的成本问题。他与河北慈善联合基金会交流时，坦承不能让"一家一户"的个体司机志愿者无偿劳动，因此在运输物资之前他就与基金会达成默契，无论是空车还是重车，都按照公里数与车型为志愿者计算运费：13 米的卡车 1 公里 6 元，9.6 米的卡车 1 公里 5.5 元，4.2 米及以下的卡车 1 公里 4 元。

> 我跟基金会说："不管用谁，现在你找谁都找不上，你找谁出来你都得给人加运费。让我们义务去做，我们谁都做不起，都是一家一户的车。"（SJZ – MQH 访谈录）

马大站长对于"志愿者与酬劳"的考虑，并非始于此次运输抗疫物资的志愿活动，而是在日常参与各种组织机构的志愿者活动时。他发现自己曾参与的所有志愿活动的主办方都提供了基本的补贴或酬劳，于是他明白了慈善并不是要大家无偿、免费地劳动。

> 有个基金会说："我们是做慈善的，不是去坑一家的。"就是说你可以做慈善，做一个志愿者，但是志愿者里边儿也有报酬。包括我上次也为这个事儿纳闷儿，当时我就说："为什么去还给报销路费？还给你加油钱？"还有好几个大学生，说起来也是志愿者对吧？义务志愿者。结果大学生他们是一天给100块钱，来回你坐公交车都给报。后来我问基金会是不是义务志愿者都有这个，是不是不能说报酬，他们回答说："就是给你点儿补贴吧，饭钱。"是这样说。（SJZ－MQH访谈录）

三　为什么成为志愿者？

动员不同群体中的公民积极参与志愿活动是推动志愿服务发展的重要因素，因此志愿者研究的中心问题即志愿者的动机问题：为什么要参加公益活动？为什么成为志愿者？支撑志愿活动的物质基础与精神动力来自何方？尤为重要的是，卡车司机是一个特殊的职业群体，在访谈中他们总喜欢将自己比喻为"唐僧肉"，意即在职业生涯中受尽途中各路人马盘剥。那么当疫情来临时，他们为什么还愿意站出来冲向疫情的前线呢？在访谈中，卡车司机志愿者们向笔者展示了有关志愿者动机的独特又丰富的内涵。

第一，促使卡车司机成为志愿者的动力来自这个职业群体公益性的精神内核。这个公益性的精神内核源自他们本身的价值观，也在他们职业生涯点滴的互帮互助中逐渐强化，最终借助组织的力量得以发扬光大。董站长总结说，这是一种关于公益的意念、爱心与戒不掉的"瘾"。

我毕竟出去跑了这十几年车，总体来说还是见着好人比较多。因为出去以后，都是互帮互助的，就是说心里边儿有这个意念。国家有难了，我能出最大的力，就完事儿了。好人咱谈不上，就是说有这个心，愿意做这个事。后来我才发现做公益就是上瘾，确实是上瘾。（SJZ - DWL访谈录）

就像乔站长写的那样："卡车司机是一个有大爱的群体。"而这份"大爱"，经常来自"遭难"的经历。乔站长清楚地记得多年前他们行驶至江苏省YC市被当地人碰瓷的情景，当时他无计可施便向当地卡友求助。由于在异乡遇到困难时得到了卡友的救助，他感受至深地接过了公益精神的接力棒，之后在自己的职业生涯中帮助了更多的卡友。"从那儿开始我对卡车司机是相当好，咱这是受助了。他们两个帮了我一回，我帮了全国各地卡车司机一百多回"。（SJZ - QH访谈录）

一个小车，光跟着我们。他这么突然一别我们，我从后视镜一看，有个人就倒了。我说："我车没碰着你啊。"人家张嘴就要一万（元）："要不你现在上医院检查去，我尿血。你给我一万（元）吧，要是上那儿去两万（元）、三万（元）你都下不来。"我一看这不就是明着讹我呀！那会儿你跑了1000公里出来了，你认识谁呀？谁都不认识吧？遭难不？那时候发求助，来了两个人，人家就是当地人，一沟通，就来了15分钟，碰瓷的一分钱没要就走了。（SJZ - QH访谈录）

第二，自雇卡车司机积极参与志愿活动有一个重要的客观条件：一定程度的组织化。被访者不仅均为公益卡友组织安心驿站的成员，还经由地缘与业缘加入了许多卡车司机的微信群组，例如某地卡车司机的微信群、某种车型或某条路线卡车司机的微信群等。组织化带来的不仅是职业群体内部的互通有无、互帮互助，还提供了整合性的公益活动与志愿服务的平台。对被访者影响最大的当属安心驿站，由安心驿站的设计理念与日常活动可知，驿站通过宣传公益精神、提供社工课程、对接其他组织的志愿服务等方式极大地推动了卡车司机参与志愿活动，使其成为更加成熟的公益人。

> 加入这个组织的时候你看我开车开了将近30年了，为什么我现在组建这个站啊？我刚入站的第一个心灵感应，我说一句瞎话就是小狗："终于，哎呀我们卡车人也有家！"真的，我们原先出去到哪儿谁也不认识，坑你的、骗你的多得是，现在我到哪个地方都有当地驿站友，对吧？安心驿站提倡的宗旨是互帮互助，我这个人年岁大了想的事也多，总想着说加入驿站这样一个公益组织，对吧？疫情来的时候我就跟马站说："用着车的时候你就说话，我车在家。"（SJZ - QZB 访谈录）

签到、发帖和互助是安心驿站评估每个地区的驿站与每位好站友的重要标准。安心驿站的平台上有专门的"互助救援"的版块，每位好站友"求助"与"帮助"的数量都列在个人主页上，其中"帮助"分为"线上帮助""现场救援""帮助评论"等。线上帮助解决以下问题：路线与路况、各地货运行情与交通法规、维修养护知识、故障维修办法、法律知识与心理疏导等。线上帮助相对更加容易一些，一般只需要线上评论或接听电话；而现场救援则更加困难与复杂，卡友每次参与现场救援都需要上传现场照片并进行文字记录，之后提交至平台的互助救援小组进行审核，回访与审核通过之后才可以记录在案，形成一次现场救援的有效帮助记录。安心驿站的平台还提供了多项线上学习的课程，有相关的法律法规，有关于传化志愿者和志愿服务的培训，有将驿站转型为正式的公益服务组织的培训，还有关于安心驿站志愿服务案例的展示。可以说，安心驿站不仅为卡车司机互帮互助提供了"互联网＋社区运营"的平台基础，还有意识地培养卡车司机从朴素的守望互助者转型为专业的公益团队和志愿者。"放飞一批在路上的公益天使"是安心驿站的愿景，它在卡车司机一次又一次的志愿行为中得以体现。

董站长加入安心驿站 4 年，认为安心驿站对他最大的影响在于价值观，这种价值观是：团结起来，力所能及地为国家和社会做一些事情。

> 安心驿站是我前进的动力。你不可能说，咱一个司机为了贪图一点小利，埋头挣自己的钱，不管别人，对吧？这是一个大家庭，这么多卡车司机，你要抱成一个团，咱都是有组织的。咱有困难了，组织帮，总比个人去做一些事情要容易得多，所以我加入安心驿站感觉是最值得的，教会了我很多东西。（SJZ－DWL 访谈录）

每次观看安心驿站平台上关于社工与互助的学习视频，董站长都心生感动。通过加入安心驿站、在驿站内接受教育与参加公益活动，他觉得自己对于公益、志愿者和卡车司机群体的认知都得到了提升。

> 因为平时接触的公益只是很单纯的，别人穷啊或者怎么着，咱能帮一下，但是做这个真正有意义、有价值的公益是更好的。有价值这怎么说啊？就是说特别能体现这件事情的重要性。就像救援这一块儿，卡友遇到困难了，咱都是义无反顾，你就说我手头再忙我也会放下，我第一时间去做这件事。我文化（水平）比较低，你真正让我表达吧，有时候表达不出来，但是你就说这颗心吧，永远想着是做公益这一块儿。（SJZ－DWL 访谈录）

刘大站长坚信，参加安心驿站的卡车司机都具有关于公益与志愿行为的觉悟。觉悟意味着对于国家政策的准确理解，思考与处理问题的理性方式与持续参加公益活动，等等。

> 如果一个司机，他没有参加一些团体的东西，整天就是干活儿、吃饭、干活儿、赚钱，他是没有这个觉悟的。只要是参加过这些平台的，不管是"卡友地带"还是"安心驿站"，他们的觉悟都特别高。就说很

简单一个问题啊，你看，我是安心驿站的驿站长，当我开车走的时候，我尽量不闯红灯，为什么呢？因为我感觉我就代表驿站。如果我带头闯红灯，我后面那个人怎么看我？我代表的不是我自己，我代表的是这个团体，是吧？那我能随便违法吗？我尽量不违法。如果遇到一些事情，我都理性对待。（WF - LSH 访谈录）

可以看出，在安心驿站成为大驿站长或驿站长后的责任感也是卡车司机志愿者重要的动力来源。刘大站长之所以第一时间响应安心驿站的运力需求的号召，是因为他是大驿站长，责无旁贷；陈站长知晓别的驿站参加志愿行动之后主动请缨，是想要为自己的驿站起到表率作用，不希望自己的驿站甘于人后；李站长之所以作为押运员陪董站长去运输抗疫物资，也是源于作为驿站长成立驿站的初心。

一个是有责任，因为参与这个组织了，首先还是讲责任，对吧？当时做这个驿站的时候，初心是好的，是互帮互助嘛。第二呢就是说，要为国家做点事儿嘛，需要的时候还得去。还有就是将来通过自己的行为影响到孩子。（SJZ - LZJ 访谈录）

第三，卡车司机迫切地想要通过志愿行为获得社会大众的认可。根据中国物流与采购联合会 2021 年 6 月发布的《2021 年货车司机从业状况调查报告》①，卡车司机有 84.6% 来自农村，年龄集中在 36 岁至 45 岁，25 岁以下的卡车司机仅占 1.4%。也就是说，卡车司机从业者的年龄集中于中年，这个收入相对并不低的职业对于年轻人的吸引力逐渐减弱，劳动力的断层与缺口问题日渐明显。较长的工作时间、很大的劳动强度、高比例的职业病与很低的社会保障，都使得卡车司机的社会职业地位日益下滑。被问到

---

① 《中物联发布〈2021 年货车司机从业状况调查报告〉，多家网络货运平台企业参与协助调研》，"物流报"微信公众号，2021 年 7 月 1 日。

自己属于社会阶层中的哪一层时，几乎所有的被访者都认为他们处于社会的中下层。因为自认处于中下层，他们才更加迫切地需要被了解、尊重与认可。

> 我们是最底层的人了，一届小农民啊，还有比我们小的吗？现在跟原先开车可不一样了，越来越不行。原先吧，他们在单位挣 100 块钱的时候，我们就挣 1000 多（元），对吧？那个时候车也少，一路上车祸也少，现在车也多了，你更得注意，更不能马虎。我们现在挣的是"生命钱"，今天活着明天不知道怎么着呢。（SJZ – QZB 访谈录）

乔站长认为正因为如此，卡车司机们才更加应该向社会大众展现他们的"大爱"。

> 卡车司机也是有大爱的，我们是一帮有大爱的卡车司机。我们也期待被了解，不想被忽视。你看全国各地，别管哪儿有事儿，第一个上的，不只有医生、护士、军人，还有卡车司机。但是我们是永远被遗忘的，没有人提到卡车司机。你做任何一件事儿，就像你说的，你找出一百个原因来，我可以不做这个事儿；但是我也可以有一个原因，我做这个事儿。（SJZ – QH 访谈录）

因此，志愿服务是卡车司机获得理解、尊重与认可的重要途径，它体现出了卡车司机的责任和担当。刘大站长总是觉得，卡车司机群体应该具有的价值观并不是自怨自艾，而是通过自身的努力向更好的方向发展，尽自己的努力通过志愿行为体现出卡车司机乐观的精神。

> 我们卡车司机这个群体，到国家有大难的时候，就应该体现出责任跟担当来，是不是？当时 WH 疫情这么严重，我们也在电视上看到了，他们前方就需要物资，这个口罩、呼吸机、工作服，那你说那么多人，

他们不可能把货一起带过去吧？人去了，就像一个战士上前线，他们赤手空拳的能打仗吗？他们需要武器吧？虽然我们没有他们的医术，但是我们去给他们送武器弹药，我们的贡献跟他们是一样的！我们也是为这个疫情做贡献的！在我的人生当中，这一辈子我可能就遇到这一次为这个群体、为国家做贡献的机会，我们不该好好珍惜吗？（WF－LSH 访谈录）

第四，志愿服务让卡车司机收获了宝贵的赞扬与荣誉。这些赞扬与荣誉有的来自亲朋好友，有的来自卡友组织与慈善机构，还有的来自社会各界。李站长说运输抗疫物资为他带来了朋友们的称赞。

跟一帮朋友们喝酒吃饭的时候，那肯定伸大拇哥啊！当时去的时候，也发朋友圈嘛，是吧？平常不怎么联系的好些朋友都说："老李，可以，还是你们实际行动的最厉害！"看到这样的评论，自己心里边儿也是感到热乎乎的，这一句胜过一万句（笑）。（SJZ－LZJ 访谈录）

尹站长被儿子写进了作文里。

最大的收获啊？感觉这一生我做了一件对的事情，今生无悔。就像我当兵一样，无怨无悔嘛。毕竟在这场大考验中，我参加过了。解封的时候，家里小孩儿写了篇作文，写的就是我，最后老师给了他满分。他作文上写了嘛："我爸爸今年参加咱们湖北的抗疫，我问我爸爸为什么参加，我爸爸说，他是退伍军人。"这是开头语，然后后边儿就写了这个过程。（XY－YYX 访谈录）

何师傅离开 WH 时，市长为志愿者们举行了欢送会。之后，何师傅获得了两项荣誉，一项是做成海报式的荣誉证书，上面写着"病毒终结者＋何师傅的家乡和名字"，撰文为"感谢您为 WH 拼过命！"，落款是"WH 市新冠肺炎疫情防控生态环境保障工作组"和"WH市辐射和危险固体废物污染防治管理中心"。另一张表彰证书上也写着感谢的字句。

　　逆行英雄：

　　一场疫情让我们相聚在一起，平凡的我们有了一个响亮的名字：病毒终结者。

　　我们负重前行，逆流而上，与时间赛跑；

　　我们同心协力，并肩作战，与病毒抗争。

　　谨此纪念我们共同战斗的日子，我们，永远在一起。

WH市生态环境局

　　刘大站长与WF大驿站的其他8位卡车司机志愿者也获得了中国红十字基金会的致谢状。

　　LSH同志：

　　您辛苦了！

　　自新冠肺炎疫情发生以来，全国人民在以习近平同志为核心的党中央坚强领导下万众一心，众志成城，凝聚起抗击疫情的磅礴力量。您积极响应中国红十字基金会号召，顾大局识大体，主动请缨驰援湖北；您舍小家为大家，挺身而出保护湖北；您讲奉献勇拼搏，夜以继日奋斗在前线，为湖北疫情防控做出了积极贡献。在此，谨向您致以最崇高的敬意和最诚挚的慰问，向默默支持您的家人致以最诚挚的问候和最衷心的感谢！

　　英雄的湖北不会忘记您，英雄的湖北人民不会忘记您，您是保护湖北的英雄！衷心祝愿您和家人身体安康，阖家幸福！祝福您在未来的日子里生活愉快，万事顺意！

中国红十字基金会致谢状

除了致谢状，中国红十字基金会还为这些卡车司机志愿者提供了志愿服务证书。

"群防群控 救在身边"志愿服务证书

WYL 先生：

衷心感谢您热心参与"群防群控 救在身边——'抗疫'特别行动"，提供为期 260 小时的志愿服务，用实际行动诠释"人道 博爱 奉献"的红十字精神，为抗击新冠肺炎疫情做出了积极贡献！

在此特向您颁发志愿服务证书。

中国红十字基金会

除了所服务的组织机构给予的荣誉，还有一些卡车司机志愿者参加了与货运相关的社会机构或厂家发起的评选活动，通过网络投票，他们不仅成为投选而出的"中国好司机""援鄂勇士"等，获得了荣誉证书与厂家提供的各种福利，还使得他们作为抗疫志愿者的故事被记录下来，成为特别的纪念。

我是投了第一名。当时我们过去，我们前四名每个人都是一样的，按照车型找厂家嘛，给的是一万块钱的大礼包。不是钱，也是一些实质性的东西吧，都是车上用得上的。（XY – YYX 访谈录）

所有这些获得的荣誉都抚慰了卡车司机在疫情之下、从事志愿服务期间所经历的困境与获得的污名，让他们重新发现了自己的价值。刘大站长表示，参加抗疫对所有的卡车司机志愿者来说，都是一辈子的骄傲。

从这个抗疫本身来讲的话，对我个人来说，我感觉很自豪了。你看人家红十字基金会发了感谢信啊什么的，这个东西我自豪一辈子！你虽然受了点委屈，付出了一些东西，你毕竟是为这个国家、为抗疫做了点贡献，这是我感觉非常自豪、收获最大的一个地方。我们都是平凡的人对吧？你这一辈子，能为国家做多少贡献啊？为社会做了什么贡献？我感觉如果有人问的话，我说我为抗疫做出了贡献，我感觉这是很自豪的一个事儿。（WF – LSH 访谈录）

因此，卡车司机志愿者们纷纷表示：荣誉比钱更重要。

荣誉比金钱还好啊，那些证书比钱好啊！看看就能想起来，做了什么事儿，你能想起来。钱没用啊，你再多钱接着就花了，一点用处没有啊。（WF – ZM 访谈录）

很多卡车司机志愿者还将获得的荣誉证书、志愿者证书、致谢状等挂在家中显眼的位置。

我最大的收获感觉就是这个荣誉。因为长这么大，没有过一次。没有什么荣誉，也没什么奖状，咱学习也不好嘛，啥都没有。给的这个荣誉我感觉，怎么说呢，这不是一般的荣誉。反正他们上我家玩的，谁都去拍个照。（WF – WYL 访谈录）

所有的卡车司机志愿者都表示，如果今后还有抗疫志愿活动，他们仍然要成为志愿者，冲向一线。

还要参加，肯定没问题的。对我的人生经历来说，这算是比较有意义的，因为我给孩子们做了一个表率，对后代来说有教育意义。老来以后吧，跟孩子可以说，"你看当年抗击这个新冠疫情的时候，我们曾经去过 WH，送过物资"，这也是一个值得骄傲的地方。（WF – CT 访谈录）

卡车司机志愿者对于"什么是志愿者""志愿者是否应收取酬劳""为什么成为志愿者"的回答，构成了卡车司机这个职业群体对于公益活动与志愿服务的基本观念。他们的观念虽然具有异质性与多元化的特征，但是在精神内核上达成了统一，即以卡车司机互帮互助的公益精神为基础，逐渐走向职业外部的、社会性的、更广泛的公益活动领域。其中，他们的基本目标是洗脱职业污名，获得社会大众的认可；最终目标则是以卡车司机的身份为国家和社会做出更多的贡献。

第六章 结论：公益精神的力量
与获得认可的需求

2020 年以来，我国的慈善公益事业发展迅速，慈善组织在动员社会募捐、为疫情防控提供资金与物资支持、开展各种志愿服务等方面发挥了不可替代的作用。根据中华慈善总会的公示，截至 2020 年 6 月 29 日，中华慈善总会累计接收新冠肺炎疫情防控捐赠物资折合人民币约 7.57 亿元，累计发放捐赠物资折合人民币约 7.04 亿元[①]。《中国红十字基金会年报 2020》显示，截至 2020 年 12 月 31 日，中国红十字基金会为抗击新冠肺炎疫情共募集社会捐赠款物 19.78 亿元[②]。在这庞大的募捐金额背后，我们看到的更多是捐赠的企业与个人、受捐的一线群众与医护人员，而鲜少思考捐赠的抗疫物资如何运输至一线疫情中心。本篇报告关注的即那些在疫情最严重、管控最严格的非常时期冒着生命危险奔赴抗疫一线的志愿者：卡车司机。

我国的志愿服务起步较晚，在 20 世纪 80 年代改革开放之后，才由初露端倪发展至渐有规模，之后在政府的引导下，随着北京奥运会、残奥会与各种抗震救灾的志愿服务活动的发展而逐渐为民众所知，从"青年到全民"[③]。2017 年国务院颁布的《志愿服务条例》规定，志愿者"是指以自己的时间、知识、技能、体力等从事志愿服务的自然人"。其中"志愿服务"指的是

---

① "中华慈善总会"官网，http：//www.chinacharityfederation.org/nv.html？nid = ce84e3cd - 8a8b - 4d41 - 9524 - 9b0b65931101，最后访问日期：2021 年 11 月 8 日。

② "中国红十字基金会"官网，https：//new.crcf.org.cn/article/category/xinxipilou_ jigounianbao，最后访问日期：2021 年 11 月 8 日。

③ 谭建光、周宏峰：《中国志愿者：从青年到全民——改革开放 30 年志愿服务发展分析》，《中国青年研究》2009 年第 1 期。

"志愿者、志愿服务组织和其他组织自愿、无偿向社会或者他人提供的公益服务"①。《中华慈善总会志愿者招募与管理使用办法》中所指的志愿者是"出于奉献、友爱、互助、进步的志愿服务精神和社会责任感，不以物质报酬为目的，以自己的时间、技能等资源，自愿为社会和他人提供服务和帮助的人"②。学者们对于"志愿者"的定义有很多，典型的如将"志愿者"定义为"那些具有志愿精神，能够主动承担社会责任而不关心报酬的人，或者说是不为报酬而主动承担社会责任的人"③。可见，关于"志愿者"的定义都强调了自愿与以己之力、以己之长帮助别人，只是关于报酬的问题，《志愿服务条例》更加强调"无偿"的非营利性，而中华慈善总会与学界的一些研究则更加强调"不以物质报酬为目的"的非目的性。就卡车司机志愿者的状况来看，卡车司机志愿者指的是不以物质报酬为目的，以自己的时间、技能、体力与资源等帮助别人、服务社会的卡车司机。

本篇报告涉及的卡车司机大多是加入了卡友组织"传化·安心驿站"的自雇卡车司机，他们在疫情期间的抗疫志愿活动包括：运输抗疫物资、运输医疗废弃物、参与村镇防疫工作、运输医疗队行李与捐赠款物等。其中，运输抗疫物资是最核心也是风险最高的志愿活动。

就运输抗疫物资而言，被访的卡车司机志愿者基本是以地区驿站为单位承接物资的运输，即一个地区驿站的成员共同承接一批或几批物资。地区驿站获取抗疫物资的渠道有四。一是直接对接安心驿站总部的运力需求。疫情期间安心驿站开通了物资运输的绿色通道，免费承接运力与仓储等运输服务，同时传化慈善基金会也为疫区捐赠了大量物资，需要地区驿站的志愿者负责运输。二是地区驿站承接当地慈善机构的抗疫物资运输，这种地区驿站都与地方慈善机构保持着日常的合作关系。三是地区驿站自行组织物资的捐

---

① "中华人民共和国中央人民政府"官网，http：//www.gov.cn/zhengce/2020 – 12/27/content_5574451.htm，最后访问日期：2021 年 11 月 8 日。

② "中华慈善总会"官网，http：//www.chinacharityfederation.org/n.html？id = 3092911a – 539f – 4a7c – 92ee – f3e5778356c2，最后访问日期：2021 年 11 月 8 日。

③ 江汛清：《关于志愿服务若干问题的探讨》，《中国青年政治学院学报》2002 年第 4 期。

赠，完成自捐物资的配送。四是通过物流公司等获取地方政府分配的物资运输需求。

卡车司机志愿者虽然是以组织的方式承接抗疫物资的，但是在具体的物资配送过程中，每位志愿者都是以原子化的方式独自完成驶向各地的物资运输的。对于卡车司机志愿者来说，原子化与流动性的劳动过程本质上与日常无异，然而在疫情期间，他们运输抗疫物资的志愿活动仍然经历了许多意想不到的困境，较为集中的困境包括：运输物资回程时由于地区性疫情管控而无法顺利驶下高速；疫情期间食物的采买极其困难，因此只能吃方便食品；"坏车"所带来的维修困难数倍于跑车的日常；由于去过疫区而面临了普遍的"污名化"。同时，在这些困境中，又掺杂了种种陷入困境后的感动：虽然运输物资回程时面对了各种意想不到的麻烦，然而驶向疫区的卡车却获得了疫区人民广泛的欢迎与感谢；知晓卡车司机志愿者可能存在食物短缺或防护用品短缺的问题，卸货点的志愿者、特警与医护人员等想方设法赠予他们一定数量的防护用品，给他们安排一顿"热乎饭"；"坏车"时虽然维修困难，但总有好心人甘冒风险前来救援；而"污名化"的另一面，同时承载了无数的赞许与肯定。困境与感动的交织，深刻地说明了疫情之下卡车司机的志愿服务所面临的复杂状况。在这个过程中，卡车司机志愿者也得以在职业内部相对同质性的志愿活动之外，窥得他们以职业身份参与社会志愿服务的曲折与收获。

因此，参与抗疫志愿服务为卡车司机志愿者提供了思考志愿行为的契机。对于"什么是志愿者""志愿者是否应收取酬劳""为什么成为志愿者"这三个参加志愿服务的核心问题，他们都明确地表达了自己的看法，体现出卡车司机志愿者各不相同又趋于一致的志愿服务观念。在此观念中，志愿服务的动机是核心问题，也是学界对于志愿服务研究、政府推动志愿服务发展的中心问题。就卡车司机志愿者的抗疫经历来看，促使他们持续参与志愿活动，尤其是从职业内部走向社会外部的最重要的动机有两个：一是组织化带来的公益精神的力量，二是获得社会大众认可的迫切需求。

参加抗疫志愿服务并非卡车司机志愿者首次参与公益活动。事实上，他们参加的公益活动多种多样，由来已久。最初，他们是以地缘、业缘与乡缘为基础进行小范围内的互通有无，之后加入大型卡友组织，进而将公益活动的范围逐渐扩大，与组织内全国的卡友互帮互助，成长为更加具有自觉性的、有意识的、趋于专业的志愿者。在卡友组织内积累了关于志愿服务的实践经验、奠定了知识基础之后，卡车司机志愿者的服务范围进一步扩大，由职业内部扩展至社会各界。继而，有的卡车司机加入了志愿者来源更加广泛的志愿服务组织，有的卡车司机则将志愿服务由卡车司机内部的互帮互助上升至为整个社会做出贡献。

不难看出，卡车司机参与公益活动、扩大志愿服务范围的过程，与他们的组织化程度紧密相关。最初由熟人组成的互助群组是公益精神的萌芽，它在很大程度上取决于卡车司机劳动过程的本质：每位自雇卡车司机几乎都是原子化、流动性、充满不确定性地行车在异乡进行货运劳动，他们共同面临的困境凭一己之力很难应对，因此最初的组织化与公益精神都具有朴素的守望互助的特征。当卡车司机逐渐加入像安心驿站这种全国性的以公益为目标的卡友组织之后，公益精神的种子则成长得更为茁壮。总体来说，安心驿站为卡车司机志愿者的发展提供了物质保证、知识来源与实践基础。物质保证指的是以互联网与地域性社区为基础搭建了全国性的卡友组织平台，其中以"互助救援"为主的互帮互助是该平台倡导的核心。知识来源指的是安心驿站为卡车司机提供了专业的公益与志愿服务方面的知识，他们聘请专家学者为卡车司机录制专项讲解视频，让每位卡车司机都接受专业的社工指导。实践基础则是这个全国性的平台为卡车司机提供了更大范围的进行公益活动的桥梁，平台上可以查阅到所有省（区、市）建立了地区驿站的驿站长与所有好站友的电话，求助与救援都可以迅速、及时、有效地进行。这三个方面叠加起来，一方面促进了卡车司机组织化的进程，另一方面强化了他们的公益心与志愿服务的精神，使得他们心中公益精神的种子成长为参天大树，并且向着职业外部更广阔的方向生长。因此，卡车司机参与更广泛的如抗疫志愿服务这样的志愿活动是卡车司机组织化达到一定的程度、其公益精神的力量向外延伸的必然结果。

另一个很重要的动机是，卡车司机的收入与他们感受到的社会地位是不成正比的，他们迫切需要提高整个职业群体的社会地位，获得社会大众的认可。根据中国物流与采购联合会 2021 年的调查报告，57.5% 的卡车司机月均收入为 5000 ~ 10000 元，32.7% 的卡车司机月均收入在 10000 元以上，仅有 9.7% 的卡车司机月均收入在 5000 元以下①。根据《2020 年居民收入和消费支出情况》，2020 年，全国居民人均可支配收入为 32189 元，其中农村居民人均可支配收入为 17131 元②。按照月均收入来计算，全国居民人均可支配月收入为 2682.4 元，农村居民人均可支配月收入为 1427.6 元。可见，卡车司机的收入在全国居民尤其是农村居民中实不算低。然而，他们感受到的相对剥夺感却比较强，被社会认可的程度并不符合预期。这首先与该职业的劳动特征有关，卡车司机虽然收入尚可，但是劳动时间长、劳动强度大、风险高、保障低、不确定性大，因此其社会声望与职业吸引力较低。其次，与该职业的生活状态有关。大部分长途卡车司机常年漂泊在外、四海为家，工作与生活重叠于一方驾驶室。他们与亲朋好友聚少离多，在本该熟悉却日渐陌生的家乡与日夜穿行却游离于外的异乡之间奔波，从工作与生活中获得的幸福感十分有限。再次，与该职业所面临的工作环境有关。卡车司机所面临的工作环境并不友好，从最基本的干净安全的食宿问题，到被偷油、偷货、碰瓷的困扰，再加上多年屡禁不止的公路"三乱"问题，他们大多要原子化地独自面对。最后，与该职业所面临的政策环境有关。环保政策的快速升级导致卡车司机不断换车和进入新一轮的贷款期；城市限行禁行过多导致他们的运输路途步履维艰；"按轴收费"政策意在提高运输效率、降低高速公路的费用成本，却因为空车与重车收费相同使得高速费用有所增加；"北斗"行车记录仪意在控制车速与疲劳驾驶，却成为许多地方执法人员"乱罚款"的敛财工具。因此，几乎所有被访的卡车司机志愿者都认为他们

---

① 《中物联发布〈2021 年货车司机从业状况调查报告〉，多家网络货运平台企业参与协助调研》，"物流报"微信公众号，2021 年 7 月 1 日。

② "中华人民共和国中央人民政府"官网，http://www.gov.cn/上海 uju/2021 - 01/18/content_5580659.htm，最后访问日期：2021 年 11 月 8 日。

虽然收入不低，却仍处于社会的中下层，不为社会大众所认可。在参加抗疫志愿服务的过程中感受到的困境、污名与无视，也极大地强化了这种感受。因此，他们才更希望通过公益活动与志愿服务向公众展示他们的爱心与奉献。可以说，成为志愿者、参与公益活动不仅是卡车司机内部公益活动的延伸，更是卡车司机获得社会大众的认可、融入社会的重要途径。从社会哲学和政治哲学的层面来看，"团结的文化"① 和 "承认的政治"② 是促使广大卡车司机积极投身公益的两大根本动因。不过，从理论上对两大根本动因加以深入阐释，则是另一项任务了。

卡车司机志愿者的经历也为学界贡献了新的研究视角与问题。有研究认为，拥有更高受教育水平、更高阶层、更明确的宗教信仰与更高生活质量的人才更倾向于从事志愿者活动③，而对青年志愿者的研究则显示出责任奉献导向性、发展奉献导向性与快乐风险导向性三种类型的动机④。但是卡车司机志愿者的服务经历显示，在青年志愿组织、社区志愿组织、企业志愿组织、慈善志愿组织与国际志愿组织之外，还存在以职业群体为志愿组织的可能性，即卡车司机志愿组织。同时，卡车司机成为志愿者、进行志愿服务不仅关乎责任、发展与快乐，还关乎他们对自身职业群体所具有的公益精神的展示，更关乎他们的社会地位、职业声誉与社会融入。

2015 年，交通运输部发出 "关于改善公路货车司机生存状况的建议"，建议改善卡车司机工作和生活的环境，整治公路货运通行环境，为货车司机体面工作、幸福生活创造良好的社会氛围⑤。2020 年 11 月，习近平总书记在全国劳动模范和先进工作者表彰大会上强调，要适应新技术新业态新模式

---

① Fantasia, R. , *Cultures of Solidarity* （University of California Press, USA, 1988）.

② 阿克塞尔·霍耐特：《为承认而斗争》，胡继华译，上海：上海人民出版社，2005。

③ Son Joonmo & Wilson John. " Using Normative Theory to Explain the Effect of Religion and Education on Volunteering". *Sociological Perspectives*, 2012, 55 （3）: 473 – 499.

④ 林敬平：《志愿者服务动机调查与激励机制设计》，《广东青年干部学院学报》2008 年第 22 卷第 72 期。

⑤ "中华人民共和国交通运输部" 官网，https: //www. mot. gov. cn/liuyanzixun/changjianliuyan/201602/t20160226_ 1993307. html，最后访问日期：2021 年 11 月 8 日。

的迅猛发展，采取多种手段，维护好快递员、网约工、货车司机等就业群体的合法权益。2021 年 4 月，交通运输部印发了《交通运输执法领域突出问题专项整治行动方案》，针对交通运输执法领域的突出问题实行专项整治，进一步加大对执法工作者的约束，维护交通运输从业人员的合法权益。可以说，卡车司机融入社会、获得社会大众认可的需求与政府倡导的精神方向是一致的。希望本篇报告关于卡车司机抗疫志愿者经历的书写可以留存他们的声音与思考，展示他们的公益精神与力量，增进社会大众对他们的尊重与认可，推动这些有利于卡车司机工作与生活的政策得以顺利执行、开花结果。

第三篇
"卡车县":县域条件下的公路货运业

沈 原 刘文斌

第一章　高安的地理、人口与产业[*]

一　自然资源禀赋

高安地处江西省中部稍偏西北。境内西北部为九岭山脉余脉延伸地带，由北至南地势逐渐降低，中部为低山丘陵与河谷平原相间地带，中部偏南有荷岭、枫岭横亘其间，南部为蒙山、末山余脉；主要河流有锦河、肖江，均属赣江水系。

高安境内按地貌分类，以平原和丘陵为主，形成了"四山一水三分田，两分道路和庄园"的格局。气候属中亚热带湿润季风气候区。土地肥力水平较高，适耕性良好，自古便有"农业上县"之誉。

高安境内还有较为丰富的矿产资源，其中以煤炭、石灰石、石英石、瓷土等为主。其丰富的石灰石、大理石、瓷土和耐火黏土等资源则是高安建材产业发展的基础，尤以建筑陶瓷、水泥为突出产业。除此之外，高安的森林覆盖率达40%，有一定的林业资源。

二　交通条件

高安境界东临南昌市新建区、丰城市，南接樟树市、新余市，西连上高

---

* 为开展卡车县调查，我们曾两下高安。第一次是在 2020 年 10 月，参与调查的有课题组成员沈原、周潇、马丹、刘文斌。江西财经大学社会学系胡宜教授参与了部分调查。第二次是在 2021 年 7 月，参与调查的有课题组成员沈原和刘文斌。江西财经大学社会学系尹忠海教授、胡宜教授等参与了部分调查。两次调查开展焦点小组访谈、面对面访谈等共计 31 次，访谈 41 人，录音时长 3106 分钟，录写字数约 689500 字。本篇写作分工为：刘文斌撰写第一、第四章（第四部分）草稿，沈原撰写第二、三、四（前三部分）、五、六章草稿。沈原和刘文斌共同讨论修改，最后由沈原定稿。

县、宜丰县，北邻奉新县、安义县。毗邻省会南昌仅 40 公里是其地理优势之一。

高安的铁路和水路运输均不发达。唯有公路运输具有显著优势。高安境内有国道 2 条、省道 5 条、县道 14 条、乡道 73 条①。其中 320 国道是中国东西走向公路主干线之一，其起点为上海市，终点为云南省瑞丽市，途经全国 6 省市（上海、浙江、江西、湖南、贵州、云南）70 多个县市，全长3695 千米，其中高安境内长 53.62 千米。其建造历史可追溯至民国，1931年开始修筑，1933 年实现全线通车，县内途径招山、大城、古楼、祥符、县城、石脑、龙潭、杨公圩，全长 53.81 公里。320 国道对于高安的经济发展起着重要作用，高安生产的大批农牧产品、矿产原料和工业产品就是沿着这一国道送往江西省内外各地的。

三　社会人口结构

高安自西汉始建县，虽几度更名，但一直属于县级建制并保持着相对稳定的县域范围。到了现代，其内常住人口以汉族为主。根据 1982 年以来历次人口统计数据，汉族人口占比均在 99.9% 以上。2020 年末，高安户籍人口 871991 人，常住人口达到 744694 人。此外，高安的农业和非农业人口数分别为 52.21 万人和 34.99 万人。从三大产业就业人口来看，2019 年全市社会就业人员总数为 45.27 万人，其中第一产业从业人员 13.08 万人，且近五年逐年递减；第二产业从业人员 13.29 万人，2015～2018 年逐年递增，2019 年缩减；第三产业从业人员 18.90 万人，近五年逐年递增②。

按性别来看，男性占比为 52.56%，女性占比为 47.44%；按年龄段来看，0～14 岁占比为 22.42%，15～59 岁占比为 59.24%，60 岁及以上占比为18.34%；按受教育程度来看，每 10 万人口中拥有的大学（大专及以上）

---

① 需要说明的是，此处数据来源于高安市志编纂委员会编《高安市志（1986～2006）》（北京：方志出版社，2009），未有最新的官方统计数据公布。

② 数据来源于高安年鉴编纂委员会编纂《高安年鉴（2019）》，南昌：江西科学技术出版社，2020。

受教育程度人数为 8707 人，高中（含中专）为 14297 人，初中为 38727 人，小学为 29119 人；平均受教育年限为 9.42 年①。从中不难看出，高安人口的基本特点是农业人口占多数、男女性别比失衡、重度老龄化、受教育程度偏低。

四　产业：从"农业上县"到"三驾马车"

如前所述，高安的自然资源禀赋及地理区位决定了其在历史上一直是一个农业大县，至今农业及相关附属产业依然在高安地区生产总值的贡献中扮演了重要角色。但高安的产业发展又不限于此，改革开放以来至今，陶瓷业、公路货运业以及农业已经成为高安产业的"三驾马车"。2020 年，高安全年实现地区生产总值 468.45 亿元，再次入选全国经济百强县，全国排名第 91 位②。三大支柱产业中，农业总产值完成 83.755 亿元，陶瓷业完成产值 220.3495 亿元，公路货运业没有专门的官方统计，但据高安市货运汽车产业基地管委会预估，2020 年底高安公路货运业实际产值已超千亿元③，对高安 GDP 贡献大概 100 亿元。

（一）农业

高安境内耕地面积约占土地面积的四成，水田面积占耕地面积的六成多，农作物种植以水稻为主，盛产稻谷、大豆、花生、油菜和棉花。与农业并重的还有畜牧业和其他相关产业。高安的铜钱花猪以其易于饲养和增重较快的特点而著称；高安黄牛因其耐放和良好的役用性能成为江西三大地方优良牛种之一；以大豆加工成的豆豉被誉为"东坡豆豉"；"高安腐竹"闻名

---

① 数据来源于宜春市统计局《宜春市第七次全国人口普查公报（第一号）》，2021 年 6 月 10 日发布。
② 中郡研究所：《第二十届县域经济与县域发展监测评价报告》，http：//www.china-county.org/bg-2020-pj/pj-3baogao.htm，最后访问日期：2020 年 12 月 16 日。
③ 公路货运业的产值只有部分落在高安，比如高安货车在全国各地跑运输，其在 2020 年的营业额超 700 亿元，但仅有少部分在官方统计上归属高安。

于全国。

作为农业大县，高安早已位列全国首批五十个商品粮基地试点县（市）之一。同时，高安还是全国生猪出口基地、全国乌龙茶三大基地之一，以及全国食品工业重点县之一。高安也是江西省粮、棉、油主产区之一。2020年，高安农业总产值达 837550 万元，其中农业产值 361810 万元，牧业产值 325960 万元，二者合计占农业总产值的比例达 82.11%[①]。粮食作物总产量 68.50 万吨，其中稻谷产量 66.20 万吨，豆类产量 1.20 万吨；蔬菜总产量 34.52 万吨；花生产量 3.97 万吨；棉花产量 0.44 万吨。此外，生猪养殖在高安也是一大产业。高峰时期，高安年均生猪出栏量达 200 多万头。2018～2020 年，高安市生猪出栏量分别为 121.69 万头、79.25 万头和 51.29 万头。

（二）陶瓷业

高安陶瓷业得益于高安蕴藏较为丰富的石灰石、石英石、瓷土资源，近年来逐渐成为建筑材料工业的支柱产业。高安陶瓷业在历史上以日用瓷起家。据县志记载，1926 年前后，HB 镇就有缸、坛、瓮等简易陶瓷生产；1953 年，有 5 人合伙在高安县城南石桥头开办第一家小陶器厂，生产日用陶瓷；1956 年转为生产合作社；1958 年转为全民所有制企业，并更名为高安县陶瓷厂。到 1981 年，高安县陶瓷厂因连年亏损而停办[②]。但恰恰在这几年，建筑陶瓷开始在高安兴起并快速发展。

高安陶瓷素以"釉面砖"而闻名。1979 年，BJ 公社投资 100 余万元创办第一家生产釉面砖的 BJ 瓷厂；此后几年，陆续共有 6 家生产釉面砖的县、乡（镇）办瓷厂创办；到 1985 年，釉面砖产值已达 415.67 万元，实现利润 71.46 万元。此后，1987 年 3 月，高安县委、县政府提出依托本地资源优势，把高安建成建材大县的战略构想，并推出系列政策，很快在全县掀起建瓷厂热潮。1988～1990 年，通过群众集资、企业自筹、银行贷款等方法，

---

① 此处的农业总产值包括农业、林业、牧业、渔业以及农林牧渔服务业五大块。

② 资料整理于江西省高安县史志编纂委员会编纂《高安县志（1988）》，南昌：江西人民出版社，1988，第 166、167 页。

筹集了近亿元资金，兴建了一批建筑陶瓷企业，原有的釉面砖生产瓷厂也扩大了规模，还有一批日用瓷厂也转为生产建筑陶瓷；到 1991 年，全县共有 17 家公有制建陶企业（包括国有企业和集体所有制企业）[①]，形成了"乡乡镇镇办瓷厂，家家户户有瓷工"的场面。此为高安建筑陶瓷的第一个大发展时期，以公有制建陶企业的兴办为主。

1997 年，亚洲金融危机波及房地产业和建材业，高安的建材业也受到冲击，陆续有建陶企业出现严重亏损、半停产或停产等现象。1999 年，高安市委、市政府开始推进企业改制，要求国有、集体资本退出，鼓励发展民营、股份制企业，因此，原有的公有制建陶企业基本通过破产拍卖、重组等，转为民营企业。到 2003 年，高安的建陶企业构成全部为民营，规模相比 20 世纪 90 年代初也有所收缩。

高安建筑陶瓷业的第二次大发展始于 2006 年。其外因在于当年广东佛山下了"希望陶瓷企业走出去，还佛山一片新天地"的环保决心，以贯彻执行国家节能减排及广东省产业转型升级的政策；其内因在于 2006 年 3 月，高安市委、市政府审时度势，决定在高安建立建筑陶瓷基地，并在江西省经贸委和发改委的审批通过下，成为江西省建筑陶瓷产业基地。基地成立后，顺时引进了一批佛山陶瓷企业。到 2008 年 1 月，高安共引进陶瓷和陶瓷配套企业 47 家，其中亿元以上项目 14 家，5 亿元以上项目 8 家，合同引进的资金超过 100 亿元[②]。自此，高安的建筑陶瓷业在承接广东建陶产业转移以来，开始了新一轮的飞速发展。至 2020 年，高安建陶企业产能已跃居全国县级产区第一，辖区有建陶企业 56 家，生产线 165 条，年产量 8.57 亿立方米[③]，建陶业也成为高安市对税收贡献最大的产业。

---

① 数据来源于高安市志编纂委员会编《高安市志（1986~2006）》，北京：方志出版社，2009，第 337 页。
② 《江西高安能否成为第二个佛山》，https://m.cqn.com.cn/cj/content/2008-08/26/content_838718.htm，最后访问日期：2008 年 8 月 26 日。
③ 《全国 20 大县级、地级陶瓷产区出炉！高安第一、佛山第四》，https://www.ceramicschina.com/PG_ViewNews_125387.html，最后访问日期：2021 年 1 月 23 日。

（三）公路货运业

高安的公路货运业兴起于20世纪80年代。早期基本上是以个体运输户自购车辆、自找货源、自行贩运、分散经营为主；到20世纪90年代中后期，政府出台一系列优惠扶持政策，推动规范化经营，民间汽贸物流公司开始蓬勃发展；21世纪初，政府又兴建汽运城，民间组建汽运集团，公路货运业空间得到拓宽，进而形成号称"万辆汽车跑天下，十万大军搞运输"的产业格局。

高安公路货运业肇始于两个流传至今的故事。一个是JY镇农民周先生于1983年向亲朋及银行借贷共计1.57万元，购置一辆井冈山牌载货汽车，荷载3吨，成为高安首位个体运输户，其所购汽车也成为高安第一辆民间货运车辆①，由此拉开了高安汽运业的序幕；另一个是SL局食堂采购员武先生于1993年某日，因帮助在丰城做大米生意的亲戚寻找三辆运米车辆而获得每辆车50元信息费的故事。自此之后，武先生就成了当时知名的车货中介，他遂顺势成立了高安首家货运信息部。此后，高安的物流信息部遍地开花。这两个故事可以看作高安公路货运业的开端。

此后，SN镇农民陈先生在1995年组织六位农民合股成立高安首家民营汽车运输公司——TF汽车运输公司；LT镇TS村村民在村支书王先生带领下利用邻近320国道优势，走上了全村农民买卡车跑运输、开办汽运公司的致富之路。全村600余户，在20世纪末就有大货车128辆，手机156部，赢得了"汽车第一村""手机第一村"的美名。到2002年，TS村共有汽运公司5家，大货车400余辆，卡车司机500余人，成为远近闻名的"汽运村"②。

公路货运业经过20世纪八九十年代在民间的萌芽和发展后，到2000年，高安市人民政府正式出台《关于支持汽车货运事业发展的实施意见》，表明政府介入并推动汽运行业发展的决心。文件甫一发出，乡镇就纷纷跟

---

① 整理自高安市志编纂委员会编《高安市志（1986~2006）》，北京：方志出版社，2009，第441页。
② 整理自高安货运汽车产业基地管委会提供的资料以及对王先生的访谈。（TSC－WYC访谈录）

进，出台政策支持开办汽运公司。2003年，高安市政府推动建立了占地300亩的"高安汽运城"，开启了高安汽运产业的第一次腾飞，不少汽运公司、货运信息部、汽车修理厂等纷纷进驻，形成了江西省第一个以汽运为主的产业城。2005年，高安汽运城成为中国最大县级区域物流中心；同年，高安成为中国汽运第一县（市）；2006年，高安汽运城成为中国最大二手货车交易市场。

2007年，高安市汽运产业协会成立，GA、RZ、JL三大汽运集团和RJ物流总公司相继创建，公司集团化运作，融资租赁模式在全市推广，司机只需首付部分资金就可以买台大货车跑运输，高安广大农民纷纷加入购车跑运输的大军，由此形成了"万辆货车跑全国，有路就有高安车"的景象，高安汽运从此走向全国。

2012年，随着汽运产业的快速发展，高安市专门成立了市政府一级常设机构——江西高安货运汽车产业基地管委会，专门负责管理、协调、服务汽运产业。高安货运汽车产业基地管委会成为全国独有的专门管理货运汽车产业的政府机构。

2017年，高安成功摘得"中国物流汽运之都"荣誉，成为全国两个获此殊荣的城市之一。另一个城市是山东省临沂市。

经过三十余年的发展，公路货运业已成为高安的支柱产业和富民产业，也成为集物流运输、汽车贸易、金融保险、汽车后服务市场为一体的链条完备的全产业集群，实际产值已超千亿元。概括起来，高安的公路货运业具有如下特点。

（1）产业规模大。高安现有汽贸物流企业3800余家，其中有1家大型公铁联运物流企业、1家交通运输部甩挂运输试点企业、6家省级服务业龙头企业、46家国家4A级物流企业，4A级以上物流企业超江西全省的40%。

（2）货车保有量大。全市货运汽车保有量12万辆，登记吨位超200万吨。高安货运车辆营运范围已辐射至除港、澳、台以外的全国各地，甚至进行短距离的国际运输。

（3）商用车新车销售量大。全市现有汽车经销商73家，年销售各类商用车 5 万辆，市场份额连续 5 年占江西全省的 3/4、全国的 2%。

（4）二手车商用车交易量大。全市共有具备交易资质的市场主体三个，有各类大小二手车停车场 40 余个，从事交易的企业上千家，二手车交易中介服务人员超 2000 人，二手车年交易量超 6 万辆，是全国最大的二手货车集散地。

（5）产值、资金沉淀量和税收贡献大。到 2020 年底，高安公路货运业实际产值已超千亿元，主要有以下几大部分：一是全市营运货车年运输额超 700 亿元；二是商用车新车年销售额 100 亿元；三是二手车年交易额 80 亿元；四是专用车制造年产值 6 亿元；五是汽车修理及轮胎等零配件更换年销售额 40 亿元；六是燃油、ETC 等年交易额 250 亿元；七是汽车保险年保费 15 亿元。合计产值达 1191 亿元。随着产业规模的不断扩张，公路货运全产业链中资金沉淀量也十分巨大，每年光新车销售按揭贷款就吸纳各类金融机构、厂家金融、民间资金超 90 亿元，加上二手车金融、专用车销售、汽车保险、运输垫资等，全产业融资额度超 200 亿元。产业的迅速发展，也带来了税收额的快速增长。2020 年，全市交通运输业纳税 82543 万元，汽贸物流及关联产业纳税接近 15 亿元，是高安市税收贡献最大的产业之一[①]。

与此同时，高安公路货运业也有着完善的产业链和产业配套。发展到今天，高安汽贸物流商的发展空间已不仅局限于高安，他们纷纷走出去，在外面开办公司、取得省区、市区商用车销售一级代理商或设立办事处、分支机构和物流信息网点。据统计，高安籍企业老板已在广东、云南、广西、浙江等省份注册汽车销售和汽运物流企业 1000 余家，拥有遍布全国的物流、信息服务网点 2000 多家。繁荣的汽运物流产业还带动了汽车金融、汽车保险、油品销售、汽车零配件、车辆检测、职业培训、广告会展、餐饮住宿等配套产业，到 2020 年，高安公路货运业从业人员已达 20 万人[②]。

当然，高安的公路货运业发展到今天，也面临诸多问题。集中体现在以

---

① 整理自高安货运汽车产业基地管委会提供的资料。
② 整理自高安货运汽车产业基地管委会提供的资料。

下三点。

（1）运力过剩、车多货少。随着近年我国经济发展进入新常态，物流业的增长率也出现了明显下滑，车多货少的现象愈发普遍。

（2）遭受互联网平台经济挤压。高安 3800 多家汽贸物流企业大部分是中小企业，随着互联网、大数据等新经济、新业态、新模式的爆发式增长，这些中小汽贸物流企业面临巨大转型压力。

（3）卡车司机断代。早期自购卡车、自跑运输的卡车司机虽然劳动辛苦，但收入不菲。近些年随着货运市场的运价下滑，路桥费、油费等各类成本的上扬，以及一旦违章而面临的交警、路政等执法部门的大额罚款，卡车司机的收入对年轻人来说逐渐显得没有"诱惑力"。比如曾经作为"汽车第一村"的 TS 村，村内年轻的卡车司机已寥寥无几，即使目前正在开卡车的年轻人，也正在谋求几年后转业。

第二章　个体卡车司机

高安县域经济的特征有如前述，种植和养殖业、陶瓷业及公路货运业构成其县域经济的三大支柱。不过，对我们"中国卡车司机调研课题组"而言，最感难得的当然是其公路货运业的状况。在这里，公路货运业的全要素以高度整合的形态，汇聚在特定的县域之中并逐一得到展示，为我们提供了在同一时空条件下对之逐次加以探究的可能。

在高安，我们能够系统而深入地观察当地各色"卡车人"的工作和生活：自雇和他雇卡车司机、中小汽贸物流商、大汽贸物流商、汽修厂、检测厂、挂车厂、加油站、驾校诸种组织要素聚为一体，展示出县域条件下公路货运业的整体风貌。因此，我们将高安当成公路货运业之"集约化研究对象"，研究在此空间中活动的形形色色的"卡车人"。

说起高安的公路货运业，通常有两个令人耳熟能详的数字。一个是关于高安的货运卡车和"卡车人"的数量：12万辆货运卡车，20万"卡车人"是迄今为止听闻次数最多的权威数字。另一个是扎根高安地域的汽贸物流商的数量：竟达3800家之多，星罗棋布，遍及高安全境。卡车司机和汽贸物流商两者构成高安公路货运业的主要从业群体，前者是公路货运的主要承担者，后者则是公路货运的直接组织者。它们如同两块基石，支撑着高安的公路货运产业。大汽贸物流商数量虽少，却引领着发展的方向。其余各种制度化组织如挂车厂、检测厂等皆为其补充。它们共同搭建起高安公路货运业的产业大厦。

一　个人特征

（一）家庭出身

我们接触的高安卡车司机，无论其为自雇抑或他雇，十之八九皆属农家子弟。实际上，由卡车司机上升而来的中小汽贸物流商们亦多起自田家。一般来说，他们的父母乃至祖辈俱以务农为业，家中往往兄弟姊妹众多，有四五个甚或八九个兄弟姊妹的大家庭并不罕见。

（二）性别比例

高安的卡车司机以男性为主。近年来我们在此访谈多人，却始终未曾遇到过女性卡车司机。高安人自己说：南方和北方不同，我们这里的女人是从不上车（干活）的。（TFQM - HJL 访谈录）

（三）文化水平

高安卡车司机大多数仅有初中毕业文凭，即便少数人能够读到高中，也多至高一即辍学务工，挣钱贴补家用，而鲜少有人能够坚持到高中毕业。高安卡车司机中也不乏只有小学文化水平者。不过，我们也确乎遇到过具有更高文凭者。比如早年开车谋生，现已成为一家名为 TFQM 老板的黄先生，就自称曾在当年"江西共产主义劳动大学"的农学系攻读过一年，后因经济困难而退学。他算得上是我们所碰到的高安卡车司机和中小汽贸物流商里学历最高的了。

（四）年龄结构

近年来在南北各地开展的多次卡车司机调查表明，当下卡车司机群体以"70后""80后"两个年龄段的人员为主体。高安卡车司机的年龄结构对此判断亦加以印证。在高安，现在仍以驾车为业的卡车司机群体中，多为40岁至50岁的人员。在我们的高安卡车司机调查样本中，年龄最大的陈师傅和年龄最小的小陈师傅都来自高安著名的"卡车村"——TS村。前者出生于1971年，为"70后"，现已年届50；后者则于1994年出生，今年还不到30岁，是典型的"90后"。他们实际上代表着当今卡车司机群体的两代人。当然，他们之间的代际区别亦会通过行为方式和思想观念的不同而折射出来。我们以下关于高安个体卡车司机的叙事，也将尽量以这两位一大一小的卡车司机的经历为主线而展开，并兼顾其他个体司机的叙事内容。

二　入行从业

（一）入行背景

在高安，青年人选择以卡车司机为业主要是受到两股力量的推动。第一可称为"结构力量"，农家子弟成年后要寻找自己的出路，务农显然已无利可图，因此要转向新职业。对高安人来说，与其到广东等地打工，饱受背井离乡之苦，不如弄一辆卡车自己驾驶，既能走南闯北增长见识，又能挣得远较外出打工更高的收入。高安本地的文化小传统为卡车司机职业提供了巨大的民间合法性，结构力量驱使他们变为卡车司机以谋生计。第二是家庭和环境影响。在父兄以卡车司机为业的农村家庭中，其晚生的子侄更易成为卡车司机。"90后"的青年卡车司机小陈师傅的父亲本是个体卡车司机，而小陈师傅从"七八岁开始，每逢寒暑假都要跟着父亲的车到处去玩，一来二去就爱上了这行"。虽说他的父亲曾坚决不同意他入行，但他最后还是选择了这行。当然，他有他自己的想法。（TSC－CB访谈录）老卡车司机陈师傅当年入行主要是受到周边环境的影响。1998年从部队复员后，他先是被分配到高安水泥厂务工，工厂倒闭后被裁员回村。他看到不仅自己的三个兄弟，而且周围的父老乡亲都在跑车挣钱，于是他也不由得被卷入这个行列。（TSC－CDY访谈录）可见，在结构力量和家庭－环境力量的驱动下，大批高安青年源源不断地被卷入公路货运业，成为卡车司机。

（二）学徒起步

在高安，成为卡车司机的第一步是先做学徒。绝大部分高安司机是跟着亲朋好友起步入行，开始学车练手的。比如老陈师傅虽然入行时年纪已经不小，但还是要跟着自己的姐夫和哥哥先当学徒。据他说，学徒之际，他每天必做的事情就是检查车况，特别是要看看刹车状况如何，淋水器是否已注满。行驶途中，他在旁边看着师傅的一举一动，学习如何处理路况。（TSC－CDY访谈录）CHWL的王先生起手时是跟叔叔学徒，七年之后方才自己购车单飞。（CHWL－WH访谈录）可见，刚入行的高安卡车司机大多是拜自己的亲友为师跟车学艺的。

学徒的主要目标是学习驾驶技术和处理路况。但有些司机因其早期经历而使得掌握驾车技术的过程更为快捷便利。例如HMWL的李先生在生产队时代开过手扶拖拉机，多少懂一些驾驶，所以他学习驾驶卡车就不那么困难。（HMWL－LNJ访谈录）还有JCSC的郑先生，他早年开过农用车，所以开起卡车来也可谓驾轻就熟。按照郑先生自己的说法，他简直就是为了卡车而生的。（TCSC－IWP访谈录）一般说来，在卡车中最难驾驶的要数半挂车，尤其是半挂车的倒车，因为倒车方向和方向盘的转动方向恰为相反。按照老司机黄先生的说法，即便熟练掌握了一般驾驶技术，半挂车的倒车也需要练习半月方能掌握。（TFQM－HJL访谈录）而郑先生却说，他当年从没摸过挂车，但第一次上去就能驾驶自如，任意倒车，似乎确为驾驶天才。（JCSC－ZWP访谈录）

此外，早期跑长途货运时尚没有平整而完备的高速路网，也没有智能手机可提供的实时导航系统，卡车司机只能依赖纸质地图和过往经验，将货运路线和沿途路况记于脑海中。这一过程在其学徒生涯中就已初步完成。

（三）考领驾照

大多数人经过一年半载的学徒生涯，掌握驾驶技术和熟悉路况之后，就要考领驾照了。对这些司机来说，路考并非难事，因为他们已学会开车了。倒是理论部分有些吃力，需要努把劲才能过关。不过，据老卡车司机说，当下考取驾照是越来越难了。黄先生告诉我们，他在20世纪90年代中期去宜春市考驾照，理论和路考只需两天时间，绝大多数参考者都能考过。（TFQM－HJL访谈录）后来就越来越严格了，考试难度加大许多。这一点我们在叙及高安驾校时会做进一步的阐明。

按照有关规定，考卡车驾照一般要到 21 岁以上的年龄才算合格。但在早期，为了能够尽快入行工作，也不乏有人虚报年龄参考。例如，YHQM 的匡先生早年当司机，他刚刚 16 岁就通过虚报年龄考取了 B2 驾照。（YHQM – KZ 访谈录）当然，这都发生在考试制度尚不完备的较早时期，现在通过虚报年龄考取驾照业已断无可能。

总之，通过在学徒期间掌握驾驶技术和熟悉路况，以及通过考试拿到驾照即合法驾驶身份，这些卡车司机就算正式入行了。

三　合伙购车

（一）购车时点

拿到驾照后，绝大多数个体卡车司机的一个近期目标就是购买属于自己的卡车。当然，很少有卡车司机在出徒、拿照之后就立即购车，这是因为农家子弟的个人财力还不足以支撑他们购置车辆。他们往往先去打工一段时间，积累一些收入后，才会真正动购车的念头。例如 TS 村的老司机陈师傅从 1995 年开始上车学徒，到 1997 年才买了第一辆属于自己的卡车，而且还是一辆旧车；FHQM 的冷先生从 2001 年高中毕业后开始学车，到 2003 年才购买了第一辆车。准备时间更长的还有考取驾照六七年后才购车的。当然，凡事皆有例外。也有人甫一拿照就立即买车。例如前述年轻司机小陈师傅，他在拿到驾照后不久就买了一辆解放牌 9.6 米的前四（轮）后八（轮），不过他是在父母大力资助下才得偿所愿的。（TSC – CDY 访谈录、FHQM – LBH 访谈录、TSC – CB 访谈录）

（二）合伙制度

高安卡车司机为购买卡车而创造了一种特殊的“合伙人制度”。正如高安第一代信息部经营者武先生所说，“合伙购车是高安卡车人的一大发明”。（XXB – WXH 访谈录）武先生所说的“合伙人制度”包括两个层面。第一个层面是卡车司机合伙购车。例如陈师傅在 1997 年第一次买车就是与其姐夫合伙购车；黄先生第一次购车的合伙人则是其堂弟。这些卡车司机一般都是寻找一个亲人或好友搭伙，两人共同承担首付，同时结伴出车，日后共同还贷。在高安，很少看到北方卡车司机那种自己贷款、独自购车的现象，最为普遍的做法是合伙购车、共担费用的"合伙制"。第二个层面是卡车司机与物流公司合伙购车，各占股份。两个司机之间的合伙只能做到共担首付，车款不足部分仍须用按揭方法，通过售车的汽贸公司来贷款。首付在购车款项中只占据一小部分，充其量也仅占全款的 1/3，大部分购车款项均需贷款支付。因此，公司按其贷款额度占据该售出卡车的相应股份。购车司机每个月需要从自己的收入中将分期偿还的本金和利息足额付给公司。例如，CHWL 的王先生首次购车，买下的是 9.6 米的解放新车，全款 26 万元。首付 8 万元是向亲友借钱凑齐的，然后又把此车挂靠在售车公司，由公司担保，提供 18 万元贷款并与其共同拥有该车股份。（CHWL – WH 访谈录）上述两个层面为高安"合伙购车制"的基本内容。"合伙购车制"是高安卡车司机的普遍做法。我们猜测，之所以需如此去做固然有卡车司机个人之金融能力不足的缘故，但并不止于此，而是还包含更为深刻的策略考虑，即借助人际关系和制度安排分散市场风险。合伙制简便易行，降低了个体卡车司机承担的风险，极大地推动了高安卡车市场的发育。

（三）涉车金融

在卡车这类大宗商品买卖盛行之地，金融业必定繁花盛开。20 世纪之后，除了规模很小的银行贷款之外，高安的公路货运业中实际存在两个金融市场。一个市场是当地的民间金融市场。由于地方经济发达，普通民众生活富裕，手里攥有大笔闲钱，故总要设法让其生息。马克斯·韦伯所谓"钱能生钱"的"资本主义精神"在当地极为流行。举凡有司机意欲购车，必向亲友求贷以凑齐首付，而手里有钱的亲友自会以较低利息，即介乎于一分利或一分二的利息，约定最终偿付日期后放贷给购车者。此外，中小汽贸物流公司亦需大笔资金周转，它们也会吸纳民间钱款。高安的民间金融由此发展起来。例如 TS 村六师傅早年间贷款买车，本村乡亲即以一分低利放贷给他数万元。据六师傅说，在 20 世纪 90 年代，高安的民间金融曾经有过一个非常混乱的时期，利息曾高达五六分甚至一毛，这就完全成为高利贷了。经政府强力打击，方才得到治理。（TSC – CLM 访谈录）另一个市场则是车厂金融。以 2016 年为转折点，各卡车制造厂商为了营销车辆推出涉车金融产品，以较低利息发放，鼓励卡车司机购车。这个涉车金融市场将在后面详细论说，此处只需强调其受到较严控制，比前一市场更加规范。

（四）质量陷阱

购买卡车，司机们最怕的就是车辆质量不佳。现在的卡车质量越来越好，长期行驶可保无虞。但在 20 世纪 90 年代后期，一些地方的车厂简直就在粗制滥造，产品质量低劣，坑害司机不浅。CHWL 的王先生购买的第一辆品牌为 DFJH 的卡车系 H 省 S 市某厂家的产品。他回忆说那辆车真可谓问题多多，最主要的就是车箱底部安装的平衡轴经常损坏，每个月都需修理，费用动辄上千元。因此，如何避免买到价高质次的卡车就成为购车司机必须掌握的一大技巧。（CHWL – WH 访谈录）

（五）车辆改装

2000 年前后，很多卡车司机在买车后还要对之进行改装，据说目的是增加卡车的承重能力，从而增加运量。YTWL 的艾先生曾经做修理厂生意多年，他说那时为 6.8 米长的卡车车厢在底板上加焊一道工字钢是一个十分普遍的做法。很多卡车司机为了多拉快跑，购车后首先都到修理厂改装加固，因此又增加了一笔费用。（YTWL – AJJ 访谈录）

（六）反复购车

高安的卡车司机经常说，他们喜欢开新车。所以，一辆新车往往在用了两三年后就会卖掉，再去购置新车。不难猜测，高安的卡车司机之所以频繁换车，盖因他们把车用得太苦。为确保效率和安全而不得不经常除旧布新。

高安发达的汽贸市场则为他们频频换车提供了必要条件。这恐怕也是高安市场上旧车为数众多的一个原因。TS 村的老司机陈师傅从业 24 年，共换过 6 次车，频率算是较低的。当然，他是根据不同的市场需求来调换车辆的。比方说准备拉石子，他就会购买 6.8 米的车型；要去运生猪，他就换成 9.6 米的高栏；跑长途拉零担，他就买挂车；近两年挂车生意不好做了，他就又把挂车卖掉，再换成 9.6 米的高栏继续运输生猪。（TSC – CDY 访谈录）高安卡车司机就是如此循环往复，频频换车的。

（七）债务负担

高安卡车司机的状况也从一个侧面证实了，中国个体卡车司机乃是当今社会一个最大的负债工作群体。[①] 购车固然使得个体卡车司机有机会掌握自己拥有的生产工具，但同时也使他们背上了沉重的债务负担。以现时情况而论，购置一辆卡车多半需在 24 个月内偿清全部贷款，而排放标准迅速升级又往往使得贷款尚未偿清，车辆业已过时，更加重了还贷司机的负担。

不过从债务结构上看，"70 后""80 后"的老司机群体与"90 后"的新司机群体却大为不同。老司机负债通常只限于购置卡车的贷款，在反复购车过程中，每次购车都会形成一笔新的贷款，甚至旧债未清，新债又至，源源不断，未有止息。老司机们就常年在此种债务重压下劳作和生存。（参见 TSC – CLM 访谈录、TSC – CDY 访谈录）

但是像小陈师傅这样的"90 后"新司机，其债务结构就大相径庭了。小陈师傅肩负三种贷款：购置卡车的贷款、购置小车的贷款以及房贷——他于 2020 年在高安市内高层住宅区购置 140 平方米住宅一所，现全家都已迁入。我们替他算了一笔账，他现在每月需偿还卡车贷款 17000 元，小车贷款 5000 元，房贷 5500 元，总计高达 27500 元。而他每个月的运输收入，在最好的情况下也只有 20000 元。即使加上他爱人的工资也不够还贷。同时，他还有两个小孩要养，还有一家人的日常生活开销，更何况短途运输还有淡旺

---

① 参见《中国卡车司机调查报告 No. 1》，北京：社会科学文献出版社，2018。

季之分。淡季时就只有在家暂时歇业，没有进项。他将如何还贷呢？小陈师傅告诉我们，他主要是靠他的父母帮助还贷。他的父亲是个老司机，现在已经改做二手商用车生意，每年约有三四十万元收入。现在就是他的父亲在帮他扛起各种债务负担。小陈师傅理直气壮地说："'90后'过日子，谁不依靠家里呢？"（TSC – CB 访谈录）

四 货运劳动

（一）信息搜寻

找货无疑是高安个体卡车司机货运劳动的开端。2000 年以前，高安卡车司机大多都是到城里的"信息部一条街"找货，那里曾汇聚了上百家大小信息部。据说当时的"信息部一条街"包括一大排正式门店，有 58 家规模较大的信息部入驻，后来在门店前的广场上加盖一排棚房，又有 22 家信息部入驻，此外还有零设摊位。（XXB – WXH 访谈录）当时的高安卡车司机们就主要去那里找货。每天早晨，"信息部一条街"上人头攒动，熙熙攘攘，到处都是询问信息和讨价还价的对话。黄先生描述了当年的找货过程。

> 那个时候，每天早晨吃完早饭就到"信息部一条街"转转。这里早就被找货的卡车司机们挤得满满的。每个信息部的货源都用粉笔写在小黑板上，悬挂起来供人查看。司机们一旦找到合适的货物，并通过联系货主知晓了装卸货物的地点后，付给信息部 100 元信息费，找货即告完成，就可以去拉活了。（TFQM – HJL 访谈录）

久而久之，大部分高安卡车司机都会形成自己的固定客户，这就大大减轻了对信息部的依赖。这也是 2010 年后，基于互联网的车货匹配平台的兴起会对信息部形成致命冲击，而对老卡车司机的影响却要小得多的主要原因。有意思的是，即便是在今天，这些老卡车司机也很少像年轻人一样主要在货运平台上找货，他们至多也只是在迫不得已的情况下，上网为回程车找点"保本货"而已。他们主要的收入基本上依靠固定客户。

（二）货物类别

高安卡车司机所运输的本地货物大体可以分为三类。第一类货物是本地农畜产品，包括大米、木材、竹材和生猪等。高安是个农业大县，水稻产量高，山里盛产木材和竹子。此外，高安农户还很会养猪，这里还是养殖业重镇。所以在早期，高安外运的主要就是这类本地农畜产品。就是在当下，当高安卡车司机奔赴外省跑长途运输，他们出发时往往也是装满本地农畜产品，先行运往四面八方。

第二类货物是陶瓷制品。2000 年后，广东佛山的陶瓷产业大举转移高安，推动高安建筑陶瓷业产生了爆发式大发展。十年过后，高安建设的陶瓷产业基地就已有五十多家规模企业入驻，陶瓷面砖年产量达八亿平方米。建筑陶瓷是高安卡车司机外运的第二类重要货物。

第三类货物是各种煤炭、矿渣、砂石料。高安的煤储量较为丰富，原煤年产量在 21 世纪初一度达到百万吨，不过自 2016 年起随着国家化解煤炭过剩产能的决策部署，至 2020 年高安 22 家煤矿已全部关闭。此外，高安 HB 镇有成规模的砂石厂，隔壁的丰城市等地有煤矿、钢铁企业。这些厂商生产的石子、煤炭、铁粉等也成为高安卡车司机运输的一类主要货物。不过，这类货物运输主要是跑省内，而不像前两种货物要运出省外。

（三）长途运输

TS 村的老司机陈师傅在二十多年从业过程中长短途运输全都跑过。有一段时间，他听说开挂车挣钱，于是就凑钱买了一部半挂车开始跑长途。他跑长途运输的路线如下：出发后先到奉新装上百货。奉新离高安差不多一小时车程，当年是江西的服装产地。然后第一站跑到杭州柯桥，卸下百货装零担，也无非是些小食品、小塑料制品等；第二站再跑到昆明，在此卸下零担装蔬菜；第三站跑到海南，到海南后卸下蔬菜装水果；再运到杭州，这是第四站。到了杭州，他一般会跑回家待一天，然后重新开始接续这一行程。他说那时跑这么一圈四站，一般需要六七天时间，遇到道路拥堵时，甚至要用去十天。早期没有高速公路，全靠跑国道。后来有了高速公路，但路桥费价格不菲。故除了拉"绿通"即蔬菜水果等可免高速路桥费的货物外，他基本上不敢跑高速，都是跑国道。他说在跑过的国道里，320比较好跑，323则质量稍差，路面常有积水未能及时排出，跑起来就显得路滑。而且为了避免堵车，他常常得夜里上路跑车。（TSC - CDY访谈录）陈师傅的长途货运路线并非个例，在我们访过的卡车司机、中小汽贸物流商当中，许多人都跑过相似路线。小陈师傅告诉我们，他父亲当年也是跑长三角至云贵川一带的长途运输，但当他自己成为卡车司机后，他只跑省内短途运输。（TSC - CB访谈录）这里已可看到一个明显的代际区别。

（四）运输生猪

在所有的长途运输中，运送生猪等活物是比较特殊的过程。到2019年，看到运价低迷，挂车已挣不到什么钱，陈师傅就卖掉开了两年的解放J6L挂车，换了一辆9.6米高栏货车改拉生猪。那时全国正闹猪荒，生猪成为各大中城市的紧俏货物。据说高安人善于养猪，曾把高安建成远近闻名的生猪基地，后来又跑到南北各地经营生猪生意，一时间可称"高安猪贩满天下"，故使得运输生猪成为高安卡车司机的一档特殊生意。

不过，随着近年来养猪业的"南猪北移"，到2019年，陈师傅运输的已不是高安的本地生猪了。他运输生猪主要跑两条路线。一条是先到昆明，装上生猪后再运送到广州。另一条是先到河南再到广州，这也是他目前正在跑的路线。陈师傅说运输生猪是件非常麻烦的工作。首先要把生猪从猪场赶上猪笼，二三百斤的猪，一个猪笼可装3头；一百斤左右的猪，一个猪笼可装4头。猪笼并排摆放在车厢里，每侧可放置五个猪笼，再摞上三层，故一辆车共计可拉90头左右的生猪。运输途中伺候生猪是为大事。若时逢夏季，在装车前和路途中不仅需要喂水，还需冲水降温。一般是在装猪地点水冲一次，路途上每隔两小时水冲一次。若在春秋两季则可简化到白天水冲两次，夜里水冲一次。但就是这样细心呵护，途中也难免有猪病亡。这类成本当然由请他拉猪的老板来承担。

伺候生猪固然麻烦，但并不是最为紧要的事情。最紧要的是等候检疫证。陈师傅说，有时在夜晚装好生猪后还不能立即上路，而要在昆明高速公路路口附近等候老板来送检疫证。没有检疫证断乎过不去高速公路卡口。据陈师傅说，云南的检疫证分 A 证和 B 证两种。A 证可以出省，B 证则只限于省内。运猪司机们需等老板送来 A 证并在卡口安排妥帖后，接获电话通知才可上路。从昆明到广州需路经湖南省界，湖南的动检工作已十分严格，没有检疫证不许通过，遑论广州。总之，若无检疫证，生猪运输寸步难行。

当然也有车已装好而检疫证尚未办妥之时，那就只有静候大祸临头了。据说前两年昆明曾进行过一次突检，在高速公路卡口外查扣了 200 余辆满载生猪而尚未办妥证件的卡车。处理方式是将所有生猪经过抽血检疫证明无恙后，就地宰杀出售，贩卖价格则与运到广州后的价格差别甚巨，低了许多。那一次使得一大批老板血本无归，甚至倾家荡产。

生猪运抵广州，卸下后就要清洗车辆，冲掉遗留在车上的猪粪之类秽物。运猪卡车有时就在下猪场地清洗，进场后先交费，卸完猪后排队清洗；有时则到猪场外寻找地方清洗。车辆清洗干净，才能继续找货拉货。若在广州找到的货物是零担，则装车也需一定技巧，重货抛货的摆放皆有定规，一如我们在《中国卡车司机调查报告 No.2》"装卸工"部分的描述所示。

总起来看，运输生猪比一般跑长途的收益要大，所以迄今为止陈师傅还是一直在运输生猪，似乎还未到需要再次卖车、买车，改换运货的时候。（TSC – CDY 访谈录）

（五）运砂石料

砂石、矿渣、铁粉一类货物的原产地，多半都在高安附近，用户也多在省内。所以运送砂石料基本上都属于短途运输。前述"90后"卡车司机小陈师傅就是专拉砂石料的，他每日的运输线路是从高安 HB 镇装上石子送到新余，再从新余拉上铁粉送到南昌，然后再从南昌拉上河砂往回走。（TSC –

CB 访谈录）TS 村六师傅眼下的主要生计是从高安 HB 镇装石子送到南昌的搅拌站。这些都属于砂石料短途运输的范畴。不过，运送砂石料难免超载——按照六师傅的说法，不超载就挣不到钱。在当前严厉治超的情势下，为了规避检查，很多运送砂石料的卡车司机干脆就不走高速而专跑国道了，并且专门跑夜路。此外，为了逃避查车还开发出一个新职业，那就是雇人在国道上的若干重要关口望风，专门向超载车辆的卡车司机通报执法队动态，使他们得以避开。六师傅说，"这些通风报信的人不是白干，我们都要给他们一定的报酬，从每月四五百元到上千元不等"。（TSC－CLM 访谈录）

（六）工作时长

卡车司机的工作与生产线上的工人截然不同。由于公路货运劳动的特殊性，他们的工作时长无法按照严格的 8 小时工作日来衡量。在高安，谈起长途卡车司机的工作时长，都是按照"拉一趟活"的用时来测度的。老司机陈师傅从河南拉猪送往广州，他说到河南猪场一般都是从高安放空车过去，需连续行驶 800 多公里路程。他一般都是于晚上九十点钟出发，到第二天凌晨五点抵达。这样算来大概需要连续行驶七八个小时，若无副驾就需抵达后才可休息。待装好猪笼，晚上出发奔赴广州，约 1300 公里路程，跑高速公路约 15 小时可达。途中亦是如此，有副驾可以人歇车不停，轮班休息，若无副驾则须择时停车休息。由此可见高安卡车司机的"按趟计时"的工作时长特征。（TSC－CDY 访谈录）

（七）成本收入

高安卡车司机在公路货运市场上面对的主要困境有二：一是运价下滑，二是成本上扬。两者相加，造成司机收入大幅下降。这与全国卡车司机面对的困境并无二致。先说运价下滑。近年来，陈师傅拉猪的案例就清楚地表明了运价下滑的趋势。2019 年，陈师傅从昆明往广州拉猪，明码标价运费每公里 12 元。后来又变为按趟议价，每趟运费总额可达 2 万元。除掉烧油、路桥等费用，净收入可达 1 万元。设使每月可跑三趟，那么纯收入即可达 3

万元。陈师傅现在还在拉猪，但运价已下降了一半，他说仅仅两年光景，现在跑一趟车最多只有 5000 元的纯收入。（TSC - CDY 访谈录）据高安卡车司机反映，无论运输什么货物，现在的运价较之先前，都跌了差不多 1/3 甚或一半。FHQM 的冷先生说，"原来规定的吨/公里运费为四角钱，现在我们不到三角钱就拉"。可见运价下滑之大。（FHQM - LBH 访谈录）再说成本上扬。高安卡车司机反映，现在的路桥费、汽油费等全线上涨。2020 年实行"按轴收费"新政导致卡车司机尽量少跑高速公路，大都涌向国道。国道上车辆众多，行驶不畅，又提升了运输的时间成本。万一出了事故，那可就真得把老本都赔进去了。至于油费状况，我们将在后面"加油站"一节叙说。这里只要说明路费油费一体上涨即可。

运价下滑，成本上扬，双向压力挤掉的是高安卡车司机的收入。据我们测算，在有货可拉的旺季，高安卡车司机的每月纯收入可达万把块钱及以上。这个收入水平与我们在 2018 年测算的我国个体卡车司机年度平均纯收入在 10 万元上下的结果大体持平。横向来看，这个收入水平显然比普通农民工要高，但纵向来看，较之 2017 年及以前则至少降低了约 1/3。

高安卡车司机对此状况当然大为不满。如 TS 村的六师傅所抱怨的，"照这样下去，只能是赔赔赔，车子就不要开了。卖掉车子在家啥也不干或许还好一些"。（TSC - CLM 访谈录）这当然还只限于在嘴头上发发牢骚。实际上，个体卡车司机的议价能力低下，在偌大的货运市场面对价格波动可说是束手无策，只能听之任之。YHQM 的陈队长讲述的一段经历颇能说明这种状况。2009 年春节，陈队长因为车在昆明，生意不好，决意接着拉货而不回家过年。他于大年初一、初二两天躲在停车场里睡觉，初三开始找货。起初找到从昆明装冻菜运到武汉的一单活，开出的价钱是 750 元一吨。他嫌价低而拒绝了，继续在停车场等候机会。等到初六，价格又上涨了 250元，达到 1000 元一吨，他接了单就走。停车场内其他司机以为还会继续涨价，就在原地继续等候。结果初六过后附近司机全部出车，一个晚上就把停车场塞得满满的，价格也随之跌到 550 元一吨，令这些司机叫苦不迭。（YHQM - CZ 访谈录）由此可见，卡车司机在货运价格的大起大落面前无能为力，永远只能被动接受。

既然在一路下滑的运价面前无可奈何，有些卡车司机就会转而采取各种"机会主义"行为来降低成本。第一个"机会主义"做法就是超载。超载如果未被擒获，定可斩获不菲收益。六师傅驾驶的是一辆9.6米的解放卡车，自重11吨，核定载重约22吨。但若超载，载重量可以翻倍，这也就意味着收入翻番。当然这是在未落入交警、路政执法队之手的前提下。若一旦被"擒"，那就要交一笔数额巨大的罚款。六师傅说自己今年格外倒霉，已经数次被罚，每次罚款额度都几达两万元，故已损失数万元之多。（TSC – CLM 访谈录）降低成本的第二个"机会主义"做法是改烧"小油"。所谓"小油"是指从福建一带走私入境的成品油，以及"油耗子"们从公路上或炼油厂盗窃来的非正规油品。"小油"固然便宜，每升较之中石油、中石化的正规油品至少便宜1元，这一点我们在后面讲述"加油站"时还会详细叙说。不过，"小油"的缺点是混有杂质，经常使用会烧坏喷嘴。可见，高安卡车司机为降低成本而采取的这两种"机会主义"做法皆需付出沉重代价。

（八）伤病状况

长期的艰苦工作导致高安卡车司机中很多人病痛缠身。最常见的病痛包括腰肌劳损、上下肢疼痛、胃病等。冷先生现在做了FHQM老板，不再开车，但他年纪轻轻就患有腰肌劳损症，是跑车时落下的病根。更为严重的还有受伤。（FHQM – LBH 访谈录）YHQM 的匡先生在装车时不慎从四米多高的挂车车顶跌落下来，摔断了左腿，从此不得不告别卡车司机职业。（YHQM – KZ 访谈录）

五 车上生活

如"90后"小陈师傅那样专跑短途的司机基本上还可把工作和生活的界限划清，在跑车之余过上正常的家庭生活。但是如"70后"陈师傅这样专跑长途的老司机就不得不把其所从事的运输劳动和日常生活结合在一个三四米见方车头的狭小天地之中。这就是我们在《中国卡车司机调查报告No. 1》中所指出的：卡车司机在运输劳动过程中，生产和再生产过程融为一体了。

以高安卡车司机为例，他们行车中生活的特点从以下三个方面表现出来。第一个方面是吃饭。高安卡车司机经常说，他们和北方卡车司机的一大不同之处在于：高安没有"馒头车"。所谓"馒头车"是高安卡车司机对那些把妻子变成"跟车卡嫂"现象的戏谑称呼，意指卡嫂携带干粮上车过日子。按照黄先生的话说，高安卡车司机可以带老婆孩子随车游玩，但断乎不会让女人上车干活，遑论在车上烧饭。开车途中到了饭点，他们都是找饭店吃饭。（TFQM－HJL访谈录）

颇有意思的是，高安卡车司机恋乡情结似乎相当严重，即使在外跑车也要设法吃上家乡饭菜。因应这个需求，在高安卡车司机跑车较多的地段，例如到昆明、到上海和到广州的国道和高速公路边上，每隔一段路都会看到高安人开设的"高安饭店"，为司机乡亲们提供家乡饭菜。高安卡车司机非常清楚那些"高安饭店"的坐落地点。当他们行车途中将到饭点之际，就会预先打电话到前方某个"高安饭店"订上饭菜，备好饭钱。到了指定时间，饭店的伙计自会拎着饭盒站在道边等候他们到来。一俟抵达即在瞬间完成交接：饭钱交给伙计，饭盒提到车上，然后继续行驶，找到一个休息区或便于停车之处，停下车来享用美食。据说这是跑长途的高安卡车司机普遍使用的一个解决午餐的方法。（TFQM－HJL访谈录）

现在，在车上休息、睡觉已是非常简单的事情。特别是当卡车车头进到国四标准以上时，驾驶室里有铺位，有空调，颇为舒服。因此，高安卡车司机们通常都不会花钱去住旅店而宁可睡在车上。他们或许会到公路港的"司机之家"花钱开个房间洗洗澡，洗洗衣裳，但多半并不愿留宿于此而是回到车上休息，因为他们还需要看顾货物，还要防备"油耗子"盗油。

开车途中总有一定的闲暇时间，比如排队等候装货的片刻。这时若能碰上老乡，高安卡车司机们也难免玩几把小牌，挂上一些小注以刺激趣味，但多半不会演变成真正的赌博。总起来说，南北各地民众似皆嗜好棋牌麻将，此风在南方尤甚。唯独在高安，人们在平常时光打麻将牌的场景却似不多见。（TSC – CLM 访谈录）

可见，吃饭、睡觉、休闲构成高安卡车司机车上生活的三个重要方面。当然，他们过着这样的车上生活，多半也并非情愿，因为这同时就意味着他们离妻别子，远离父母，与日常家庭生活两相隔离。他们在出车时总是被迫过着与自己家庭聚少离多的生活。

六　天灾人祸

（一）遭遇天灾

卡车司机从事的公路货运劳动绝非平淡无奇，而是充满了风险。作为一种户外工作，自然界的季节变化和气候状况都会对卡车司机的工作和生活产生巨大影响。

在南方，夏季的暴雨经常引发各种灾害，困扰卡车司机。陈队长于2008年在云贵公路上就遭遇了因暴雨而造成的涵洞塌方事故，其时他正要驾车穿过一个涵洞，涵洞却被雨水冲刷垮塌，顿时石块四溅，眼见得一块巨石落在挂车上，险些砸毁车头，经过整整一天的抢救才修复通车。（YHQM – CZ 访谈录）黄先生曾驾车在湖南境内突遭冰灾。其时路面结了薄薄一层冰，过往的所有车辆均被困住，动弹不得。他的车被困了整整三天三夜。（TFQM – HJL 访谈录）此外，人们熟知的还有2018年冬季北方特大雪灾导致很多卡车司机被困在冰天雪地里，这里也包括高安卡车司机。所以，天灾是所有在途卡车司机不得不面对的难题。

（二）车祸事故

"卡车司机的命说没就没了"，说这话的艾先生是修理工出身，他见过太多的交通事故。（YTWL – AJJ 访谈录）在很多情形下，道路交通事故会带来人命伤亡。2000 年的某晚，王先生驾驶自己的 9.6 米的高栏车运输生猪。在 105 国道行至从吉安到遂川、赣州路段时，王先生将车停靠道边，因为猪场老板要检查生猪状况，而王先生要下车方便，此时一辆卡车突然从后面猛撞上来，与王先生的卡车发生追尾。王先生说：

> 他追尾，撞到我的车尾巴上。那个司机肯定是疲劳驾驶睡着了。那是一个双排座跃进卡车。好惨啊，司机和货主两个人坐前排。司机当场死亡，货主断了两个脚……撞上后，我的车被惯性推出去 12 米……好险！（CHWL – WH 访谈录）

这种伤害人命的大事故屡有发生。ZTWL 的熊先生入行较早，深谙内幕，他判断高安每年都得死伤几十个卡车司机。（ZTWL – XSG 访谈录）此外，行车途中发生各种小事故更是数不胜数。2020 年夏季，老司机陈师傅有一天夜里就出了事故，开车不慎撞了公路桥。他说："当时也是正在大热天，广州那个地方又热，晚上又比较吵，自己也没休息好，在路上就有点打瞌睡，结果撞到公路桥上，把一个轮胎搞掉了。"好在事故不大，结果只是换了个轮胎，桥面少有损伤，赔了 1000 多元。（TSC – CDY 访谈录）

高安卡车司机常常提起，在他们行车的国道上，有两个地方特别危险。一个是湖南岳阳到平江桥之间的"湘北第一线"，那里有一个大下坡路，经常会出事故。2008 年，陈队长就在那里出过一次大事故，他说：

> 我知道那边有个大山叫"湘北第一线"，有个好大的坡，我特别注意加了水，因为走下长坡，淋水器一定要到位，以便持续降温，刹车才灵。但走到下坡路上，我忽然发现没水了，两个水箱的水不知道怎么回事，全部漏完了。我的车子连人带货应该有八十多吨重，下坡时速度加快，差不多有一百码的速度。没有水，刹车失灵，车子发烫，发动机最终因转速过高炸掉了。我也把控不了方向了。眼看车子快要冲出道路，刚好前面有一堆修路的沙子，借沙堆挡了一下，缓冲

一把才停下来。要不就真完蛋了，那么快的速度，路下面就是悬崖。（YHQM - CZ 访谈录）

另一段险路则是在云茂高速上有一段长约 27 公里的下坡路，驾车经过也常是险象环生。如陈队长所述，要想安全地经过长下坡路，就必须把淋水器装满，不停地给刹车降温。因为车辆下坡，速度极快，车轴高速转动而易于发热，必须淋水降温才能保证刹车正常运作。2021 年初，TS 村的六师傅有一次经过这里，不知淋水器为何被放光了水，下坡时车速飞快，根本刹不住，也把控不了方向，他不得不跳车逃生。所幸车子后来撞上路边巨石停了下来，车受损伤而人命无虞，也算是有惊无险。（TSC - CLM 访谈录）

类似这样的车祸事故，从业时间较长的高安卡车司机大多有所经历。这类事故的频频发生表明卡车司机的劳动过程充满巨大风险。

（三）碰瓷盗窃

高安卡车司机跑车在外，碰上的难事远不只上述那些天灾和事故。他们还经常遭遇各种人祸——行车途中碰到各种碰瓷、偷盗和讹诈。曾有从业多年的老司机把卡车司机群体比作"唐僧肉"，说"谁看到了都要咬一口"，这里"要咬一口"的就包括了那些盘踞在公路和货场周边，时刻准备向卡车司机下手的盗贼们。

对卡车司机而言，丢失手机或钱包都还算不上什么大事。黄先生在南宁拉货，停车出去吃个早饭的工夫，车窗就被砸了个大洞，放在驾驶室里的手机被人偷走。黄先生说，几乎每个在外跑车的高安卡车司机都遭遇过这类盗贼的光顾。只要丢失钱物不算太多，他们也就隐忍不表了。毕竟抓紧时间赶路送货才是最要紧的。

遭遇碰瓷讹钱是另一类人祸。黄先生跑长途时多次遭遇此类碰瓷讹钱的事件。例如，有一次他送货到广州，在京珠高速湖南段被一个粤 B 牌子的三菱吉普硬拦下来。从吉普上下来三个人，硬说黄先生的挂车刚蹭了他们的吉普，要求赔偿 2000 元。黄先生是老司机了，驾驶技术一流，自付若真有剐蹭，自己必会知晓，如何会在不知不觉中出事呢？遂与那三人争论起来。当时幸亏黄先生的车上还搭载了三位到广州办事的老乡，也算人多势众，吉普上的三人不敢过于蛮横。经过几番理论，最后付给他们六百元了事。到了高速公路出口，黄先生碰到一位同村老乡向他借钱，说是身上的现金共计2600元，刚才全被一辆粤B牌照三菱吉普上的人讹走了。黄先生这才明白，那辆粤B吉普及车上三人，其实就是一个专门在公路上碰瓷、讹钱的团伙。

更为危险的则是有组织的盗窃，此类活动跡近抢劫。TS村的六师傅有个经验：在云贵一带开车爬坡时需格外小心。当你的重车爬坡之际，车速本来就慢，你可能会经常看到前面突然出现一个破旧车辆，比如说破旧工程车，成心在你前面挡路，压着你的速度，不让你超车。这时你就要特别警惕了，因为很可能后面就有盗贼攀爬上车偷货。据他说，在云贵一带拉货，凡到上坡路段，自己车上都要把副驾安排到后面的挂车上看货，以防窃贼偷抢。

总而言之，我们从高安卡车司机嘴里虽未直接听说偷油事件，但遭遇碰瓷、偷盗货物的事件却屡有耳闻。运输过程中遭遇的天灾人祸给高安卡车司机的心境造成了巨大压力。

七　前途展望

近十年间，高安卡车司机的社会地位可说是直线下降。20世纪90年代到21世纪最初10年，高安卡车司机因挣钱多，来钱快，见多识广，故社会地位甚高。JCSC的郑先生曾经回忆说，他虽说长得其貌不扬，但当时找对象、说媳妇，还曾经左挑右挑，"因为卡车司机挣钱多啊"。（JCSC－ZWP访谈录）现在可是大相径庭了。YHQM的匡先生说，在高安，卡车司机"以前叫师傅，现在叫车夫"，他给我们念过一个顺口溜："有女不嫁开车郎。"（YHQM－KZ访谈录）这与郑先生娶妻时代的差别何其巨大！

那么，高安卡车司机的职业前景究竟如何？从现状判断，可以看到高安卡车司机的四大前景。

（一）成为老板

第一个前景是经济社会地位向上流动，成为中小汽贸物流公司的老板。实际上，全高安 3800 家中小汽贸物流公司的老板绝大部分都是从卡车司机转化而来。变成老板似乎是高安卡车司机的最佳前景。不用说，并非所有卡车司机都可变成老板。以 TS 村为例，村里九成以上的男青年都开过卡车，但只有 1/10 的人成为老板。（TSC－LJX 访谈录）此外，要开办一家公司还需要各种各样的条件，其中也包括人性的特点。在我们访谈老司机陈师傅时，他就直言他因性格不够狠辣，所以变不成老板。他觉得自己就是一个永远当车夫的命。（TSC－CDY 访谈录）

（二）转为他雇

第二个前景是从自雇转为他雇。市场疲软，养车不易。很多高安卡车司机已经把自有卡车卖掉，转而去给公司或车队打工。转为他雇的好处就是不用再费心费力地找货，每天只需专心驾车就已足够。实际上，在高安持有 B2 驾照的他雇卡车司机，月收入一般可达 8000～10000 元。若有 A2 驾照，则收入会更高。这个收入水平丝毫不低于个体车主，所以转为他雇是高安卡车司机的又一个重要职业前景。（参见 JBWL－JZ 访谈录）老司机陈师傅所在的自然村，村内卡车数量已经只有顶峰时期的 1/10，绝大部分自购卡车、养车、跑运输的司机们都变为他雇了。（TSC－CDY 访谈录）

（三）专营短途

第三个前景是放弃长途货运而专营短途运输。不难发现，短途运输无须超长时间驾驶，晚间可以得到很好的休息。而且拉短途基本上都在家门口，也无须长久背井离乡，方便回家照顾妻小。像小陈师傅这样的"90后"新司机，一上手就是专拉短途，因为他们不愿如父辈那样长久离家。而像 TS 村的六师傅这样的老司机，也因为长途货运越来越难，屡屡遭遇罚款等，终于心灰意冷，放弃长途运输行业了。他已于 2021 年 10 月转到江西九江，到彭泽码头拉短途了。曾经的"汽运第一村"——TS 村，80% 的卡车司机已转为跑短途运输了。（TSC – CB 访谈录、TSC – CLM 访谈录）

（四）歇业在家

第四个前景当然就是歇业在家。在高安各地，很多场合都可看到那些业已退休、归隐故里的老年卡车司机。他们失去了卡车人身份，却再也无力从事其他行业，就靠着跑车时挣得的一点积蓄勉强度日。

在《中国卡车司机调查报告 No.1》里，我们曾经概括出卡车司机劳动过程的五大特征：小私有者与劳动者二重身份的统一；原子化的货运劳动过程；货运劳动中生产和再生产过程的融合；男性气质特点；借助于智能手机和互联网的"虚拟团结"。在对高安卡车司机的田野调查中，前四个基本特征都得到了具体而微的印证。唯一不同的是，我们迄今未在高安卡车司机中发现自组织的征兆。据说著名的卡车司机组织"卡友地带"曾到此地动员，但是未获成功。造成高安卡车司机自组织不发达的原因无疑是一个有待进一步研究的课题。

第三章　中小汽贸物流商

起首之际，本节标题就有两处需要界定。第一，何为"汽贸物流商"？第二，如何界定"汽贸物流商"的规模？

先说"汽贸物流商"。我们在《中国卡车司机调查报告 No. 2》里曾提出"物流商"的概念，当时我们把在公路货运业中从事信息行业的那类企业，如南方的"信息部"、北方的"黄牛"等统称为"物流商"。这种笼统的称谓从全国公路货运业状况来看并无不妥，但放到高安的具体情境下就需要加以充实和调适了。

在高安，涉足公路货运业的企业数量众多，颇为复杂。如 JCSC 的郑先生所说，"在我们高安，每个企业都是六面体"，即都要做六项业务：卖新车、卖旧车、跑运输、做金融、做信息、做业务代办。（参见 JCSC – ZWP 访谈录）可见，严格意义上的物流仅仅标示高安各公司众多业务之中的一桩而已，称之为"物流商"已不能概括它们全部的复杂经营活动了。因此我们把"汽贸"加入进来。"汽贸"主要指涉车贸易，同时也关涉运输、金融和信息等方面。例如，买卖车辆就关系到公司挂靠，这就不仅与涉车金融发生联系，而且挂靠司机多半还会承接公司派发的运输业务。因此，我们将"物流商"概念扩大为"汽贸物流商"，以反映在高安涉足公路货运业的那些公司的实际状况。

当然，高安的汽贸物流商彼此之间也还是有所区别的。它们往往各有侧重：有的重点是在贩卖新旧车辆，有的重点是在做物流信息，还有的重点是在运输拉货。我们在后面的分析中将做出一个简单三维分类，按照"物流信息"、"车辆买卖"和"车队运输"将之归类，而不是机械地遵循"六面体"的分类。

再说界定公司规模的标准。何为"中小汽贸物流公司"？其实这一划分规模的标准是高安本地人提出来的。按照"高安货运汽车产业基地管委会"一位副主任的说法，可以按照公司挂靠卡车的数量来判断公司的规模。在高安，挂靠车辆50台左右的公司有2600多家，挂靠50台以上至200台的公司有1000多家，挂靠200台以上至400台的公司有100多家，挂靠400台以上至800台的公司有10多家。最后，挂靠1000台以上的公司有4家。因此，我们把挂靠和自有车辆达到800台以上的叫"大汽贸物流企业"，把800台及以下的都叫"中小汽贸物流企业"。

我们将本章的分析定位在"中小汽贸物流商"的范畴内。由以上可见，在高安的3800家汽贸物流企业中，中小商户无疑是其主体。在我们看来，正是这些"中小汽贸物流商"构成了高安公路货运业发展的重大推力之一。

一　个人特征

总起来说，高安的中小汽贸物流商，其个人的社会人口学特征与当地的卡车司机群体高度一致。这也表明他们与卡车司机群体之密不可分的阶级关系。

（一）年龄与性别

从我们访问和接触的案例样本来看，高安的中小汽贸物流商在年龄上多属"70后""80后"，其中也有少量的"60后"，甚至个别"50"后，但鲜少有"90后"。也就是说，这个群体以年龄为四五十岁的中年人居多。

高安汽贸物流商的性别仍以男性为主，这一点与卡车司机群体大体一致。但也不是绝对没有女性。在我们的访谈对象中还是出现过一位女性的，虽然她说话不多，并且是跟着一位成功的男性汽贸物流商逐渐做起来的，但毕竟出现了一位女性。

（二）出身与学历

高安的汽贸物流商大多原系农家出身，这一点也与高安卡车司机群体一致。但他们中也有少许出身于乡村社会中的较高阶层。例如，HMWL 的 LNJ，父亲原为人民公社的干部；FHQM 的 LBH，父母则为乡村供销社的售货员。（HMWL - LNJ 访谈录、FHQM - LBH 访谈录）

在我们的案例中，这些中小汽贸物流商的学历以初中毕业为主。但也有人初中未毕业就去打工。在这一点上和我们调查过的卡车司机也无重大区别。

（三）家庭与子女

中小汽贸物流商的家庭结构大多为核心家庭，经常是家中有一位全职太太操持家务，照顾子女，一般以有两三个子女者居多。很多人家的孩子已经长大，上了大学或业已参加工作。也有些人家的孩子还在中学读书。访谈中很少发现他们和自己的父母共居，有些人倒是和自己儿子及其家庭共同生活。中国南方乡土社会中传说的那种大家庭在这里不说完全没有，也似乎并不多见。

二　成为老板

高安中小汽贸物流商的共同特点就在于多为农家子弟，多为卡车司机出身。变成老板是他们个人生命史上一个关键性的转折点。但是他们之成为老板却各有各的特殊途径。所谓"好风凭借力，送我上青云"，从四面八方吹来的好风，造就不同的机缘巧合，促动他们社会经济地位上升，变成中小汽贸物流商。从下面五个故事可以看到他们变成老板的多种途径。当然，这五个故事并未穷尽他们变成老板的全部可能，而只是力图展示他们变成老板道路的多样性。

（一）李先生：被拉入伙

HMWL 的李先生是 1968 年生人。虽说高安的汽贸物流商大多是农家子弟、卡车司机出身，但李先生是个例外。他的父亲是转业军人，后来成为当地一个公社干部，因蒙受冤屈被贬回乡，以务农为生。李先生兄妹四人，他自己排行老三。他初中毕业没多久，农村开始实行家庭联产承包责任制，李先生的父亲就让他回家种田了。那时，李家承包了约20亩地，包括10亩旱地和10亩水田。李先生在田地劳作十分辛苦，夏季曾在40℃的高温下收割水稻。后来，李先生到处凑钱，买了一辆手扶拖拉机，那是村子里第一件可以跑路的机械。他帮助村民们送公粮、拉化肥，借此收一点脚钱。后来，因为开车时不慎撞了小孩，出了事故，他索性把拖拉机卖掉，跑到厦门长期打工。因为他会驾驶拖拉机，所以学习和掌握驾驶卡车的技术也颇为快捷。他在厦门先是给别人开卡车，后来又去开出租车，再后来就东拼西凑，花了60万元买了一辆个体牌照的出租车。李先生还在厦门买了房子，把老婆孩子都接去，本来打算在厦门过一辈子了。此时他的堂妹夫开办了HMWL，看他为人老实，就邀他回来参加。李先生思前想后，觉得还是回到家乡，做个企业比打工要强。于是他卖掉了出租车，回到高安，拿出25万元投资入股，进入HMWL，开始了他在汽贸物流行业的生涯。（HMWL‒LNJ访谈录）

（二）黄先生：合股经商

TFQM的黄先生从卡车司机上升到小老板碰上两个契机。黄先生曾经当过17年的卡车司机，走南闯北，长期在外跑长途运输。6.8米的尖头解放汽车，9.6米高栏货车，13.5米的半挂，他几乎什么车都开过。2016年初，与他合伙买车和驾驶的那位师傅提出拆伙卖车，说是准备去广州打工了。合伙人要求拆伙是第一个契机。恰逢此时，黄先生学车时跟随的第一位师傅来找他，劝说他不要继续开车，建议他跟自己一起做二手商用车生意。其时在高安，从YX镇起源的二手商用车买卖正方兴未艾，黄先生的师傅初试牛刀，已颇有收益。这是第二个契机。两个契机促使黄先生拆伙卖车，用卖车款加上积蓄共计20万元，与其师傅投入的20万元一起，作为本金注册了TFQM公司，转行做起了汽贸物流公司的小老板。（TFQM‒HJL访谈录）

（三）匡先生：因伤转行

YHQM 的匡先生从 15 岁开始驾驶卡车跑运输，干了 20 多年的卡车司机。他之所以变成物流汽贸行业的小老板，是因为他于 2009 年在浙江萧山装载零担配货的时候，不慎从 4 米高的车顶跌下来摔断了腿，因伤而无法继续开车，所以凑了本钱转行进入汽贸物流行业。（YHQM – KZ 访谈录）

（四）艾先生：汽修出身

YTWL 的艾先生情况比较特殊，他并不是当卡车司机出身，而是做修理工出身。1996 年中学毕业后，他即前往广东打工。在广东混迹多年，深感无技术之苦，于是跑回高安老家，想学点修理卡车的技术。彼时高安市内有个 ELL 车队修理厂，属于国企性质。艾先生托人介绍，手提"束脩二礼"——80 斤米、50 斤油，跑到那里求师傅。当时他的师傅只带了两个徒弟，一个是自己的亲儿子，另一个就是艾先生。到 2000 年出徒，掌握了基本的修车技术后，他就和那位师弟凑钱买了套工具，还租了门面，开始单干。据说他的修理门市部是高安的第一家私营修理门市部。艾先生回忆道，他那时做修理工非常艰苦，为便于接活把门市部开设在 320 国道边上，不管白天、黑夜，有活就接，立即开干，工作服上沾了一层又一层的机油，坚硬厚重，宛如披了一层铠甲。据艾先生说，那时的卡车质量不佳，6.8 米和 9.6 米的车，多用 YC 发动机，那种发动机水温高，极易发热。因此需要经常维修，他揽到的修理生意相应也为数不少。后来通过修车攒下本钱，他就去投资各种各样的买卖，倒腾过煤炭，也卖过瓷砖。后来到广东揭阳办了个信息部，专门给高安卡车司机寻找回程货。到 2006 年，他在外经营的投资全部失败，唯一挣钱的就是那个信息部。于是他下决心回到高安，办了 YTWL，开始专心致志地做物流了。（YTWL – AJJ 访谈录）

（五）冷先生：集腋成裘

FHQM 的冷先生于 1983 年出生，是高安汽贸物流商中的小字辈。冷先生也是一个从很小就开始跑外拉货的卡车司机，他最初是驾车跑广西和云南送猪拉货。谈起当司机时的生活，冷先生对那时的卡车质量不佳有特别深刻的印象，他说送货到云南德宏，跑上下长坡道时经常出现刹车失灵、抛锚停车的事故。冷先生在 2003 年凑钱贷款，买了第一辆 9.6 米的解放卡车。到 2006 年，他看到高安很多人开始买卖二手商用车，于是自己也想尝试一下，没想到一试成功，从此一切都顺风顺水。于是他通过买卖二手商用车赚钱，然后加上贷款去购买新车，雇人驾驶，慢慢地把家业做大了。但是他直到 2014 年才正式注册公司，现在已成为拥有自有车辆 20 辆、挂靠车辆 200 辆的小汽贸物流公司了。(FHQM – LBH 访谈录)

以上五个故事并非企图穷尽高安中小汽贸物流商的全部出身，只是意在表明其来源的多样性。多半起自农家，多为司机出身，是其主要的共同点。但除此之外还有其他途径，比如来自修理工的艾先生，以及某些偶然因素作用的结果，例如因伤不能再做驾驶工作而不得不改行的匡先生。当然，最主要的还是以冷先生为代表的类型，从做司机开始逐步积累财富，慢慢上升成为汽贸物流商。

三 物流信息

我们在前面曾经提到，有人把高安境内全部公司界定为"一个六面体"，即承担着六项基本的任务。这个说法也曾获得许多汽贸物流商的赞同，可以说反映了高安汽贸物流商的基本状况。但是这个界定仍然有其局限，即分类过于琐细，不易把握根本。实际上，若从高安各汽贸物流商的主营业务上着眼，就可发现他们实际上各有侧重。因此，我们根据高安汽贸物流商各有侧重的主营业务将其分成三个基本类型：第一个类型以物流信息的经营运作为主，第二个类型以组织车队运营为主，第三个类型则以新旧车辆买卖为主。前所提及的其他业务如涉车金融、代办业务等都涵盖于这三个基本类型之内，或与之直接连接。所以自此伊始，我们就按照这三个基本类型来描述高安的中小汽贸物流商的基本特点。

（一）主要特征

高安中小汽贸物流商主营业务的第一个类型就是经营物流信息。此地以物流信息为主业的厂商有一个突出特点，就是他们基本上没有自营车队，或是只有少量自有车辆以备不时之需，因此本身并不直接掌握成规模的运力。例如，虽说 HMWL 的李先生手里也有三五辆自营车辆，但多半是做拾遗补阙之用，绝非主体运力。这类汽贸物流商的运作形式，往往是在拿到货物信息后，在车货匹配平台上寻找车辆和司机，议定运费，签下合同，以完成货物运输。随着大多数高安汽贸物流商的经营重心逐渐转向汽贸，这一类以物流信息为基本经营内容的公司正在日渐萎缩。

（二）两大类型

在物流信息经营中，实际上又可以分出两个基本类型："专项物流"和"普通物流"。"专项物流"指的是专门运输某一种商品，例如李先生的HMWL 就是专门运输高安的工业陶瓷制品，将之送往全国各地。"普通物流"所运输的货物则内容芜杂，从整车到零担，往往包括所有需要运输的货物。细分起来，"普通物流"中又可区分出"专线物流"，即物流公司使用自己的运力，专门将货物送往专线目的地。在我们的案例中，早期的武先生及其信息部大体可说代表"普通物流"，李先生的 HMWL 则代表"专项物流"。

武先生是本地第一代信息部的创立者和经理人，大名列入县志，至今赫赫有名。但随着互联网平台的崛起和信息部的衰落，武先生自己也认定"无力回天"。实际上他早已放弃了门店经营模式，而且由于他本人长期在贵州给儿子帮忙，所以实际上他已脱离了本地的公路货运业。他的全部业务运作已浓缩到一部手机里。偶尔找到一单物流信息，他就去找熟悉的司机，或者干脆在平台上找车，完成这一次的货运任务，他则从中按照规定抽取信息费。

李先生是 HMWL 的法人代表、总经理。在高安，HMWL 属于搞专项物流运输的那类物流公司——专运高安的陶瓷制品。HMWL 显然非一般信息部可比，而是具有一定资本、成规模、有建制的正规厂商。以下我们即以李先生及其 HMWL 为例，具体说明这一类以经营物流信息为主业的汽贸物流商的特点。

（三）经营特点

高安的陶瓷产业主要坐落于 XJ 镇一带，素有"釉面砖王"之称，产量巨大，有如前述。每日，高安均有大量陶瓷制品需要运输到江西省内外，随之也产生了很多专门运输陶瓷产品的专业物流公司，HMWL 即为其一。

据李先生介绍，HMWL 每年均与多家陶瓷工厂签订运输合同。签订合同以后还要向厂家支付押金。"每个厂都得有押金，10 万元、20 万元不等。最大的一个厂押金为 160 万元，等于帮助陶瓷厂融资了。"（HMWL – LNJ 访谈录）押金作为物流活动不至延误工厂生产的承诺，增强工厂的信心和合同的效力。押金可以不计利息，但须在解除合同后由厂方返还。不过，押金制度也会给汽贸物流商带来巨大风险。在合同执行期间，万一其所抵放押金的陶瓷厂破产倒闭，押金就会相应受到损失，往往不能全额返还。HMWL 就遇到过这样的倒霉事情。（HMWL – LNJ 访谈录）

（四）人员结构

在 HMWL 中，除了固定的两三位财会人员外，全部雇员被划分成两部分。一部分是调车员，专门负责得到货源信息后，在平台上寻找运输车辆。这部分人的工作位置在 HMWL 本部。另外一部分是驻厂员。驻厂员在人事上归 HMWL 管辖和发放薪水，但上班地点在定点陶瓷厂，在陶瓷厂的办公室里放置一张办公桌，驻厂员就在那里以最为快捷的速度办理运单，同时和公司里的调车员密切沟通协同，保证以最快的速度装车出厂。据李先生介绍，HMWL 的驻厂员和调车员加起来共有 30 人左右，除 5～6 位调车员外，余下的 20 多人均为驻厂员。由此表明 HMWL 的稳定客户至少在 20 个以上。

驻厂员的部分作用是"看住"老客户。但是碰到需要扩展业务，寻找新的客户对象时，李先生就需亲自出马。在 HMWL，与新客户的沟通和联系都是老板的独家权利，据说这样做的好处是把与客户厂商的关系从一开始就掌握在老板手中，避免出现由于驻厂员的跳槽而损失客户的可能。

（五）管理风范

HMWL 在管理上也有自身的特点。首先，老板事必躬亲，以身作则。李先生说，"我每天总是以身作则，第一个到公司，带动大家形成勤劳认真的作风"。（HMWL-LNJ 访谈录）其次，李先生还参加到驻厂员和调车员两个微信群中，和这些员工保持即时沟通，碰到难题时还可共同讨论，由此使员工增强亲近感。最后，也是最有意思的，是李先生居然还有一定的性别意识并运用到管理之中。HMWL 的驻厂员是男女都有，但是调车员基本上都是年龄在二三十岁的青年女子。李先生坚持说，女性特别适合在平台上和卡车司机打交道。这种考虑到性别和职业关系的管理方式，在高安并不多见。

（六）两类收入

所谓两类收入是指员工工资收入与公司盈利收入这两者。HMWL 员工的工资发放方式是底薪加提成。据李先生说，一般员工的基本底薪在每月2000 元左右，加上提成能达到3000 元至4000 元，班组长的工资稍高一些，月薪总计能够达到6000 元，这在高安已是一个说得过去的收入水平。对于优秀员工还有奖励，超额完成任务或表现突出的，到年底还会有千把块钱的奖金。李先生说，他总是按月发薪，从不延误和拖欠，而这也成为确保员工积极性的一个重要因素。

如前所说，李先生初入公司之际，投入本金 25 万元。随着其他股东的离开，他自己则不断地加大投入。现在 HMWL 大概已有 200 万元的本金。这些款项还不包括散落在工厂里的约"大几百万元"的押金。在疫情期间，HMWL 每年也有约 200 万元的收入，用于扩大再生产和股东分红。

（七）主要困难

在李先生看来，经营公司当然会碰到各种各样的困难，运费低廉、超载被罚、遭遇事故等都是当下面临的难题。但是，像 HMWL 这种以物流信息为主业的公司，最大的难题无过于司机和货物匹配失灵，造成脱节。他非常愤怒地指出，现在的车货匹配平台经常出错。比如说，他下的单清清楚楚，要求第二天早晨 7 点钟，有三辆半挂卡车到某工厂装货，但是平台却把单下成第二天晚上需要三辆半挂卡车。时间错位耽误了运输，也损害了 HMWL 的信誉。客户厂商要求罚款，李先生也无话可说。为什么会出现此种错误呢？李先生认为是平台有意为之。按照他的说法，他需要在平台上缴纳 1680 元，先行购买一个会员资格，在这个资格内约定可以发放 10600 个货单，无论成功与否都是这个额度。若超过该额度，则须重购新号，以便获得新的额度。所以李先生怀疑，平台操作人员成心搞错他所要求的时间，使得下单不成功，从而不得不反复下单，目的是尽可能地挤占 10600 件货单的额度，以便在满额后逼他购买新号。所以他对该车货匹配平台非常不满意，已向有关方面投诉多次。

总体来说，在高安，像 HMWL 这样以经营物流信息为主的公司，似乎已经不多。其原因在于，要做成这样的公司，就要维持客户，为此又有大笔资金被占压，当作押金投放到客户工厂；况且即使有了稳定货源，在平台上找车也不容易，运费越来越低，所抽取的信息费当然也日见减少。所以，这类业务常因油水不大而被人放弃。不过此种以物流信息为主业的公司，毕竟代表了高安汽贸物流行业的一个类型。

四　运输车队

（一）车队概况

运输车队是高安汽贸物流商的第二类主营业务。与主营物流信息、自己并不掌握实际运力的 HMWL 一类的公司不同，运输车队是具有自营车队的汽贸物流商。HMWL 依靠平台找车，而运输车队则表明其具有实实在在的运力。在高安，此类车队有大有小。小型车队或许只有三四辆车，而大型车队可以大到有上百辆车，例如挂靠 YHQM 的陈队长，他的车队里自有加上挂靠足有 200 辆各种型号的货运卡车。不过，在大多数车队，似乎基本上都是以自有车辆与合伙车辆为主，纯粹的挂靠车辆并非主体。（XXB - QZ 访谈录、YHQM - CZ 访谈录）

（二）车队结构

在高安，运输车队往往也会给自己冠以物流运输公司的名称。比方说 JYWL 的队长曲师傅，他的车队以半挂车为主，已经多少具有小公司的样貌：员工中有专门的会计和出纳、专职找货和调配车辆的人员。这些员工还兼任利用车载北斗监督司机运行的职责。所以曲师傅虽然只有 40 辆车，但其实已经是一个以自有车队为主体的小物流公司了。因此，信息部的老一代经营者武先生称曲师傅为"真正做物流的"。（XXB - WXH 访谈录）

（三）面对难题

按照 YHQM 的陈队长的说法，车队是越来越难经营了。（YHQM - CZ 访谈录）一个车队长要面对无数难题，首先是直接和卡车司机打交道的难题。当然，现在互联网发达，又有了北斗系统，对在途司机的监管能力极大地增强了。以前没有互联网和北斗系统时，对于在途司机实际上无法监管，至多是在从高安出发之前，让司机立于车头之前，露出牌照，用手机照相，表明此车货物由此司机驾驶于某年某月某时出发，以为凭证。现在则是坐在电脑前，甚至靠一部智能手机就可利用北斗系统随时随地监管这些司机了。

但是面对司机，难题还是不少。面对车队中那些合伙购车的卡车司机，车队长要帮助他们寻找货源、商谈运价、月结账目，还要由车队出面为其代办各种证照和保险。至于车队聘用的他雇司机，面对的难题则更是数不胜数。排在第一位的就是挂车司机短缺。如 FHQM 的冷先生所说，眼下合格的挂车司机尤其难找。按照国家规定，驾驶半挂车、挂车需要司机持有 A2 驾照。但现在大多数卡车司机的 A2 驾照都是从 B2 升级而来，并非真有驾驶挂车的技术。（FHQM – LBH 访谈录）因此车队长在招募挂车司机时就需要亲自出马，加以检验。首先是验查司机驾照；其次是核查其驾驶货运卡车的历史；最后还要实际检验其驾车技术，一般是验看其驾驶挂车的倒车技术。可见，确有能力驾驶挂车的卡车司机短缺是这些车队面对的最大难题之一。

处理司机违章和各种事故可谓排在第二位的难题。按照规定，车队内所有车辆若发生违章、事故，均要记在车队或公司账上，由老板负责。陈队长每个月都要去交管部门处理上百起各种违章并缴纳罚款。虽然各个车队也都不断对司机进行安全教育，但是效果并不显著，所雇司机还是违章不断，车队长为此疲于奔命。若是司机出了特大事故，那么车队长或汽贸物流公司老板的连带责任就更大了。2013 年，陈队长手下的一位司机因惧怕超载挨罚而加速逃跑，路政车辆在后紧追不舍，结果一直被追入市区，在一个公交站上将候车居民撞死撞伤达六人之多，酿成特大交通事故。处理结果是司机入狱服刑，陈队长被判连带责任，罚款 80 余万元。（YHQM – CZ 访谈录）JYWL 的曲师傅也碰到过类似的大麻烦。2016 年，他的亲戚给他的车队介绍来一位司机，后该司机在运货途中与他人车辆发生碰撞，至对方司机死亡。本来这已经是一起事关命案的大事故，而追查之下竟发现该司机的驾照是伪造的，于是罪加一等。司机银铛入狱，而曲师傅则因连带责任被判刑八个月，罚款 100 多万元。（XXB – QDZ 访谈录）

面对他雇司机的第三个难题，就是要应付他们年年提出的涨薪要求。一般来说，合伙制的卡车司机就不存在这类问题。合伙制司机与车队共同购车，共担风险，每月收入里还贷多少，管理费多少，个人收入多少，都弄得明明白白。他雇司机就不同了。他们往往不管车队营收情况如何，每年到春节以前都会出现一个要求涨薪的小高潮，给车队长造成巨大的压力。

我们在这里主要述说的是车队长面对卡车司机时的难题。至于公路货运业本身的环境，运输车队与个体卡车司机所面对的难题并无二致。货源少、运费低、油价高、治超压力、高速涨价、疲劳驾驶、排放标准……凡此种种皆如同困扰个体卡车司机一般，困扰着这些车队。例如，车队的车使用正规油品价格太高，推升成本；烧"小油"便宜，但是不仅毁坏机件，而且无法入账。车队长面对的都是类似的两难困境。是故经营车队，殊属不易。

（四）特殊车队

在高安，还有一种特殊车队需要提及，这就是专拉砂石料的车队。这种车队的车辆基本上都是大吨位的自卸车。这些年在整治超载中经常听闻的"百吨王"大多就出现在这样的车队里。不过，高安专营砂石料的车队有一个特点：往往是车队长或物流公司老板首先投资购买砂石原料，再由自家车队运送。这种先买料、再运输的办法不仅可以让车队长或物流公司老板赚到砂石料的若干差价，而且更能保证有货可运，可从中赚取稳定运价。车队长等可由此赚到双份收益。不过，眼下砂石料价格连续下降，已非昔日可比，先行购买砂石料已无利润空间，纯粹是为了保证自营车队有货可运，能够赚取运费罢了。

综上所述，我们认为运输车队是高安汽贸物流商的第二种基本类型。卡车价格不菲，因此这实际上是公路货运业中一种重资产运作类型。像曲师傅这样的小型车队，40辆半挂卡车的总资产就约有2400万元之多，而在国家日趋严格的环保标准压力下，排放标准的迅速提升带来资产折旧的巨大压力。高安的运输车队就在此种严苛的环境中艰难地运作、求生。

五　买卖车辆

（一）"汽车王国"

近几十年来，高安已成为闻名全国的公路货运业的中心之一。随着公路货运业的发展，高安也逐步变成一个各类商用车，包括货运卡车和工程车的交易中心，俨然一个"汽车王国"。国内那些最重要的商用车品牌如一汽解放、福田欧曼、陕汽德龙、三一重卡、江淮汽车等都在高安设立了销售点，聚拢了众多 4S 店为其推销产品。甫一进入高安地区，沿公路两侧就可看到不同品牌的崭新机车，成行成片、井然有序地排列在路边的停车场上，红黄蓝白各种颜色的车头在阳光下熠熠生辉。据统计，仅 2020 年一年，高安市新车交易量中，仅重卡交易量就达 29720 台，再加上半挂、轻卡等其他车型，新车交易总量约 50000 台。在旧车交易量中，重卡达 24810 台，加上其他车型，交易总量约 60000 台。而高安的大中小汽贸物流商合力经营着这一"汽车王国"。无论如何，新旧车辆买卖都是这些汽贸物流商经营事业中能够带来基本收益的项目。

（二）新车销售

在高安，销售新车乃是一种分层销售行为。分销商可分成不同层级。一级分销商往往是那些掌握大资本的 4S 店，他们可以凭借雄厚实力拿到独家销售经营权，例如高安著名的 HXQM 就是专营"一汽解放"的一级分销商，老板何先生手握数十亿元资产，公司办公楼有三层之高，底层是一个足有 200 平方米的接待大厅，气势恢宏。HXQM 雇用员工超过百人。在上百亩的停车场上摆放着大量待售的"解放"卡车车头。中小汽贸物流商则是在其之下的二级甚至三级分销商，它们往往并无自己的专用停车场，只是带领客户到 HXQM 这样的一级分销商的车场上看车。在高安，只有二级及以下的分销商才直接与个体购车客户打交道。由于高安所具有的汽贸物流中心城市的地位，整个中南部省份的购车者大多都会到高安来购车，近年来华北和西北地区的购车者也不少见。

购置新车的过程似较无新奇之处。一般程序是：购车者找到二级分销商表明购车意图，由二级分销商带领购车者到相关的一级分销商车场选车，选中后缴纳首付，再到指定金融公司由二级分销商担保办理贷款，签订各种缴费合同和办理相关手续，然后验车、提车、上牌。在高安购车要上高安牌照，所以高安牌照的货车可说是大江南北都可查见。总体来说，购置新车不确定性较少，可争议之处不多。经常引发纠纷的是在旧车交易上。

（三）旧车交易

旧车交易，或更为准确地说，二手商用车交易，在高安极为发达，实际上构成高安汽贸物流生意的一大特点。据说全国的二手商用车交易只有两个地方做的规模最大，一是山东的梁山，二是江西的高安。从中小汽贸物流商的访谈中也可看到，很多高安卡车司机走上经商之路就是从经营二手商用车买卖开始的。（FHQM－LBH 访谈录）黄先生从开车转行从事汽贸物流生意，起步阶段也是做二手车买卖。（TFQM－HJL 访谈录）

做二手商用车买卖的第一个步骤是收购旧车。高安中小汽贸物流商最初皆在本地收购旧车。如前述黄先生早先主要的收车地点就是高安附近的新余，后来才到了赣州。（TFQM－HJL 访谈录）只是在生意规模稍微做大以后，他们才逐步跨出省界，到外省收车。时至今日，高安的汽贸物流商收购二手商用车的足迹已经遍及南北方近二十个省区市。收购二手商用车也要求有很高的技术。好在像冷先生、黄先生等都是老司机出身，把车开上五六公里，听听发动机的声音，看看底盘，就基本上能够掌握车况。（TCJC－WCZ 访谈录）但是常在河边走，哪能不湿鞋，收购旧车当然也会有看走眼的时候，碰上这种事，汽贸物流商也就只能自认倒霉了。（YHQM－KZ 访谈录）

做二手商用车买卖的第二个步骤就是卖车。据黄先生说，他们卖车主要靠两手。一是靠互联网，二是靠人脉。前者是指把自己手里的二手车照片发放到各相关网站上，比方说"58 同城"之类的网站，同时贴出报价，那些有意愿购买二手商用车的客户看到车型和报价后觉得合适，就会主动跟他们联系。后者则是指那些在自己公司购买过二手车的人向其朋友们推荐到此买车。这样一传十，十传百，就会有越来越多的客户找上门来买车。可见，互联网和人际网成为高安中小汽贸物流商推销二手商用车的两种主要方式。

为了卖车，这些中小汽贸物流商就要尽力维持他们的人际网，而维持人际网的诀窍之一就是与客户建立信任。YHQM 的匡先生介绍了他自己的经营诀窍，其称之为"口碑式经营"，其中最主要的一条原则就是在车况上尽量做到信息对称，特别是不要向客户隐瞒事故车辆的损伤状况。（YHQM－KZ 访谈录）据匡先生说，过去有些人倒卖二手商用车，经常有意向客户隐瞒所售车辆过去曾出过事故、机件有损的事实。结果，车辆售出后一经被客户发现，就会引发纠纷。匡先生则坚持一定把真实车况向客户介绍清楚，并根据实际车况定价，绝不赚昧心钱。匡先生此种体现诚信的经营方法在圈内流传开来，颇得好评。这就是匡先生自己所称的"口碑式经营"。实际上，很多高安中小汽贸物流商也都采用这种办法。例如 TFQM 的黄先生、CHWL 的王先生等，也都反复强调自己所秉持的这种经营办法。（TFQM－HJL 访谈录、CHWL－WH 访谈录）

（四）涉车金融

无论买卖新车还是旧车都必定与涉车金融相关。涉车金融构成整个高安经济的一个重要部分。顾名思义，涉车金融就是与新旧车辆买卖相关的金融。涉车金融又可分为两个部分，第一个部分是厂家金融。如前所述，各大品牌的卡车制造厂商为推销产品、增加产量，在 2016 年前后纷纷推出了厂家金融。和一般的银行贷款相比，在早期，厂家金融的好处是一般首付额度较低，而坏处则是利息较高，据说最高的时候到过 7 分，已经接近高利贷的水平了。随着各大品牌的竞争日渐激烈，厂家金融也变化甚巨。据说最近两年，有一个时期已发展到 1 分利或者 0 利息了，等于是将无息贷款发放给客户，甚至还有前面所提到"负首付"，以争夺自己品牌的市场份额。厂家金融的运作方式往往是由厂家首先建立一个隶属于自己品牌的金融公司，比如要推销解放重卡，就先成立一个"一汽金融公司"，从那里发放贷款。贷款当然要有保障，基本担保均由这些二级经销商，即我们所说的中小汽贸物流商来承担。一级分销商如 4S 店经手后，往往只收取一些手续费，就把贷款放给二级分销商，再由二级分销商进一步发放给购车者。

涉车金融的第二个部分即民间金融。经过改革开放以来几十年的经济增长，高安的老百姓普遍富裕了，他们的手里掌握着大量资金要寻找出路，其中的大部分都流向了公路货运业。一般说来，当一个客户想要购买一辆二手商用车时，他需要自己求亲靠友，凑足首付，其余的购车款往往就由经营二手商用车的中小汽贸物流商来帮助他取得贷款。但是这些汽贸商人的钱从何而来？除了小部分自有资金外，主要就是从民间融资。所以在高安，可说是客户购车求贷，民间百姓放贷，汽贸物流商作为中介并收款。这里有一个不成文的规矩，界定了放贷、求贷和中介三者之间的关系。比如说一笔一万元的贷款，放贷方要 1 分 2 的利，这样每月就应得到 120 元的利息。但是放贷方却不能收取全年 12 个月的利息，而是按规矩只收 10 个月的利息。另外 2 个月的利息要付给中介方作为佣金。也就是说，求贷方照付 12 个月的利息，只不过 10 个月的利息给付了放贷方，两个月的利息给付了中介——这也成为这些中小型汽贸物流公司的一笔收益。

（五）车辆挂靠

售卖新旧车辆极大地推进了车辆挂靠制度。为了保证司机还款，同时也方便购车司机贷款，这些卡车司机购买的车辆往往都会挂靠在这些中小汽贸物流公司之中。汽贸物流公司会监督司机及时还款，此外还得承担管理责任并代办各种证照。过去，挂靠算得上是中小汽贸物流公司的重要收入来源之一。一般说来，这类中小汽贸物流商在挂靠一辆卡车方面的收入，除了卖车利润外，还包括全年 1200 元左右的管理费、保险返点，以及开具发票加点的费用。但是时至今日，中小汽贸物流商们愈来愈感觉到，挂靠就是挂在自己头上的一枚定时炸弹。首先，为了确保挂靠车辆还贷，公司必须在银行存放大笔资金，供其抵扣月供。黄先生上半年卖出十来辆二手商用车，每辆车每月需还贷约 1 万元。黄先生必须确保自己公司的户头每月至少存有 30 万元。银行会在每辆卡车约定的还贷时间内，从他的公司账面上先行划走月供，黄先生则需挨个催促司机偿还月供，补足账户额度，以备下月划账之用。（TFQM - HJL 访谈录）这是一个十分烦琐的过程。碰到购车司机运营不善，一时无法偿还月供，就得由公司代付。如是则会占压公司大笔资金。其次，如前所述，挂靠在公司的运营车辆出现任何违章、事故，都要找到公司头上，公司承担各种连带责任，简直难以应付。最后是要求挂靠司机购买保险。黄先生讲过一位甘肃 WW 籍卡车司机在他的公司购买二手商用车的故事。买车挂靠后，就购买保险事宜，双方电话交涉何止数十回。甘肃司机嫌在高安购买保险太贵，而且公司要求购买的额度过高，要求在当地自行购买保险。黄先生勉强同意该司机在当地购买保险，但是坚持要求除第三者险外，需加保 100 万元，以备不时之需。黄先生说，广东那边的车辆，为了预防事故赔偿，都是加保 1000 万元，让他保 100 万元已经算是很低的了。司机讨价还价，说欲加保 60 万元，黄先生坚持至少加保 100 万元。争执结果还是黄先生获胜，在高安为那个甘肃司机加保 100 万元。黄先生说，这是为防万一出事的安排。如果司机不加保，或者加保过低，一旦出了事故，公司就要赔到破产。所以近年来，在高安出现了挂靠制向租赁制转变的趋势。一俟司机偿清贷款，公司就会跟司机协商，或者让司机出去单干，或者允许继续留在公司且由公司提供代办文件等各种服务，但是须改成租赁制，而不再是挂靠制。租赁制的好处是，当司机出现各种违章、事故时，责任由司机个人承担而与公司无涉。

这样看起来，高安的这些中小型汽贸物流公司，所获利润越来越薄。车辆挂靠的麻烦大于收益，保险返点也已被明令取消，而开票加点并无多少利润可赚。所以二手商用车买卖遂成为其生意之最为主要的利润来源。据黄先生说，出售一辆车况尚好的二手商用车平均可赚 1 万元左右。在正常情况下，一个中型汽贸物流公司在一年内卖出一百来辆车是不成问题的。像黄先生的 TFQM 这样的小微公司，一年也能卖出三四十辆车。换句话说，其出售二手商用车所获利润也有三四十万元，是为其主要的利润来源。

如前所述，高安的二手商用车交易达到了很大的规模，同时早期经营过程中也出现了严重乱象。各地卡车司机慕名前来购车，却惨遭蒙骗欺诈，甚至接连闹出人命。大量经济纠纷败坏了高安旧车市场的名声。在政府出手干预下，于 2019 年在高安成立了一个旧车交易市场，从签订合同、缴纳押金、检车验车到办理证照，建立了一系列的规则，彻底整顿了二手商用车交易市场。（JCSC – ZWP 访谈录）

（六）恶意拖欠

在经营二手商用车买卖的过程中，也出现过各种各样的极端行为，其中最为恶劣的堪称购车司机的"恶意拖欠"行为。匡先生就碰到过一次。一位外地的卡车司机在匡先生的公司贷款购买了一辆二手商用车，付了几万元首付，其余皆为匡先生的 YHQM 担保的贷款。此人办好手续后立即将车开走，偿贷时就经常违约，十个月后干脆不再与 YHQM 联系。当匡先生不得已利用北斗系统锁了他的卡车，逼得他不得不接听电话时，他竟然说，"你们把车拉走吧，我不要了，也不还贷了"。算起来，实际上是这位购车司机用少量的投入骗取了一辆货车来经营，他跑车十个月的收入肯定大于他的先期投入和还贷支出，因此他最终是赚了钱的。他现在不要车了，倒霉的是YHQM，需要处理他留下的一堆麻烦事。匡先生说，幸亏这种现象还不多见，否则就会冲垮整个二手车交易市场。（YHQM - KZ 访谈录）

（七）走向海外

高安的二手商用车市场经过政府规训后获得了健康、蓬勃的发展。眼下一个值得关注的动向就是其二手商用车市场正在走向海外。从 2019 年起，国家陆续批准全国十个地区数十家企业有二手商用车出口权。经过努力，高安后来居上，也拿到了这个资质。（JCSC - ZWP 访谈录）现在高安已有两家汽贸物流商把二手商用车的出口买卖做到了非洲的尼日利亚，引发越来越多的中小汽贸物流商摩拳擦掌，跃跃欲试。黄先生就是其中之一。（TFQM - HJL 访谈录）

我国的二手商用车能够形成出口贸易，主要是因为我国的环保政策日渐严苛，卡车尾气排放标准迅速提升，大概每两年上升一个级次。现在即将升到国六标准。排放标准的迅速提升导致被淘汰的国三甚至国四排放标准的车型，在车况尚好的情况下已无用武之地，最多只能用于港口运输和短途运输，不再能跑长途运输，也不能进入大中城市了，这种情况委实可惜。

但在那些无须执行我国环保标准的第三世界国家内，国三、国四排放标准的货运卡车却是宝贝，由于车价便宜且性能不错，因此备受欢迎。据精通二手商用车的郑先生分析说，我国的商用车多为平头车，拉力大，特别适合跑丘陵山地。像越南、老挝这样的国家，过去主要买美国的二手商用车，实际上又贵又不适用于它们的地理条件。中国的二手车如果能够顺利地走出国门，将在这些地方营造出很大的市场。尼日利亚现在已经有了高安二手商用车的交易，据说河北 LC 的卡车司机也把二手商用车卖到了老挝等地。所以高安的二手商用车走向海外，可能是其旧车交易市场一个非常重要的转折点。

六　前途展望

高安的 3800 多家中小汽贸物流商自成一个独特的生态系统。其与数量庞大的个体卡车司机一起，构成高安公路货运业的两大基石。这些中小汽贸物流商的主营业务往往各有侧重：或以物流信息运营为主，或以运输车队为主，或以新旧货车买卖为主。当然也不乏三者兼顾的。现在的问题是：它们的前景如何？它们能够继续维持下去吗？抑或在发展的某一阶段上将会出现明显分化：有的向上跃升，成为大型企业；有的则陷于沉降，苦苦挣扎，甚至回到其作为卡车司机的原点上？

现在要做出任何确定性判断似乎都为时尚早。就整体而言，我们只是看到如下两组因素，或许会对高安这些中小汽贸物流商的前景产生深远的结构性影响。第一个方面即当前经济下行及其他因素对公路货运业造成的整体影响。货源萎缩、运价下跌、平台争利、环保施压……所有这些因素都对高安中小汽贸物流商的生存造成极大压力。第二个方面是若干"巨无霸"企业的进入。某些资金雄厚、运力强盛的大型物流企业，如 SF 物流等，都对高安这块公路货运业的风水宝地垂涎日久，它们现已纷纷入驻。在整体营商环境日渐恶劣的情势下，这类"巨无霸"企业的入驻，究竟意味着是对高安中小汽贸物流商的巨大推力，还是"赢家通吃"格局的开端，我们将拭目以待。

第四章　大汽贸物流商

高安境内除了众多中小汽贸物流商之外，也有少量名声显赫的大型汽贸物流企业。在这里仅举出四大公司作为案例，它们可说是分别代表了以物流信息、汽车贸易、车辆运输、数字物流为主业的大汽贸物流商的状况。

一　规模经营物流信息

高安 ZTWL 是以经营物流信息为主业的一家大型企业，其老总熊先生原为高安县粮食局的员工。他能进入粮食局是因为父母都是粮食局的职工，20世纪 90 年代初，粮食部门开始改革。约在 1992 年，领导让熊先生带领四名员工进行下岗再创业的实验。于是他就和四名员工一起开办了一个自负盈亏的粮油门市部。此时，高安各种各样的运输生意已经开始冒头了，熊先生敏锐地把握了这一机会，开始做起了物流信息的生意。他成立了"平安信息部"，是为高安首批信息部之一。他上手就开始贩运高安的主要特产即粮食和花生，把它们运到广东去。他给信息部的员工每人买了一辆自行车，让他们到各个街镇商贸的集聚地去发名片、撒传单。碰到有车的就告诉他们自己有货，碰到有货的就告诉他们自己有车，就这样做起了物流信息生意。熊先生可说是在高安第一个喊出"信息是有价商品"的人。那时，熊先生的信息部运营物流信息，每谈成一笔生意可以抽二三十元的信息费，年收入也颇为可观。熊先生其人记忆力极佳，据说可以记住上百个司机和货主的电话号码，随时调用。（ZTWL - XSG 访谈录）

2004 年，由于生意越做越大，熊先生就把他的信息部转变为 ZTWL，正儿八经做起第三方物流的生意。那时，ZTWL 主要是为周边的一些国企做物流，客户为 XY 钢厂、ST 酒厂等。在做物流时，熊先生也有不少遭遇，例如受骗丢失整车大米，又如运输 ST 酒因车辆爆胎而造成货损。据熊先生说，他的 ZTWL 就是从这些灾难和事故中一步一步走出来的。像 ZTWL 这样的大物流公司是不屑于做陶瓷生意的，因为附加值低。2007～2008 年，ZTWL 生意做大，利润也颇为可观，毛利可达七八百万元，纯利润可过一百万元。

2008 年以后，ZTWL 也开始自己买车跑运输了。据说最多时公司自有车辆达到七八百辆，到现在也还有 520 辆车。熊先生不赞同高安的"合伙制"购车模式，认为那会在管理上造成极大困难。如果 ZTWL 的运输车辆全部是自有的话，那就可以推断，ZTWL 在那个时候的资产至少已有三四亿元了。此后，ZTWL 又进一步从做物流转向了涉车金融，由此成立了 ZT 集团，下属五个分公司。按照熊先生的说法，现在的 ZT 集团中，物流信息只是由一个子公司在继续做，公司主业已经变成"以车辆为依据的金融"，即涉车金融。每年若干亿元的资金流转为公司带来更为可观的利润。（ZTWL－XSG 访谈录）

二　批量经销品牌卡车

大大小小的高安汽贸物流商都做收售卡车的生意，区别仅在于规模大小而已。但在出售新车方面，龙头老大当数 HXQM，其老板何先生是本地 SN 镇人，1978 年出生，1997 年初中毕业后，他并没有如大多数同龄人那样跑去当卡车司机，而是到了湖南，考入一家高安人办的汽车配件厂当销售员。那个厂的主要产品是汽车板簧，其时遍布湖南、江西的各种小汽修厂都在做汽车组装和改建的生意，何先生做事勤奋努力，几年间将零件售出不少，但卖给这些小厂却拿不到现钱，只能把一些攒好的卡车交来抵债。六年后，他于 2003 年回到高安，注册了 HXQM，继续做汽车销售生意。他将在湖南多年的积蓄约 50 万元全部投入，作为本钱开办公司。不过，头三年里他收来的那些小厂抵债的卡车却连一辆都没有卖出去，弄得公司几乎破产。幸亏他同时开始代理经销"一汽解放"而有所收益，这才拯救了他的事业。到

2006 年，他转而专销"一汽解放"。由于具有销售经验，加上个人努力，当年就卖出了六七百辆解放牌卡车，他的公司也变成"一汽解放"在江西最大的二级经销商，声名鹊起。

何先生的销售业绩受到厂家充分肯定，很快就邀请他担任一级经销商。何先生自己说，他原来并不想当一级经销商，因为自己还要投入一部分资金。二级经销商就不用投钱。但终于经不住劝说，于 2009 年加入"一汽解放"。厂家为一级经销商提供了三个便利：经销车辆给一个较好价格，适当给予促销奖励，以及销售量大就给予优惠。HXQM 于 2010 年成为"一汽解放"青岛基地的主要代理商，当年销售 1200 多台，成为"一汽青岛"在江西的销售冠军。到 2016 年，何先生和他的 HXQM 又升格成为"一汽解放"青岛和长春两个基地的一级销售商，从此奠定了他在江西省内作为"一汽解放"最主要销售商之一的地位。与此同时，何先生还建造起自己的改装厂，专门配套生产挂车。

何先生说，早期的汽车生产厂家和经销商是概不赊账的。厂家对经销商不赊账，但经销商可以为购车者到银行贷款做个担保，贷款给付厂家，支付车款。据他说，2016 年是卡车销售的一个重要转折点，各个卡车生产厂家都争先恐后地推出金融产品，厂家金融自此兴盛不衰。以前是经销商只管卖车，客户贷款自找银行。厂家金融兴起后，立即取得巨大优势。一般来说，银行的金融产品手续严格，需要经过严格考察，从申请到放款等待时间漫长。而厂家金融就非常便捷，审核程序简便，审核时间也要短得多。而且各个厂家为了推销车辆，还推出了许多几乎是不可思议的优惠条件。2016 年，购置一辆卡车尚需缴纳的首付为全款的 30% 左右，以后才可以贷款还账，而贷款利息最高时可达 7% 年息。但到了 2019 年、2020 年时出现了零首付现象。更有甚者，有些品牌还推出负首付。何先生举例说："比方说原来我卖你一个 30 万元的车，你要付 9 万元首付，然后贷款，按月还贷。现在你买个 30 万元的车，通过厂家金融贷款 40 万元给你，其中 30 万元是车钱，另有 10 万元给你加油、买车厢，给你经营的启动资金。"（HXQM－HHJ 访谈录）负首付的出现使厂家金融极大地冲击了银行贷款，也刺激了汽贸行业的非比寻常的大发展，从高安公路货运业近年来突飞猛进的发展即可窥见一斑。HXQM 在此期间获得了长足进展，账面总资产达到三十多亿元，虽说有很高的负债率。

何先生说，这些年的销售曲线表现得非常怪异。2020 年虽有新冠肺炎疫情影响，但全国的重卡销量反而逆势而上，明显增长。何先生判断，销量增长或许有几个原因：一是 2020 年高速免费政策增加了卡车司机货运频次；二是严格治超导致载货卡车数量增加——原来拉一车的货，现在则不得不由两三车分运；三是国家环保政策的影响。近来卡车界疯传马上要上"国六"标准，所以大批司机抓紧购买"国五"标准的卡车，造成"国五"标准的卡车销量激增。所以整个 2020 年的卡车销售量是非常可观的。

何先生判断，由于各方面的影响，到 2021 年上半年，卡车销量已臻至顶点。他说从 2016 年始至 2021 年止，卡车销量已经连续六年攀升，这是不正常的。据他说，我国现在卡车保有量已经占到了世界的一半以上，达到 65%。在这种过热趋势下，国家必定要求降温。所以他估计从 2021 年的下半年开始，卡车销售可能会在两三年内下滑 40% 左右，所有的经销商都将面对一个非常严峻的局面。

但无论如何，何先生的 HXQM 已经是"一汽解放"最大的经销商，不仅在高安，而且在整个江西。全高安每年卖出各种品牌重卡新车近 3 万台，HXQM 的销售量则是基本保持在 5000 台左右，占比为 1/6。何先生的 HXQM 还有一个特别有趣的地方，他可以做挂车厂，但是他拒绝司机挂靠。他认为挂靠弊大于利，会招惹无穷无尽的麻烦。由此也可以看到顶级汽贸物流商与中小汽贸物流商的一个区别：顶级商人有能力专注车辆销售而不必顾及其他，根本看不上挂靠带来的那笔小钱。（HXQM - HHJ 访谈录）

三 实地掌控巨大运力

在高安，掌握最大运力的公司就是 JB 公司。JB 公司的老总金先生是 1967 年生人，属于高安汽贸物流商中年龄较大的一代。初中毕业后曾入伍当兵十三年。1998 年退伍，被分配到高安交通局任交管站管理员，一年后辞职下海，当了卡车司机。金先生驾驶卡车的手艺是在部队学的，他先在炮兵部队开车，后来成了团长的专职司机，可见他的驾驶技术是比较优秀的。回到地方，金先生无须再去专门学车考取驾照了。

金先生做事有个特点，总是"谋定而后动"。他也是首先跟着亲戚跑车，但在三个月的跑车过程中就把高安司机跑长途运输的某些基本路线记了个清清楚楚——如何从高安拉黄牛到杭州，如何从杭州拉货到株洲，又如何从株洲拉货到云贵川一带。那时没有导航系统，行车全靠司机自己记路。金先生预先跟人跑过一圈，把行车路线、进货和出货地点都弄得了然于胸，然后自己借钱买车，开始了他的长途卡车司机生涯。再往后，他的生命轨迹就开始与高安的大多数卡车司机重合了：挣到钱，买新车；开办自己的小物流公司；弄来二手商用车卖到外地，据说，金先生是高安把旧车卖到湖南衡阳的第一人；公司开办起来就接受司机挂靠。再后来，金先生也去销售新车，并且成了欧曼在江西的总代理。不过，与其他大汽贸物流商不太一样的地方是金先生从来也不排斥挂靠。到 2016 年以后，挂靠在 JB 公司的卡车已达 3600 余辆，若就卡车司机而论则达 5000 余人。金先生及其 JB 公司掌握了拥有巨大运力的车队。

金先生管理挂靠卡车司机有一个过人之处：他并不驻足于与挂靠司机签订的契约关系上，而是往前再走一步，力图在契约关系上覆盖一层人情关系。挂靠 JB 公司的卡车司机来自四面八方，并不限于江西，还有一大部分人住在湖南。每年春节期间，金先生都会对挂靠司机进行"家访"，公司派出不同的慰问团队，载着高安腐竹之类的土特产，到这些卡车司机的家里去探访、慰问。在高安，除了金先生，还很少有公司如此对待挂靠卡车司机。他的做法引来一片赞扬之声，极大地扩展了 JB 公司的影响。不难看出，金先生透过这一节假日慰问卡车司机的行动获得了巨大收益。一是将人情关系覆盖在契约关系之上，由此进一步加固了契约关系，也造就了挂靠卡车司机对 JB 公司的认同；二是家访慰问使金先生得以具体了解这些卡车司机的家庭状况和生活水平，为其以后的事业发展提供了重要信息。

挂靠车辆众多，不仅意味着运力强大，而且带来无穷无尽的难题。金先生早就做出判断：高安盛行的挂靠制度已走上穷途末路，保险返点的取消更使得挂靠制度已无利可图，而挂靠卡车司机多如牛毛的违规违章事故令公司疲于应付。此外，由于运价下降，竞争紧张，越来越多的挂靠卡车司机被迫违约、拖延或干脆拒绝偿还贷款，导致债务纠纷猛增。所有这些都昭示着需对现有的挂靠制度进行变革。近年来，金先生及其 JB 公司最有意义的工作，就是在创新挂靠制度方面做了先行尝试。

金先生和 JB 公司创新挂靠制度的基本思路就是建设平台，同时引入司机和货主，使之在公司调节下，在平台上完成车货匹配。这个思路与满帮的思路有相似之处，但细究起来却有根本的不同。不同就在于 JB 公司为司机提供的平台不只是完成单笔交易。按照金先生的设想，这个平台的主要任务是要努力实现挂靠卡车司机的再组织。公司通过协助贷款帮助挂靠卡车司机购车和接活；而挂靠卡车司机在三年合同期内暂时变为他雇，只是从公司按月领取 1.0 万~1.5 万元的工资，其余收入扣去还贷部分为公司所得。挂靠卡车司机在合同期内必须听从公司调遣，在途工时、运输路线、加油数量和装卸地点都由平台统一调配，环环相扣，不使脱节。从这里又可看到"顺丰""德邦"之类大型物流公司之管理方法的一点影子。三年后，车贷偿清之际，才是挂靠卡车司机为公司服务期满之时，司机可以自行提车离去，也可以将旧车卖掉自己得款，同时再买新车继续挂靠。目前，在 JB 公司挂靠的卡车司机业已分为两类，一类是老式挂靠，有 3000 多辆卡车，另一类是平台挂靠，有 500 多辆卡车。进入平台挂靠的卡车司机都是金先生多年来通过"家访"遴选出来的，人品可靠、技术优良，又有一个美满家庭作为后盾。金先生认为只有这样的卡车司机才是最可信赖的。持续"家访"的收益终于得到实现。对待进入老式和平台两种不同挂靠体系的卡车司机，金先生也采取了不同的管理策略。对于前者是一方面尽力帮助他们寻找货源，另一方面大力推动他们购买全险以避免可能遭遇的风险；对于后者则是不停提升技术装备和严格行车管理程序。为了实现以平台作为组织卡车司机挂靠的手段，JB 公司连年加大投入。一是投入大量资金，聘请大量人力来设计、完善和维护平台；二是试用甩挂卡车，现 JB 公司已在使用的甩挂卡车有百余辆，而且还在不断增加。为此 JB 公司强化了对平台挂靠司机的精确管理，他们需一天 24 小时都暴露在平台网络的监督之下；三是建立大型仓储制度。2019 年开始在高安投资 1.3 亿元建立的大型仓储设施现已完工启用。

在金先生看来，提升运力的关键不是取消挂靠，而是推动挂靠制度的新形态——平台挂靠的发展。金先生认为，JB 公司沿此方向上开拓了道路，中小汽贸物流商都应紧紧跟进。（JB – JDL 访谈录）

四　尝试创建数字平台

前述三种大型汽贸物流商在本质上还是以公路货运业的传统职能为主，但随着当下数字经济的浪潮来袭，顶着"数字物流"名义的企业也被引入高安。XZWL 就是高安政府近年来重点引进的"数字物流"商之一，其老板为李先生。政府认为这类企业代表了高安公路货运业的未来发展方向之一。

李先生出生于东北煤城——黑龙江 QTH 市，1972 年生人，为矿工子弟，兄妹四人中，其排行第三，念书至 17 岁便子承父业去煤矿上班，干过掘进、采煤，没多久又去钢厂炼了四年钢，21 岁结婚并结束炼钢生涯，转而倒卖酒水，因利润颇丰，赚得人生第一桶金。之后觅得机缘去区政府工作，给领导开车，也继续经营酒生意。如此 7 年，在政府拿到事业编后又下海经商，自述是被身边做物流的朋友带入，一头扎进物流行业做了 20 年。李先生最早是去广州，投资 2 万元，自己开了一家物流公司，加上本人共 3 人，主要是找七台河的车跑广州—哈尔滨专线，生意极为红火，后来又跑长春线、沈阳线，逐渐把东三省的物流业务做齐，资产总额已达两三千万元。在此期间，李先生还读了两年某大学在广州举办的 MBA 班，认识了不少商界人士并加入该校校友会，自称读书学习改变了他自己的思想和经营观念。（XZWL – LJD 访谈录）

李先生来江西做物流的契机源于 2008 年宜春市某区委书记赴港招商引

资，路过广州时由该校友会诸公负责接待，之后包括李先生在内的 26 人又受邀赴江西考察，李先生选择留下来，在宜春市某县拿地，建设了一个物流产业园。不过据李先生说这笔投资并不成功，因跨界涉及物流地产，以及地方政府换届，李先生在该县的投资全打水漂，并且还负债累累。此后，李先生开始重新思考物流行业和企业的未来，并认定了数字物流和科技物流是今后的发展方向，同时，他也看到了高安在公路货运业的特殊地位。据他的分析，公路货运业不外乎以下几个关键元素：一是业务，即有货可拉；二是运力，即有车可运；三是资本；四是科技。他认为，高安虽然在公路货运业做得规模很大，但在平台经济和科技物流方面非常薄弱。所以他选择把阵营扎在高安，从上述两个弱点下手发展公路货运业。恰好时任高安某领导曾经在李先生投资上述某县时主政过该县，二人的发展理念颇有相通之处。于是2017 年，李先生在与高安政府的商谈合作下，新注册一家物流公司，名为XZWL，开始入驻高安，实施他的数字物流规划。

据李先生说，近几年 XZWL 在高安主要做了以下六件事。一是壮大高安品牌，协助高安政府拿到"第七届中国城市物流发展年会"的举办权，这是该年会第一次在非省会城市举办。同时，也是在这届年会上，高安一举获得"中国物流汽运之都"的称号。二是建立总部基地。力图吸引大型物流企业来高安注册。据他说，目前全国各省区市已有上百家物流龙头企业前来注册，其中通过 XZWL 引进的就有二三十家。例如，SFSY 就是他协助引进的。SFSY 进驻后一次就买了几千台卡车。三是孵化物流企业。李先生称之为"业务投资"，即提供资本，扶持中小物流企业发展成长，同时帮助对接生产加工型企业，他将其概括为"两商三服"：两商是服务商和供应商，三服是孵化、服务、扶持。四是搭建撮合平台。虽然 XZWL 开发了货主版和司机版的手机 APP，不过不同于点对点式的一次性车货匹配，XZWL 主要依靠的是与货物供应公司合作，也即李先生所谓的"派车业务"，比如他们与 SHGJ、YHGF、TBDG 等上市公司运营合作，目前全国各地有大小客户约100 家，集团自有卡车 300 余辆，平台上注册车辆 2 万余台。2018 年，XZWL 完成货运收入 37195 万元，完成税收 2520 万元。五是布局全国网络。

除了高安总部之外，XZWL 还在北京、上海、广州、成都设有区域总部，以及在杭州、宁波、长春、沈阳、湛江等 53 个城市设有分平台。李先生的目标是"百城千企万亿"，即百城互通，千企互联，万亿分享。六是抢占数字市场。2020 年 6 月，"高安数字经济智慧物流大数据中心"正式成立，XZWL 作为主营企业，表态将引入国内车联网巨头——北京 ZJXL 信息科技有限公司进驻高安。ZJXL 是一家以车联网大数据技术为核心的科技企业，目前 ZJXL 的车联网平台入网车辆超过 800 万辆，占全国重载货车的 95% 以上。届时，依托高安市政府、XZWL 和 ZJXL 这三方力量，共同构建高安物流大数据库。发展至今，2020 年 XZWL 主营业务收入超 15 亿元，完成税收 8000 万元，已然成为高安的纳税大户。

因 XZWL 庞大的体量以及被高安政府视为汽贸物流产业转型的代表企业，李先生被选为高安市物流商会会长，这在高安汽贸物流产业的众商会、协会中可谓独一份，其余会长皆为高安土著。那么，作为高安汽运物流业的后来闯入者，而且是外地人，李先生会面对何种困难，又是如何处理的呢？访谈中，李先生坦言，高安人比较排外，所以初来乍到之时，他给公司定的基调就是不跟高安人抢生意。在商会中，除了他之外，所有的会员都是本地人，所以商会未收取过一分钱会费，每月大约几十万元的支出也是由 XZWL 自行承担。商会主要事项有三：一是做公益；二是带高安的物流商出去看；三是把外面的企业请过来。得益于上述做法，李先生和 XZWL 也逐渐被高安人和高安企业所接受，尤其是建立高安数字经济智慧物流大数据中心之后，越来越多的企业来 XZWL 向李先生学习请教，以防自身在行业转型的队列中落伍。

对于高安公路货运业进一步发展的症结及未来走向，李先生笃定认为，靠小而分散的汽贸物流商支撑的模式终将成为过去，而发展方向就是数字化、平台化，他认为高安的公路货运业目前正处于向数字化、平台化转型的关键时期，而他所做的一切都是为了促进这一转化。那么他的这种思维又从何而来呢？李先生说，中国物流看广东，广东物流看广州，正是因为自己在广州的物流界摸爬滚打了 20 年，感受到数字化、平台化是许多行业最终的归宿，所以才会坚定不移地设想将 XZWL 的平台做大做强，引领高安公路货运业的转型发展。（XZWL – LJD 访谈录）李先生可谓我们在高安遇到的眼界最宽、气势最强的一位物流商。他所极力推进的数字平台也确为高安重要的转型发展方向之一。不过，在言谈话语中，李先生却似乎自始至终把"大数据"表述为"多数据"，即将政府各部门掌握的多种相关数据汇集在自己建设的同一平台之上，这当然是数字化的一个方向。但他对何谓"痕迹数据"以及如何才能获得"痕迹数据"一直语焉不详。

综上所述，高安的大汽贸物流商在物流信息、车辆买卖和车辆运输等领域都对本地公路货运业的发展做出了重大贡献。同时，它们的运作在某种意义上还代表着高安公路货运业可能的新方向。如果说，众多个体卡车司机和中小汽贸物流商构成高安公路货运业的基石，那么大汽贸物流商的探索和引领作用更是不可低估。年复一年，高安的公路货运业就在这三种力量的共同推动下向前迈进。

第五章 其他各色"卡车人"

在高安，在众多个体卡车司机、中小汽贸物流商和少数大汽贸物流商之旁，还有大量从事各种涉车行业的"卡车人"。他们对于搭建高安的"卡车王国"，推动公路货运业的发展亦甚有力焉，实属功不可没。

一 汽修厂

（一）ELL 修理厂

高安的货运卡车众多。车坏了要修理，因此各种各样的汽修厂也为数众多。据说在高安，资质达标的汽修厂有 40 多家，而道边汽修小店则足有 300 多个。在所有这些汽修厂中，历史最为悠久，名声最为显赫、规模最大的莫过于"ELL 修理厂"。据说那些道边小店的修车师傅基本上都是从 ELL 汽修厂学徒出身的。我们前面提及的 YTWL，其老板艾先生早年就是在 ELL 修理厂学习修理技术，而后成为修理厂老板的。

高安"ELL 修理厂"曾是一个著名国企，它的总部设在宜春市，在高安的是其分支。高安 ELL 修理以前包括客车运输队、货物运输队、汽修厂等几个部门。改革开放后，特别是经过 1995 年和 2006 年两次改制，原来的国企变成承包制工厂，全部职工都变成合同制员工，而原来的客运队和货运队全部解散，转变成为大型的 4S 店，代销两个品牌的卡车，一个是"北京欧曼"，另一个是"柳汽乘龙"。"ELL 修理厂"则变成以售后服务为主，兼营一般修理的汽修厂，现在的经理是艾先生。他管辖 60 多位员工，其中坐办公室、专门负责与厂家联系的文员有 10 多人，专管售后服务的有 20 多人，专职的修理工则有 10 多人。

（二）经理生平

"ELL 修理厂"的经理艾先生是高安本地人，1970 年出生，在四个兄弟姐妹中排行老二。他父亲是 ELL 的司机，母亲是一个小机修厂的工人。艾先生高中毕业后进到"ELL 修理厂"学习修理技术。据说带他的师傅专修汽车发动机，有一手绝活。但是艾先生说，他并没有学会这套修理汽车发动机的手艺，在现在的技术条件下，就是学会了也没有用。艾先生也并非一直在"ELL 修理厂"服务。他曾两次离开修理厂去跑车，一次是在出徒三年之后，由工厂安排考取驾照，转为开卡车跑货运。那些年主要是往天津拉电机，往其他省区市送大米。后来又考了 A2 的驾照，开始跑大客车，这一跑就跑了六年之久。艾先生在 1995 年结婚生子，2000 年又有了老二。为照顾家里就不再做司机了，他回到原厂，先做销售，后来才慢慢熬成了汽修厂的经理。

（三）两大变化

据艾先生说，高安的汽修行业近来发生了两个显著变化。第一个变化是随着卡车机车技术含量提升和模块化的出现，过往的修理老经验基本上没什么用了。以往老师傅修车，看看油路，查查电路，听听发动机转动声响，凭经验就能找出毛病。现在模块化了，所有检查都必须用电脑。电脑检测使修理工作更加精准化。比方说，欧曼的发动机有六个缸，用电脑一下就可测出是六个缸中的哪一个出了问题，马上就可以拆开修理，用不着像过去那样，由老师傅翻来覆去听发动机转动的声音了。

第二个变化是由于严格执行治超政策，高安汽修业的生意越来越清淡。以往由于车辆经常超载，即便是新车也常出毛病，需要不停地维修。很多卡车一年就要进厂维修十几次，差不多每月都得来，修大梁，换钢板，换轮胎钢圈，等等。现在则起码少了一半，一年进来维修五六次就不错了。来修理的车辆减少了，汽修厂的效益也大为下降，每月的营业额已经从以前的 50 万元降到了现在的 10 万元左右。现在"ELL 汽修厂"也不只维修"欧曼"和"乘龙"两个品牌的卡车，其他的品牌也都修理了。（ELL – AM 访谈录）

（四）车辆毛病

据艾先生说，现在新车返厂维修，所发现的毛病主要集中在两个方面。一是本地卡车司机常常"烧小油"。如前所述，"小油"就是走私油或其他通过非正规途径弄来的油品，杂质较多，会烧坏卡车的喷嘴。但是正规柴油比"小油"贵出许多，所以很多卡车司机尽管购买了新车也还是会使用"小油"，结果是对车辆造成损伤。二是所用尿素不达标。国四标准以上的柴油车为了解决排放废气问题，要使用纯度为 32.5 的液体尿素作为添加剂。但很多卡车司机贪图便宜，常常使用不达标的尿素，结果就易于造成排气管网的结晶化，使之发生堵塞。

（五）纠纷冲突

最后，艾先生特别强调，在新车售后维修中，碰到的最大难题就是因"过保"而与客户发生纠纷，也即该车的保修期已经过了，而司机仍然要求按照保期内的规定免费修理。实际上，新车售后保修的部分也不尽相同。最为重要的是保发动机，保得最长的有三年。艾先生讲了一个因"过保"而引发纠纷的故事。就在前几年，一位高安本地卡车司机在 ELL 买了一辆北京欧曼重卡，一直用它拉货。到 2020 年上半年，由于疫情影响而把车停放在家里，多半年没开。后来他要出车了，前来做保养，发现发动机出现小毛病需要维修，但已过保修期，这就得付费。这位卡车司机坚决不肯付维修费，而是要求按照保内标准免费维修，理由是疫情期间他根本就没有出车，故那段时间不能算在保期之内。为此他竟然连着来厂闹了好几天。最后的解决方案是经过汽修厂多次与厂家和上级协商，考虑到其实际情况，将该付的维修费一分为三，车厂出一部分，汽修厂出一部分，该司机个人出一部分。三方达成协议，给他的车辆进行了维修。（ELL－AM 访谈录）

总起来说，"ELL 汽修厂"跟那些道边小店大不一样。前面提及 YTWL 的老板艾先生，当年开设的小汽修门市部又小又破，而他穿的工作服沾满机油，硬如铠甲，靠着几套简单的工具，没日没夜地干活。（YTWL－AJJ 访谈录）在"ELL 修理厂"，看到的却是窗明几净的办公室，高大敞亮的维修车间，分工明确的工作队伍，工人们身着整洁体面的工作服，在不同的办公室或机修车间前后忙碌着。不过，据艾先生自己说，这里的工资并不高。艾先生自己拿相当于 ELL 副总的薪水，每个月也就是五六千元，年底或许另加二三万元奖金。艾先生认为，整个公路货运业都不太景气，与之相关的汽修业也只能惨淡经营，凑合维持了。

二　检测厂

（一）基本状况

高安新旧车辆生意发达。为使车辆交易顺利进行，用以查验车况的检测厂自然是一种必要设置。现在高安至少已有九家检测厂，其中两家国营，七家私营。王先生开办的 CTJC 就属后者之一。

（二）创业过程

在 2015 年以后国家刚刚放松对设立私营检测厂的限制之时，王先生就已开始注意到这个机会并筹备进入了。与高安公路货运业的大多数小老板一样，王先生也是卡车司机出身。他的父亲曾是高安最早的个体卡车司机之一，家庭环境的熏陶使他很早就热爱上这一行。王家中有三个小孩，他排行最小。1978 年出生的王先生高中毕业就当了卡车司机，先是跟人学徒，后又独自驾车。他也曾走南闯北，往浙江运过大米和生猪，往云南运过鞋帽和百货。他开卡车时也是多次换车。和高安很多中小汽贸物流商一样，他也是在 2006 年以后靠做二手商用车生意积累了原始资本，几经摸索试探，最后决定做检测厂的生意。

王先生于 2017 年向高安市和宜春市的发改委正式报送建立商用车检测厂的报告，后来还经过省技术监督局的审核，手续繁杂，几经努力，才最终获批。获批后他陆续投入 5000 余万元资金，其中包括自有资金，更多的是民间融资，费时近四年才最终建成投产。王先生的 CTJC 占地 30 余亩，设有两条室内检测线，全部由电脑控制。场内管理十分严格，进入检测现场需换穿工作服，平时则完全封闭。

（三）检车程序

进 CTJC 进行检测的车辆约 80% 为新车，其余为旧车。王先生介绍说，进行车辆检测的前提，首先就是把各种手续、证照准备齐全。这些证照包括购车发票、纳税证明、购置保险证明、卫生检疫证明和随车的各种合格证等。缺少其中一项都不符合进行检验的条件。按照王先生的说法，检测车辆重点有三：一是外观，二是灯光，三是制动，其中制动无疑是最为重要的。（CTJC – WCZ 访谈录）在自动化检测线上，电脑通过模拟该车负重前行条件下的制动状况，对之严格检验。因此，无论是司机还是维修厂都对车辆的制动系统格外重视。"ELL 修理厂"的艾先生就明确说过，最重要的就是检测新车的制动。他说在把新车交付客户之前，汽修厂都要帮助客户调好制动系统。有时新车停放在车场上遭到雨淋，车内制动系统的相关部件就可能存有积水，如果不将之烘干，到了检测线上就会显示制动系统不合格。所以售后维修要做的最为重要的事情，就是设法把水排除，把制动系统调适妥当。（ELL – AM 访谈录）

在检测过程中，牵引车和挂车分头上线检测，而且收费不同。在 CTJC，前者收费为 400 元，后者收费为 350 元，两者合计收费 750 元。按照王先生的说法，检测中车厂数据和检测数据务必达成一致。如果出现差错，车辆就是不合格的。至于检测一辆卡车的用时，王先生说基本上 20 多分钟就能够测完。正常情况下，ZTJC 的一条检测线每天可完成 40 多辆车的检测工作。

（四）复杂关系

不过，检测车辆并非仅仅是个技术工作，而是还要和当地的各种权力部门打交道。环保、交管和公安是其最主要的管理部门。上线检测的相关数据都会通过电脑联网而自动传输到这些机关的电脑上，由这些权力部门和检测厂一起最终判定车辆是否达标。检测的全部结果均需留存备查。上线检测的录像部分须保存 3 年，记录检测结果的纸本部分要保存 5 年。最后，当然还要和车管所打交道，当一切都检测合格后，才可到车管所正式挂上牌照。如是则一辆卡车的买卖才算最终告成。

（五）旧车检测

一个显而易见的情况是：新车的标准化程度较高，在检测中一般不会出现过于离谱的结果，但是旧车可就未必如此了。王先生告诉我们，新车检测通过率可在八成以上，在高安算是比较高的了；但旧车检测的通过率只有五成。二手商用车的车况可能出现各种问题，CTJC 会如何处理呢？毕竟其业务中还有 20% 属于旧车检测业务。王先生对此的回答是，绝不徇私作假、放宽尺度，让问题车辆蒙混过关。他说："我花了那么大的气力，投了那么多的资金，才把这个检测厂建立起来，怎么会为了旧车客户可能给付的一点点蝇头小利就胡乱作为呢？万一在这里检测的车辆出了事故，追究起责任来，我的这一切家当岂不毁于一旦吗？"（CTJC – WCZ 访谈录）

三　挂车厂

（一）挂车概说

挂车即由牵引车拖动的车厢部分，用于承载货物。牵引车是全车的主动车节，挂车则是从动车节，其本身没有动力。购车客户在 4S 店或各级经销商手中购买的只是牵引车，即所谓"机车"或"车头"，但是牵引车拖动的挂车——无论是全挂还是半挂，是需要另行购买和安装的。所谓"挂车厂"就是专门用来生产挂车的工厂。高安原来少有挂车厂，民间第一挂车生产大户在山东梁山。但近些年来，随着高安汽贸物流事业的迅速发展甚至后来居上，这里也陆续出现了挂车生产厂家。到 2021 年，高安成规模的挂车工厂至少已有 4 家，而 ZYGC 就是其中之一。

（二）老板生涯

ZYGC 的老板陈先生，1973 年生人，父母都是农民，本人也是卡车司机出身。他的家庭共有八个兄妹，他自己是最小的。因为家贫缘故，陈先生甚至连初中都没有念完，到初一下半年就辍学务工了。他先是跟着父亲摆摊做小生意，而后在 1992 年 19 岁那年开始学车，考取驾照，以后就凑钱买车，开始跑运输。后来，他开过道边的小修车店，还与其兄弟合伙开过客车。从 2003 年起开始承包大队办即村办汽运物流公司。大队的公司当时只有 20 辆挂靠车，靠着陈先生的辛苦经营才存活下来。本来，他也可以和别人一样，走上做一个中小汽贸物流商的道路，但是一件偶然的事情改变了他个人的上升轨迹。

（三）改做挂车

陈先生改做挂车生产系一个机缘使然。2007 年他到山东梁山提车，等车时在那里住了多天，亲眼看到梁山的挂车产业红红火火，产品供不应求，全挂车买不到，半挂车也买不到。手持订单也要等候至少六天。相形之下，高安的公路货运业斯时虽已崛起，但还没有一家挂车生产厂家。陈先生由此深受刺激，但同时看到了商机。2007 年他回到高安之后，就开始积极申办挂车厂。

对于一个小微民企来说，申办挂车厂是一个漫长的过程。陈先生回到高安后，从 2009 年即开始尝试办理各种申办手续，为此他不仅跑到县市管理部门，跑到省里，甚至还跑到工信部寻求支持和批准。他终于在 2014 年拿到批复，办齐各种手续，开始办他的挂车厂，一共筹备了 4 年多的时间。为办厂租赁土地 30 余亩，并购置了设备、雇用了技术人员和工人等，总计投入 3600 多万元资金。这些钱除了他自己积累的自有资金外，大部分都是找兄弟姐妹借的。2015 年，他的挂车厂终于投产了。

（四）生产过程

据陈先生总结，迄今为止 ZYGC 的生产过程经历了三个阶段。第一个阶段可称为"小作坊阶段"。起家之初，陈先生曾把山东梁山的工匠请过来，招收徒工，全面复制了梁山挂车的生产程序。这种小作坊式的生产组织方式虽说可以很快地把生产组织起来，但是生产出来的产品很不规范。因此到2018年前后，陈先生推动 ZYGC 的生产过程进入第二个阶段：组成生产线，实现标准化。运作两年之后，眼下正在筹备第三个阶段，即机器人阶段。

ZYGC 的生产线分成下料、切割、焊接、组装等四个部分。我们采访陈先生时，亲眼看到在高大厂房下，各道工序上工人均在有序工作。陈先生说，他的工厂有几个不同于其他工厂的特点。第一个特点是他用的材料极好，钢材均为产自上海宝钢的 7700 型号，是最好的钢材。第二个特点是他这里的焊接工艺好。陈先生雇用的都是跟随他干了十多年的焊工，据说焊接的诀窍就是不能把大梁上的焊点焊满，要留有余地，这样就不容易断裂。此外，焊接完成后，除锈也是关键。这种技术只有他聘请的师傅才会掌握。第三个特点是除了后桥等少量元件，所有部件都是他的工厂自己加工生产的，因此能够保证质量。陈先生认为：挂车的关键是大梁，一定要用好的钢材焊接起来。做好大梁，装上底板和车轮，最后在总装线上喷好漆，一辆挂车就算成型了。在 ZYGC 还装配有两个 PT 车间，此种密封车间是专为检验设计的。

在进入生产线阶段后，陈先生辞退了梁山的师傅，转聘两位有经验的国企工程师前来进行技术创新和企业管理。这两位工程师帮他做了很多事情。例如，交通部最近在推行"空气悬挂"，即车辆悬架的一种设施。但是这种设置该悬挂在车底何处并没有一个明确的工艺规范。陈先生和他的工程师们不得不自己试验，最终获得成功。

（五）产量产值

ZYGC 现在每年生产 1500 辆到 2000 辆挂车。ZYGC 的挂车因为材质好，工艺好、名声在外，因此售价也高。比较简单的型号约卖 5 万元，更好的则要卖到十三四万元，这个价位已经与"一汽解放"这样的大品牌车厂的挂车价格相差无几了。ZYGC 的口碑好，还有一个原因是它还做产品保修。只要

ZYGC 生产的挂车出现故障，凡在保修期内，该厂都会派员前往，设法修理或加以赔偿。据陈先生说，前些日子该厂生产的一辆挂车在安徽发生问题，他立即协同工程技术人员前往现场。虽说最终发现并非他们的产品出了问题，但这类举措总会在业界获得好评。不过，如此经营无疑是赚不到快钱的。实际上 ZYGC 一直都在亏损，2016 年才最终还清债务，到 2017 年才开始略有盈余，盈利三四百万元。

（六）企业管理

陈先生是个闲不住的人，他的脑袋里总是翻腾着各种各样的计划。他不仅关注生产工艺的改进，而且时时考虑企业管理的改进。近年来，他开始向日本的"即时生产"学习，尝试做到零库存。他尝试以订单为中心来组织生产，原料甫一入厂，立即进行加工，进而装成整车，随后快速出厂。他不想让原料、整车等积压在库房里，占压资金并形成库存压力。按照陈先生的说法，订购其挂车的主要是高安本地汽贸物流商中的二级、三级分销商。他们为客户订好牵引车，然后到此配好挂车，最终让客户开走整车。

陈先生在企业管理上的另一个尝试是企图造就企业的"扁平化"。虽说他并不知道"扁平化"这一术语，但在实践上正在进行如是操作。他的工厂最初雇用 100 多人，其中有 20 多人为管理人员，以往分作 7 个科室。2018 年后，他把工人裁撤到 60 多人，而把科室人员全部都驱赶到生产第一线去解决问题。据他说，这是他在为整个工厂进入第三阶段即机器人阶段准备条件。

无论如何管理，陈先生碰到的最大难题还是工人。ZYGC 的核心力量是那些跟随他多年、掌握焊接技术绝活的工人，全靠高薪才能留住，而且全都年龄较大。厂里"90后""00后"的技术工人可说是一个也没有。现在的年轻人不愿学习技术，工厂也招不到年轻的技术工人。由于流动性大，厂里也无法自己培育技术工人。现在陈先生雇用的多为本地工人，他认定外地工人多半不太可靠，而且经常流动。这也是他早先获得的一个教训。在办厂第一阶段从梁山请过来主持生产的师傅也带过来一些工人，但是这些工人曾经跟他发生过一次大冲突，要求涨工资，要求没有得到满足竟然一哄而散，置工厂生产于不顾。这就导致陈先生从此不再相信外地工人。挂车厂的前景如何？陈先生对进一步发展实际上并不抱过于乐观的态度。按照他的说法，私营的小微企业要想做点实事，实在是太难了。（ZYGC – CRS 访谈录）

四　驾校

（一）驾校概况

在某种意义上说，驾校是卡车司机的生产基地。高安卡车司机多，意味着学车考本的人多，因此驾校也就相应较多。全高安据说有十九个驾校，可能比全国任何一个县级市的驾校都多，它们星罗棋布地坐落在高安四郊。这也从一个角度显示出高安作为"卡车王国"的特点。

高安的驾校按产权性质可分为两类。一类是公办驾校，据说有两个；另一类是私营驾校，据说有 17 个。公办驾校里办校时间最长的是"NJJX"，它是由高安县某局主办的驾校，前身是高安县"NJZZ"，后来又叫"CRNJ"学院，驾校就隶属于这个学院，因此叫作"NJJX"。至于私营驾校，则是各有其名，规模不等。

（二）公办驾校

NJJX 早在 1986 年就已开张，高安早期很大一部分卡车司机都是从这里培养出来的。因此，NJJX 又被本地人戏称为"高安卡车司机的黄埔军校"。

该校现在的实际负责人是刘副校长，他出生于高安"陶瓷之乡"——XJ 镇，1973 年生人，受过完整的初等和中等教育，1995 年毕业于西北的一所中专，毕业后曾到广东打工，两年后回到高安，进入县 NJ 局，逐步担任了所属驾校的领导。

据刘副校长介绍，20 世纪八九十年代的驾驶教育是非常正规的。学习驾驶卡车需要 6 个月的时间，而现在则简化为两个月了。学员在此期间必须住校学习，主要课程有理论、技术和实地驾车。实习所用车辆为清一色的解放尖头 414，那是当时品质较高的货车。为了帮助学员掌握驾驶原理，有时甚至还要把机器拆开，让学员观看并做讲解。

当年学习驾驶技术，要学会所谓"倒库""盘库""单边桥"等，据说这些都是对卡车驾驶非常重要的技术。"倒库"就是要将车辆倒入车库之中，车头摆放到位。卡车倒车要比小车倒车困难很多。按照刘副校长所说，"盘库"就是两库并列，学员需要驾车从一个库进来，再转到另一个库出去。"单边桥"则是在行进道路的一侧，悬空搭上一节木板，宽度与车轮相仿，学员驾车从此驶过，一侧车轮经过此桥而不掉落。再比如说，路考要考行走 S 形路，那时他们就会在路面用油漆画出类似大坑的饼状图，让学员沿着 S 线开过去而不能压线。据说当时的理论和路考都是非常严格的，理论和实践课程全部合格后，才由宜春市的交警支队派员过来考试，合格后发证。

据介绍，NJJX 最兴旺的时候是在 20 世纪 90 年代，其时学员众多。这些学员多为农家子弟，以初中毕业生为主。那时的学费也比较昂贵，学个 B 本要用 1 万多元，现在则已降到了 8000 元。

据刘副校长说，公立驾校最头痛的问题就是遭遇竞争。现在私立驾校的发展势如泉涌，给公立驾校造成巨大压力；此外，市里的支持力度也不够，常因城市发展而占用驾校用地，所以过去 NJJX 有 80 亩用地，挤来挤去现在只剩下 30 多亩，根本施展不开。（NJJX–LL 访谈录）

（三）私立驾校

公立驾校似乎给人以一副萎缩不振的样子，那么私立驾校情况如何？我们随后访问了当地最大的一家私立驾校。这家名为"CYJX"的校长姓朱，年资很老。他是 1956 年生人，曾在军队服役多年，专职开车。复员回来后进入陶瓷厂当工人，随即发现身边很多人意欲学车，开办驾校似有光明前景，于是在 2004 年集资 200 万元，购买了土地、模拟设备等，开办了

CYJX。现在，这个驾校包括一座二层的办公楼，一排电脑房，一座二层楼的学员宿舍和一座简陋的小型餐厅，还有 50 多亩地的练车场，以及 20 多辆国产皮卡教练车。

谈起驾校前途来，朱校长掌握的情况，显然要比公办驾校的刘副校长多得多。据朱校长判断，眼下高安学习 B 本，准备开卡车的人已经越来越少。现在来驾校学本的很多都是在各地上大学的高安籍大学生，他们利用寒暑假在此学车，学的都是 C 本，开的也是小车。朱校长估算，眼下高安每年最多也就有 4000 个左右的成人学习 B 本，而他自己的 CYJX 就吸收了 1000 多人，占了约 1/4。朱校长说，在他们这里学习 B 本至少要用两个来月的时间，学习内容包括理论和技术，但是比起早先已经简化很多了。

眼下，CYJX 共聘有十七八位教练，与开始办校时的 40 位教练相比已大为减少。朱校长回忆了创办之初的难处，他说 2004 年刚开张时，三个月内只来了一个学员，以后才慢慢发展起来。

说到开办驾校的诀窍，朱校长说最重要的其实是招募教练。驾校的教练需满足两个条件：一个是脾气要好，要有耐心；另一个是表达能力要强，能叙述明白。他说碰到很多来应聘教练的人，其实他们车开得很好，但不善言辞，不会教人，这样的人不能用。他办私立驾校，最主要的就是要形成竞争力。CYJX 因为教练好，教学水平高，每年的考试通过率达到 80%，因此就是现在条件下也能吸引较多学员来学车，竞争力较强。现在甚至还有从广东、福建来学车的，都是因为他的驾校现在名声在外。

说到驾校当下所面临的问题，在生源减少形成压力这一点上，朱校长所言和刘副校长所言有共同之处。但是朱校长还特别提出两个问题。第一个问题是他认为现在有一个很大的弊端，就是考驾照和办理从业资格证重叠了。他认为既然学员已通过考试，拿到驾照，那就证明该人已经具有了从业能力，为何上岗还要办理从业资格证呢？这不是明显的重复办证行为吗？第二，他质疑把考 B 本和考 A 本衔接起来的做法。现在的制度是，学员必须先考下 B 本，两年后再申请增驾，从 B 本增驾到 A 本。他认为增驾过程费时、费力、费钱，为什么不能让学员直接学习 A 本呢？（CYJX –

ZXY 访谈录）

总的来说，乐意进驾校学习的高安本地人越来越少，相形之下，高安的驾校也确实有点多，因此必定面临紧缩压力。根据优胜劣汰的原则加以调整，乃是一个必然的趋势。

五 加油站

（一）高安油站

货运卡车多的地方加油站必定不少。在高安，沿国道省道的几乎每个乡镇村组都坐落有一个加油站，仅属于中石化系统的加油站就有 39 个，私人老板开办的加油站更是为数众多。

（二）道边小站

在贯通 HB 镇的 320 国道边上有一个小小的加油站，只有正式员工两人，临时工一人。临时工吴先生的太太和弟弟都是这个小站的正式员工，他们两人承包了这个小站。吴先生自己则另有一个装修门店。只是在两位正式承包人有事忙活不开时，他才来临时帮一下忙。

该加油站地方不大，但总体格局与一般加油站并无二致。正式的建筑物是两间房屋，屋外树立一座带中石化加油站标记的天棚，下设两台加油机。地下是贮油库。房屋内则是一间超市，商品分为两类。一类是涉车商品，如玻璃水、润滑油等车用物品，另一类是各类食品和百货。可见，加油站与小超市结合已是全国加油站的标配。

（三）承包经营

吴先生之妻等人以劳务承包形式承包了该加油站，承包任务是每个月需出售 205 吨油品。在这 205 吨油品中，柴油少而汽油多。这也就意味着在此加油的以小车为主，虽然紧靠国道，但是使用柴油的大货车却很少光顾。在每月完成承包任务后，大概能收入 2 万元，两位承包员工的工资、社保、五险一金等均涵盖在内，再加付给吴先生临时工工资，所以并不宽裕。

为什么守着道边而没有货车来加油？吴先生说就是因为中石化的正规油品价格太高，卡车司机不愿意购买。他说有些私营加油站弄来的不明来路的柴油才 4.96 元/升，比起 6.82 元/升的中石化正规柴油，相差接近 2 元。所以卡车司机们就会仔细盘算这笔油账。有一个卡车司机说，"我长期用'小油'，就算最后把喷嘴烧坏了，花上几万块钱的修理费，算起来也还是比烧中石化的柴油要便宜些"。这对中石化的正规油品是一个非常大的冲击。

加油站的超市中摆放的百货、小食品以及大米等商品也都不是承包人自行采购的，而是从中石化的中央仓库直接进货，也由中石化定价，承包人不得随意变动价格。按照承包书，每年还要卖出定额数量的百货。上级领导对超市货物及售价也不时抽查。至于货物质量，如果发生虫咬、鼠咬，或某些不可抗拒的因素导致货损，还是可以申请调换的。

（四）主要难处

高安的加油站在 2009～2010 年曾经发生过一次巨大变动。其时盛传石油要由国家垄断经营，所以中石化开始收购当时的私营加油站。XJ 镇有一个老板很早得到内部消息，故敢于逆风而上，趁机抢建了一个私营加油站，后来很快就由中石化高价收购，据说一下赚了几千万元。

对国有加油站来说，最大的压力是私营加油站利用加注'小油'而引发的不对等竞争，由此造成中石化的正规油品无论如何也推销不出去。在高安，据说有一个名叫 GJNY 的私营油站，不仅售卖"小油"，而且对卡车司机给出返点和多种优惠，例如在该加油站加注 500 元的柴油就可以获得一顿免费餐食。像这样的竞争办法，中石化等正规油站肯定是竞争不过的。所以吴先生愤愤地说，江西老表能力不如福建 PT 人，因为看起来在高安凡是做私人加油站且经营得风生水起，有声有色的，多半都属于所谓"PT 系"。他们才有渠道搞来不明来路的油品廉价出售。（JYZ - WXY 访谈录）

六　"卡车村"

（一）两位书记

高安被称为"卡车县"，但是卡车县里还有个"卡车村"，即整个村庄经营汽车运输业务，靠公路货运业吃饭。这个"卡车村"就是高安 LT 镇的 TS 村。TS 村作为"卡车村"的名号不仅在高安，而且在江西省内外的"卡车界"都非常响亮。

在 TS 村，我们找到了前后两任村支书进行访谈。老支书姓王，1949 年生人，是我们在高安访谈中遇到的年龄最大的"卡车人"。他年仅 14 岁就辍学耕田，长期劳作，经历过集体化时期一天挣十个工分，分值仅有 3 毛 6 分钱的艰苦日子。后来他在本地养过蜂，改革开放后又到外地打过工，大约在 20 世纪 80 年代后期回到 TS 村，后当上村支书。把 TS 村变成"卡车村"可说就是在他的手里实现的。

现任村支书姓冷，1973 年生人，1995 年高中一年级时即去当兵。三年后复员，回到村里开始学车考本，后来做信息部生意。在冷书记手里，TS 村在汽车运输业之外开拓了多元化的产业方向，同时，也在努力落实新农村建设的各项目标，使得 TS 村的发展步入新阶段。

（二）村庄概况

TS 村是个行政村，包括九个自然村，有水田约 2000 亩，山林旱地约 1000 亩。全村 2000 多人，性别上男多女少。过去主要以种植两季稻为主，现在也开始种植玉米和其他一些经济作物，由于大多数青壮年村民都从事非农经营，一多半土地业已流转出去，在 3000 亩土地中已流转出去约 1600亩。流转费用为好地每亩 420 元，坏地约每亩 280 元。

（三）开办公司

据王书记介绍，1993 年村里就有两位年轻人自己买车跑运输了，后来买车的村民越来越多，于是村里就成立了一个村办运输企业，名叫 XN 公司。公司算是集体企业，村民买了车就挂靠在公司。后来，XN 公司被某个村民承包了，又增加了经营车辆买卖的业务。要经营车辆买卖就需要融资，所以 XN 公司最后变成一个小型金融公司。据说当年买卖车辆的公司融资分成三部分：一是承包公司的老板要提供 40% 的自有资金；二是可从银行、信用社贷款，但不得超过 20% 的比例；三是民间融资，占 40% 的比例。多维融资使得 XN 公司掌握和运作的资金量迅速增加，极大地推动了本村村民购置车辆并变成卡车司机。据两位村支书回忆，当年 TS 村 2000 多个村民中就有 500 人左右考了驾照，全村共有货运卡车 300 多辆，成为名副其实的"卡车村"。因业务联系需要，村民又因大量购置、使用手机而变成著名的"手机村"。实际上，当时高安各村成立汽运公司的为数不少，例如，ZYGC 的陈先生起家之初就是承包了他那个村的汽运公司。在最兴盛的时期，TS 村也带动了整个 LT 镇汽贸运输业的发展。那个时候 LT 镇成立了大小汽贸公司约 300 家，有纳税能力的达 200 家，全镇运输的货车有 15000 辆。所以不仅 TS 村变成了"卡车村"，就连 LT 镇也变成了"卡车镇"。（TSC – WYC 访谈录）

（四）改制过程

到 2000 年，情况发生了变化，XN 公司被拆解掉，开始实现私有化过程。自此以后，大大小小的私营汽贸物流公司在 TS 村迅速成长起来，现在 TS 村还有约 50 家私营汽贸物流公司，一部分过去的卡车司机摇身一变成为老板。

但并非所有的卡车司机都能轻而易举地变成老板，在 TS 村，现在仍然当卡车司机的也大有人在。不过，现在的 TS 村司机多半是给本村老板打工，而且多为短途运输。据冷支书说，现在村里有 100 来个这样的他雇卡车司机，而且他们收入也不菲，一般月薪都在 1 万 ~ 1.5 万元。

TS 村的汽贸物流公司不仅开展货运，而且买卖车辆。很多外地人都来此购车，客户远的来自新疆、宁夏和四川诸省份。他们买了车，无论新旧，一般都会挂靠在村里的汽贸物流公司。所以，TS 村有些汽贸物流公司的发展势头颇为强劲，甚至达到国家的 4A 级标准。王支书所在的 TLQY 就属于这样的公司。

运作物流信息也是 TS 村的一个强项。早年，TS 村人不仅在本县、本省开办信息部，而且还把信息部开到外县、外省。冷支书就是开办信息部出身。冷书记曾与两个伙伴一起，在海南经营信息部长达十年之久。他说当年在海南就是一手找货，一手找车，每天能发十几、二十来车货，每车提取信息费 100 元。一年下来，每人也有二三十万元的收入。他说 TS 村人中有很多就是这样去做信息部生意的。时至今日，TS 村的信息部虽说和早年盛况不能相比，但是这个行业仍然是村庄经济发展的主要动力。

（五）多元发展

近年来，在冷支书带动下，TS 村开始从单一的"卡车村"走上多种经营的道路，这至少包括三个方向。第一个方向是新农村建设，TS 村围绕着这个乡村中心工作已经做了很多努力。例如在脱贫领域就取得了令人瞩目的成就。第二个方向是推动种植业多元化，TS 村以往的农业生产以种植水稻为主，现在则不仅开始试种玉米，而且开辟了一个火龙果生产基地，据说本地的土壤特别适合种植火龙果。第三个方向是试图发展多元工业。现在村庄里业已建起一间陶瓷工厂，此外，还兴建了一个生产网球拍的工厂。上了年纪的老人，跑不了汽运，也种不了水稻，就坐在家里编织球拍，一天也可以挣到 200 元左右的工钱。（TSC－LJX 访谈录）

总的来说，在近几十年的发展中，TS 村已经从一个农业村变成远近闻名的"卡车村"，又从"卡车村"变成了以公路货运业为主，兼及多种经营的经济体。TS 村更为强劲的发展或许还在后面。

以上我们使用大量篇幅，比较细致地勾描出"卡车县"里的各色"卡车人"群像。据估算，在高安 87 万人口中，约有 20 万人从事与公路货运业相关的产业。一个非常保守的估计是去掉外地司机，至少有五六万高安本地人为卡车司机；此外，还有约两万人做物流，约两万人做旧车生意，数千人做修理厂。其余数万人则为在不同公司中的打工人，或从事其他与公路货运业相关的行业的生意。（HXQM－HHJ访谈录）时至今日，12万辆高安货运卡车、20万"卡车人"，合力搭建起高安"卡车王国"，推动着公路货运业的运转。

第六章　重新解读"卡车县"

2020 年和 2021 年，当我们两下高安访谈卡车界各色人等之际，头脑中一直萦绕着的问题是："为何是高安"——为何只有在高安才能看到公路货运业的全要素结成链条，落地生根并茁壮成长，最终被构造为一个完整的经济体系，成为高安地域经济的一大支柱？我们近年来从事卡车司机调查，跑过众多省份，在各地都会看到人数不等的农家子弟加入卡车司机行列，或经营与公路货运业相关的企业，如开办信息部，如经营运输车队。但是我们还从未见过高安这样的状况。在这里，我们权且遵循坊间说法，将之概括为"卡车县"，而如何解读"卡车县"就成为我们面临的核心问题。

解读"卡车县"的尝试当然并非自今日始。高安公路货运业的增长模式早在 20 多年前就曾引起过人们的广泛关注，学界给出过不同的解读，高安民间也长久流行着各种说法，比如认为高安人格外聪明，比如认为高安人特别能吃苦，等等。这些解读和说法或许都有道理，但不能令人满意。民间说法停留于直观层面，学界解读则似乎不是过于浅显就是过于精专，读来亦难以使人信服。我们问自己：能不能从社会学的学科视角出发对"卡车县"重新做一番解读呢？这个重新解读当然是超越日常感觉而上升到学科理性的，同时也是跳出狭窄分支学科窠臼而展示出社会学特有的综合眼光的。基于这一考虑，我们尝试对"卡车县"提出一个"五位一体"的社会学解读：空间区位、文化传统、资源禀赋、精英结构和"草根国家"是我们用来对"卡车县"进行社会学解读的五个基本概念。五者统合，彼此关联，共同作用，从中或能使人把握"卡车县"产生和成长的内在逻辑。

一　空间区位

从空间条件看，高安距南昌市仅 40 公里，较易接收省会的经济辐射。这当然是一个重要的空间区位优势。但在我们看来，这一点还不能说是最重要的空间区位优势。对高安而言，其最重要的空间区位优势就在于境内路网密布。国道、省道、县道、乡道密密匝匝，相互勾连，四通八达。特别是 320 国道贯穿全境。320 国道高安段原为 1921 年开始修建的一条公路，建成后对赣省交通作用甚巨。1949 年后人民政府对之加以进一步扩展延伸，使成 320 国道，贯通沪浙赣湘贵滇六省市，成为贯通南中国的一条交通运输大动脉。高安恰恰坐落于这条大动脉的中端，一头连接云南瑞丽，一头可达经济中心上海。这条国道为贯通南中国的长途物流运输提供了基本条件。正是这个空间区位优势才为高安发展公路货运业提供了最重要的前提。当然，这里还需强调，空间区位优势固然为高安发展公路货运业提供了必要条件：没有它，公路货运业就无从谈起，在经济发轫的起点上，人们的想象力甚至都不会自动投放到这个方向上来，遑论日后发展。但是空间区位优势并非充要条件：有了它，并不意味着必然形成高度发达的公路货运业。要在高安做成公路货运业的全链条无疑还需要其他相关条件。

从理论上说，"卡车县"再次凸显出空间区位条件对于经济社会发展的重要作用，而对"卡车县"的再解读首先就意味着需要在研究发展的社会学理论框架中，为空间区位留下一个适当位置。用社会学的传统说法就是"把空间区位带回来"。在涂尔干时代，社会学似乎还非常重视空间范畴，这从涂尔干一再强调时空范畴的社会性可以看出。早期芝加哥学派的"同心圆"理论也突出了空间的意义。但在以后的发展中，空间范畴渐被遗忘了，导致社会学家经常在欠缺空间条件的界定下侈谈经济社会发展。如此一来，套用新制度经济学家科斯的一句名言，社会学家笔下的经济社会发展也就变成了"没有躯体的血液循环"——"没有躯体"就是指抽掉了发展的空间条件。不过，空间条件之为人淡忘也并非实证社会学的独有痼疾，在美国经济地理学家大卫·哈维看来，甚至连经典马克思主义也未能逃脱同样的毛病。所以哈维提出的一个重要的理论建设方向乃是构造"历史－地理－唯物主义"，也就是面对经典的历史唯物主义时，要在"历史"和"唯物主义"之间插入"地理"，即空间条件，以充实和完善马克思主义的生产关系理论和阶级斗争理论[①]。在重新解读"卡车县"之际，与上述社会学的理论缺失两相映照，确实再次凸显出空间区位对于理解区域发展的重要意义，因此必须将空间区位打造成再解释框架中之必不可少的一环。

二 文化传统

高安地处江南，历来是盛产稻谷的膏腴之地，在传统社会里是一个自给自足的好地方。高安本地存有较为深厚的文化传统，这个文化传统当指人类学家芮德菲尔德所描绘的"小传统"[②]。在他的笔下，"小传统"大致上可被理解为在一定的小共同体中由底层民众自发创造并加以维系的文化传统，它包括该地域内民众自发形成的价值观念和生活方式。与居于庙堂之上，多半由文化精英所承载的"大传统"不同，小传统是底层内生的，对于民众心灵和行为产生润物无声的濡化作用。

那么，高安地方小传统的基本内涵若何？我们认为最简单的概括当指其"耕读传统"。"耕读传统"可谓农耕文明的极致境界。高安其地物埠民丰，乡风淳朴，农家子弟勤于劳作；诗书继世、忠厚传家是为至高理想。即使到了今天，这个传统也还具体而微地表现在高安人念念不忘的俚语"贫不忘读书，富不忘养猪"之中。这里的"养猪"显然泛指饲养家畜，极而言之也应包括全部农业生产在内。进入现代社会后，公路的开通和路网的形成，将很多高安人卷入运输业。所以高安人又把上述俚语变化为"读书、养猪、跑运输"，以之为人生理想的生活状态。此种俚语合辙押韵，朗朗上口，老

---

① 参见哈维《后现代的状况：对文化变迁之缘起的探究》，北京：商务印书馆，2003。
② 芮德菲尔德：《农民社会与文化》，王莹译，北京：中国社会科学出版社，2013。

幼妇孺，皆可念诵。这也体现出小传统的基本特征，即未经文化精英操弄的典章化，因此也不曾提升到以文字为载体的大传统中。小传统就是小传统，口口相传是其再生产的一个主要手段。

文化小传统在民间的流传和再生产，遂将上学、农业和运输业铸造成当地经济社会生活中最具合法性的三大志业，民众自幼耳濡目染，对之保持高度认同。在一般情况下，农家子弟家境再苦也要读书，中学毕业后虽也不乏出外打工者，但大部分人仍然不是投身于农牧业，就是投身于交通运输业，这简直已成天经地义之举。所以这个小传统对于高安民众的价值观念和行为方式都产生了重要影响，也成为农家子弟投入公路货运业的巨大精神推动力。

三　资源禀赋

正如一位专门研究美国卡车司机工作的社会学家所说，公路货运业是一个由"衍生需求"驱动的产业①。所谓"衍生需求"又可称为"引致需求"，即其本身作为一种生产要素的需求是由其他生产要素驱动而产生的。或者直截了当地说，公路货运业本身并不体现原生需求——公路货运业的产生和发展都不是无源之水，它要产生和成长，首先就须有货可运。也就是说，公路货运业有赖于区域内的资源禀赋与工业产品，而后者对于前者的兴起和发展具有决定性作用。

如前所述，高安至少有五种特色产业的产品需要外运。第一，粮食产品。高安——广而言之还应括及周边诸县——在历史上就被称为"农业上县"，历来是稻米生产地区，在计划经济时代就已开始粮油外调。市场改革更加速了粮食产品的运输流通。第二，畜牧业产品。高安人养猪，后来又饲养黄牛，此类畜牧业产品也需外运，早年经常运往广东、湖南等省。第三，竹木业产品。高安盛产的竹材、木料也是其主要的外运产品。第四，高安及

---

① Viscelli, S., *The Big Rig* (University of California Press, USA, 2016).

其周围县域蕴含大量矿产品，砂石料、铁矿石、煤炭等储量丰富，开采后也需运往江西省内外。第五，新近兴起的陶瓷业。高安建筑陶瓷产品精美，产量巨大，已如前述。大批建陶制品需要运往全国各地。所以，正是这五类产品，在早期特别是前四类产品，催生出对公路货运业的巨大需求，推动了其发展。而高安本地的公路货运业一旦起家，最初将自家产品运抵外埠各地的卡车司机们，在卸下自家货物后，自会装上其他货物，加入到全国公路货运业的洪流大潮之中。本地资源禀赋和特色产品外运是启动和支撑高安公路货运业的重要条件。

四　精英结构

在高安，如果我们把公路货运业当作一面社会结构分析的透镜，那就不难发现，这里实际存在一个层级分明的精英结构。我们大概可以把它划分出初级精英、次级精英和顶级精英三个层级。

初级精英即活跃于公路货运业的个体卡车司机群体。他们在改革大潮中，经市场筛选，从普通农民中脱颖而出，进入公路货运业谋生和发展。与普通农民相比，他们因掌握三门技能而获得初级精英地位。第一，掌握驾驶卡车的专门技术。虽说公路货运业是一个资产专用性不强的行业，但是驾驶卡车毕竟是一门需要学习和长期实践才能臻至化境的职业技能；第二，掌握与各色客户议价的理性化市场技能，而该技能的基础则是熟悉运输路线和掌握货物特性的知识，以及对价格变动的敏感性；第三，掌握与各色人等打交道的社会技能。卡车司机车行天下，运输途程中不仅要应付交警、路政、交管等管理者，而且要与碰瓷的、偷油的、窃货的等各种人员百般周旋，因此处理问题、实现沟通的社会交往技能尤为重要。掌握这三种技能的卡车司机当然无愧于初级精英的称号。

从作为初级精英的卡车司机群体中又进一步分化出中小汽贸物流商，以及经营汽修厂、挂车厂、检测厂、加油站、驾校等的那些涉车行业小商人。这些中小汽贸物流商及相关小商人可被称作次级精英。他们的眼界和能力显然超出了个体卡车司机群体，经营更加专门化，资产积累也大为增加。与卡车司机群体相比，他们数量虽少但功能重要。如果说个体卡车司机群体是货物运输的直接承载者，那他们就是高安公路货运生产的实际组织者。

居于中小汽贸物流商及相关小商人群体之上的是大汽贸物流商，他们虽说寥若晨星，但居于高安公路货运业的顶级精英位置。他们不仅手中掌握的资产可观，而且在成规模地经营物流信息、售卖新旧卡车和组织车队运输等方面成就斐然，一举一动皆可影响全局。更为重要的是，他们还试图透过一系列的制度创新来引领整个高安的公路货运业。JB 公司的金先生试图创新挂靠制度，可望在公路货运业中产生除旧布新的制度后果。XZWL 的李先生若能成为撬动数字平台的第一根杠杆，则将从根本上改变高安公路货运业的面貌。此外，他们还组织各种专业协会并借此与政府积极联络，从事社会公益事业而保持与社会的沟通渠道。如果说，作为初级精英的个体卡车司机群体和作为次级精英的中小汽贸物流商等构成高安公路货运市场的两块基石，那么作为顶级精英的大汽贸物流商就可说是为这个行业引领了发展方向。

由此可以看到，从社会学的观点看，在高安的公路货运业中实际上起到支撑作用的是经由市场筛选出来的三级精英结构。不过，这三级精英结构并非彼此割裂，而是相互连接的。可以清晰辨识出从初级精英到顶级精英的上升通道。正是三级精英结构的存在和运作解释了高安公路货运业之内生的自我强化机制，使之有能力抵抗各种外部压力而继续前行。

从哈里斯·怀特及其倡导的新经济社会学之后，将市场理解为一种社会结构已是老生常谈[1]。但当我们将此观点运用于高安的公路货运业分析时，却发现真正起作用的还不是泛泛而言的普通群体和社会关系，而是各个层级的精英群体。如是则老牌现代化理论家艾森斯塔德在分析帝国体制时提出的"精英分层"的看法，便在此得到了具体的阐示和应用。[2] 不过他说的是政治精英，而我们在高安的公路货运业中看到的是经济精英。

---

① 怀特：《市场的结构研究思路》，载多宾主编《新经济社会学读本》，左晗、程秀英、沈原译，上海：上海人民出版社，2013。

② 艾森斯塔德：《帝国的政治体制》，沈原等译，南昌：江西人民出版社，1992。

五　"草根国家"

改革开放以来，人们在研究地方经济发展时早已达成一个共识：至少是一个县域层级的地方经济能否发展起来，与其地方政府的所作所为关系甚大。一般来说，若没有地方政府的支持与管理，则地方经济断难发展起来。尽管抱持新自由主义经济学观点的人强烈反对政府对经济的干预，但实践经验反复证明了地方政府之不可替代的作用。高安公路货运业的发展不过是对这一共识的再次印证。

高安地方政府对公路货运业的大力支持和扶持无疑是促使该产业能够发展到今天这样庞大规模的一个重要原因。不过，在探讨高安地方政府与公路货运业的关系时，却有两点让我们颇感兴趣。第一点是高安历届政府何以会对公路货运业保持一以贯之的支持态度，第二点是设立专门管理机构的实际作用和理论意义。

先说第一点。高安历届政府出台的那些具体政策固然意义重大，政府对公路货运业大力支持的实例亦数不胜数。例如，当政府发现"信息一条街"难以满足卡车司机找货需要时，便大力修建产业园区，为中小汽贸物流商提供良好经营场地。当政府发现中小汽贸物流商流动资金吃紧时，政府便发起由其担保的银行低息贷款予以支持，如此等等。正是因为政府不断出手襄助才使高安公路货运业的发展一路顺畅。

当然，政府并非仅仅给予各种支持。当这个行业出现问题时，政府也会毫不迟疑地加以规训。若需举例，则最好例证当推政府对二手商用车市场的规训和整顿。众所周知，当一个产业初兴之际，难免泥沙俱下，鱼龙混杂。高安的二手商用车交易兴起之初亦是如此，曾经出现了大量坑蒙拐骗现象，有收了订金而迟迟不肯交付车辆的，有待客户看车之后偷偷调换零件的，还有临时变卦坐地起价的，如此等等，不一而足。受骗上当的客户求告无门，唯有以各种手段尝试维权。在一段时期内到高安政府和法院控告二手商用车交易欺诈者相逢于道，络绎不绝，而当问题无法解决时跳楼服药以命相搏者亦大有人在。这些乱象致使高安一时间恶名远扬，极其不利于市场的发育。针对此情此景，又是政府及时出手加以规训，通过建立二手商用车交易市场，建章立制，规范交易，迅速堵住了这个漏洞。

数十年来，政府出手的类似举措可谓不胜枚举，公路货运业的发展每逢一个转折点时，政府都会推出相应政策加以扶植和支持。但在我们看来，最为根本的或许还不仅是这些举措本身。具有头等重要性的其实是透过这些举措而展示出的政府行为的高度一致性和持久性。多年来，我们接触过南北各地许多县域经济社会发展的案例，比较之下高安政府行为的独特之处恰恰在于，无论政府如何换届，主官如何轮替，支持和扶植公路货运业发展的政策却始终不曾动摇。我们知道，在20世纪90年代以后，由于政绩考核等各种规制的压力，大部分地方政府官员生发出强烈的政绩动机。在很多县级政府，每个主官到任后都要制定一套新的发展战略，大力推进与其个人政绩名誉相关的产业，而这些产业又往往与前任作为风马牛不相及。所以在县域经济层面上不停地调整产业格局，最终导致产业衰败的各种故事，近年来早已为人耳熟能详。但高安政府行为却大为不同。不管政府如何换届，不管何人前来当政，都会一如既往地支持和扶植汽贸物流产业。对政府此种首尾一贯、不改初衷的行为当作如何解释？我们亦尚无明确答案，对此还需深入研究。但是有一个猜想对于解释至少近年来政府行为的首尾一贯性可能有效：在高安，现在已有约1/4的人口卷入了公路货运业，产业精英结构也已塑造成型，如是则该产业必定按照自身逻辑向前发展，非任何外力能够任意改变。市场和社会本身足够成熟，其力量对政府行为造成巨大的锁闭作用，将之封闭在既定轨道上运行。在这个意义上说，政府行为归根结底折射出市场和社会之强大的约束力。

再说第二点。高安政府为加强对公路货运业的支持和管理，把过去在政府机构内各个相关科室的功能集中起来，于2012年成立了一个叫作"高安货运汽车产业基地管委会"（以下简称管委会）的机构，由它统一处理物流信息交易、车辆运输、新旧车买卖等公路货运业的诸种事项，以及调解由车辆买卖、涉车金融等所引发的纠纷和问题。可以看到，管委会业已成为今日高安公路货运业的最高行政长官，它上联政府部门，下通公路货运业的各个要素企业，对于推动高安公路货运业的发展产生了明显的积极作用。

就实质而论，管委会的成立和运作就是高安政府对公路货运业始终一贯加以扶植的制度化体现。而对于管委会本身，对其设置和运作的解读却透显出一个重要的社会学理论问题——国家、市场与社会三者之间如何在微观场景中互动的问题。以往社会学讨论三者关系时多在抽象、宏观的层面展开，在理论上亦总是不自觉地以为三者轮廓清晰，边界泾渭分明。对管委会的解读则昭示出，若从具体、微观的层面进行观察，则可见国家在治理社会和市场时并非永远"悬浮"在上，而总有一部分扎根到市场和社会之中，尽管深浅程度有所不同。我们沿袭早先提出的一个说法，尝试把扎根在市场和社会之中的这部分政府机构概念化为"草根国家"①，并再度界定其特征有三。首先，"草根国家"是真正的政府基层单位。按照多年前研究基层政府的一项成果的界定，其基层性最无争议的表现就在于：这一层级没有颁发红头文件的权力，但在实践中发挥不可替代的巨大作用，即其运作能力不是靠红头文件，而是靠无数细节上的实际操作而实现的②。其次，"草根国家"既然扎根在社会和市场之中，其与市场和社会就处于密切频繁的互动之中，其中最为重要的就是它具有强固的渗透力。上级政府的全部相关指令最终都需要通过这个管道灌注到社会和市场之中。因此，"草根国家"是否健全，是否具有执行力和灵活性，直接决定了政府意志得以贯彻的深度和广度。最后，"草根国家"也是对社会和市场的反应最为敏感的机构，正所谓"春江水暖鸭先知"，它总是能够最先感受到社会和市场的变动和诉求。可以判定，当一个"草根国家"足够灵敏，有能力及时把握社会和市场出现的各种症候并适时向上传递时，就能帮助上级政府把握变化的先机，做出超前决策。而当社会和市场出现动荡时，"草根国家"也总是最先承受压力，并需努力加以化解的那个机构。可以说，"草根国家"代表着国家、市场与社会之间宏

---

① 沈原：《草根国家的复兴》，原文载 *Polish Journal of Sociology*，2011，"豆丁网"转载。
② 李林倬：《基层政府的文件治理——以县级政府为例》，载《社会学研究》2013 年第 4 期。

观互动的微观基础，体现出在日常生活场景中生成的实践逻辑。在高安，管委会无疑就是扎根在公路货运业中的"草根国家"，它运行的好坏当然与这个行业的发展状况息息相关。

综上所述，我们试图从空间区位、文化传统、资源禀赋、精英结构和"草根国家"五个方面，解读"卡车县"的产生和发展。这个解读当然还只是一个初步尝试，尚存众多有待完善之处。我们所希望的不过在于：将这个"五位一体"的解读作为重新诠释"卡车县"的引玉之砖，以期引发更多的关注与思考。与此同时，我们所企盼的则是借助此种调查报告的样式，将"卡车县"中的"卡车人"及其活动录写下来，以期传至久远。

附录一　"疫情下的卡车司机"
调查报告

鼠年前后，新冠肺炎疫情突袭而至，并迅速在全球蔓延。截至 2020 年 3 月 4 日 24 时，全国已累计报告新冠肺炎确诊病例八万余例。疫情的蔓延不仅威胁着全国民众的生命安全与身心健康，而且深刻影响着各行业的生产与发展、各岗位人们的工作与生活。公路运输业及货运卡车司机群体更是深受影响。为真实、详细地了解情况，本课题组于 2020 年 2 月 14 日首先通过微信与部分"传化·安心驿站"的好站友进行了线上座谈，随后于 2 月 23 日，即武汉"封城"一个整月之后，对部分卡车司机开展了一次电子问卷调查。自 2 月 23 日 16 时起至 2 月 25 日 16 时止，在 48 小时内共收到问卷 2886 份，经清洗后获得有效问卷 2742 份，问卷合格率为 95%。现将调查所得基本情况描述如下。

一　调查样本的基本状况

本次调查依托"传化·安心驿站"进行，样本分布遍及 28 个省区市，且以山东、河北、辽宁、甘肃、黑龙江等省参与司机居多。其中超过八成样本卡车司机为 30~49 岁的青壮年男性。他们多出身农家，已然婚配，并育有 1 个或 2 个孩子。作为家中的"顶梁柱"，他们上有老、下有小，肩负整个家庭的生活压力。图 1 至图 7 反映了此种状况。

数据表明，从工作体制来看，86.5% 的样本司机为自雇卡车司机，他雇卡车司机占比为 13.5%（见图 8）。从运输距离来看，无论是自雇还是他雇，样本卡车司机大多以长途运输为业，这个比例达到 67.7%，其余的则

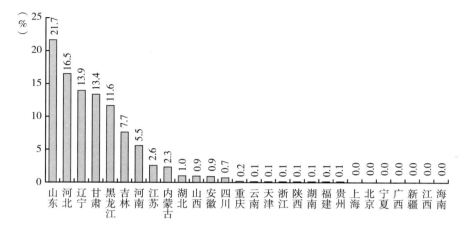

图1 样本卡车司机户籍所在地

资料来源：2020中国卡车司机调查。

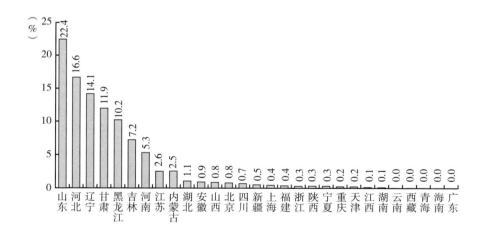

图2 样本卡车司机车头牌照所在地

资料来源：2020中国卡车司机调查。

包括29.2%的中短途运输及3.0%的城配业务（见图9）。从驾驶车型来看，样本卡车司机中有54.2%的驾驶六轴卡车，这表明样本卡车司机的驾驶车辆以重卡为主，其余的则驾驶两轴至五轴卡车（见图10）。

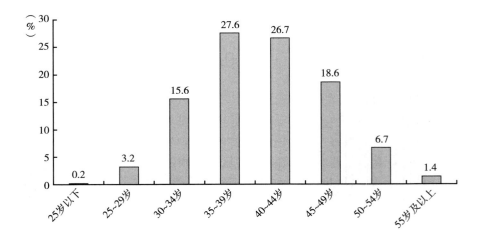

图3　样本卡车司机年龄

资料来源：2020 中国卡车司机调查。

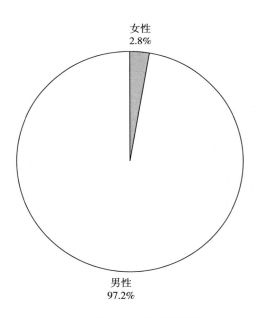

图4　样本卡车司机的性别

资料来源：2020 中国卡车司机调查。

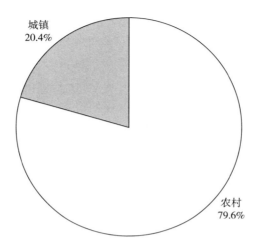

图5　样本卡车司机的户籍类别

资料来源：2020 中国卡车司机调查。

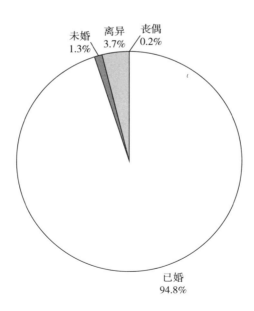

图6　样本卡车司机的婚姻状况

资料来源：2020 中国卡车司机调查。

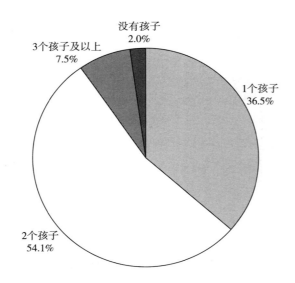

图 7 样本卡车司机的子女数量

资料来源：2020 中国卡车司机调查。

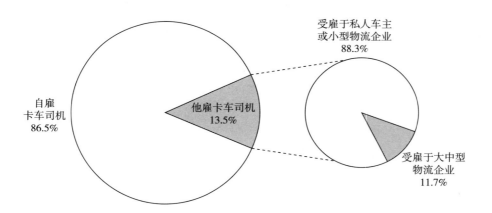

图 8 样本卡车司机受雇情况

资料来源：2020 中国卡车司机调查。

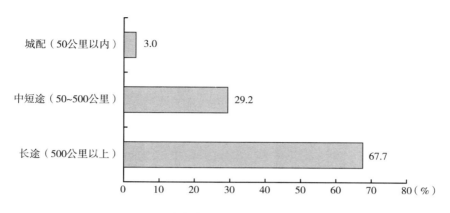

图9　样本卡车司机一般运送货物距离

资料来源：2020 中国卡车司机调查。

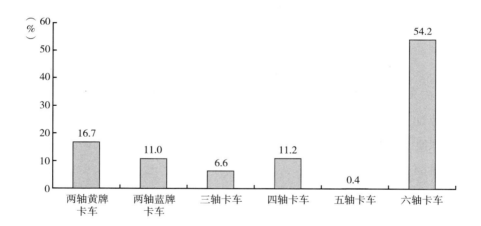

图10　样本卡车司机所驾驶的卡车车型

资料来源：2020 中国卡车司机调查。

卡车司机作为一个高强度、高风险的职业，其报酬相对而言并不算低。如图11 所示，绝大多数样本卡车司机 2019 年开卡车的平均月收入不低于 3000 元，其中近六成样本卡车司机平均月收入超过 7000 元。

驾驶卡车的辛勤劳动中往往包含着卡嫂的贡献，尤其是"跟车卡嫂"的艰苦付出。本次调查显示，样本中有近三成卡嫂跟车，而她们的"隐形"

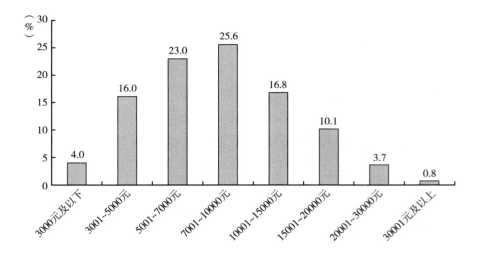

图 11　样本卡车司机 2019 年开卡车的平均月收入

资料来源：2020 中国卡车司机调查。

劳动并未计价，其收入与丈夫的收入是一体的（见图 12）。至于"居家卡嫂"，丈夫在外跑车意味着家里家外的活计须由她们承担。就经济收入而言，超过半数的样本"居家卡嫂"并未从事有酬工作，没有独立的收入来源。即便少数参加有酬工作的样本"居家卡嫂"，其收入亦大多不超过 3000元（见图 13）。

由此可见，样本卡车司机尽管个人收入不低，但其收入亦是家中主要的经济来源，家庭生活负担沉重。除此之外，相当比例的样本卡车司机还身负房贷、卡车车贷与小车车贷三大债务压力。如图 14 所示，52.2% 的样本卡车司机需要偿还房贷，47.5% 的样本自雇卡车司机仍需偿还卡车车贷，还有19.9% 的样本卡车司机需要偿还小车车贷。其中 39.4% 的样本卡车司机需要偿还以上至少两项贷款（见图 15）。

样本卡车司机每月需偿还的债务数额如何？如图 16 所示，需偿还房贷的样本卡车司机中，有 55.9% 的人每月需偿还 2001～4000 元的房贷，而每月需偿还金额多于 4000 元的总计达 12.3%。与房贷相比，卡车司机背负的

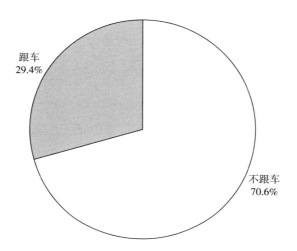

图 12 样本卡车司机妻子跟车情况

资料来源：2020 中国卡车司机调查。

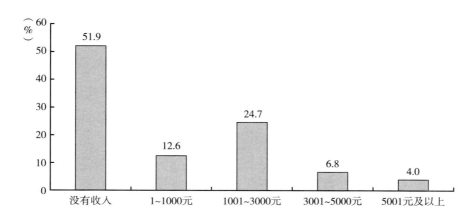

图 13 样本在居卡嫂 2019 年平均月收入

资料来源：2020 中国卡车司机调查。

卡车贷款由于偿贷周期短而使得月付数额更高，一般在两三年内便须偿清数十万元的贷款。在需偿还卡车贷款的样本卡车司机中，71.2% 的人每月还贷金额超过 6000 元，其中近三成每月需还卡车车贷超过 12000 元（见图 17）。

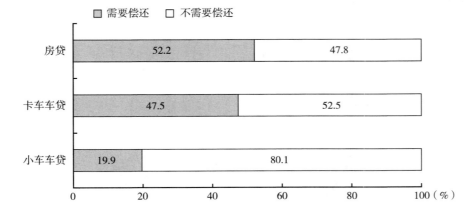

图 14 样本卡车司机负债情况

资料来源：2020 中国卡车司机调查。

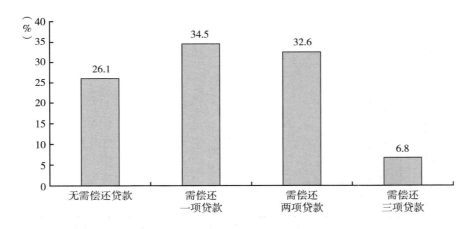

图 15 样本卡车司机需偿还贷款情况

资料来源：2020 中国卡车司机调查。

对于需偿还小车车贷的样本卡车司机而言，每月还贷金额在 1001～3000 元的占比达 70.5%（见图 18）。

由上可知，样本卡车司机不仅背负着较重的家庭生活压力，而且需定期偿还各类贷款。调查显示，近半数的样本卡车司机每月需偿还房贷、卡车车

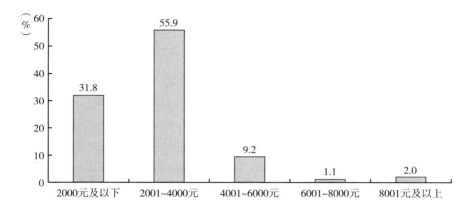

图16 样本卡车司机每月需偿还房贷情况

资料来源：2020 中国卡车司机调查。

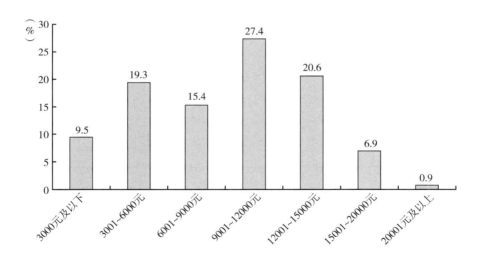

图17 样本卡车司机每月需偿还卡车车贷情况

资料来源：2020 中国卡车司机调查。

贷与小车车贷总计超过 3000 元。其中，近三成的样本卡车司机每月偿贷金额超过 9000 元（见图19）。由此可以推知，一旦因不能工作而没有收入，单是债务一项就足以将这些负债卡车司机压垮。

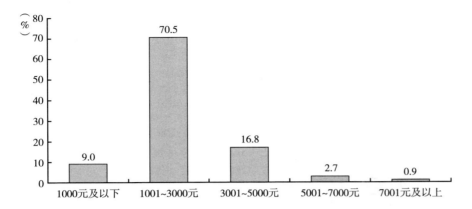

图18　样本卡车司机每月需偿还小车车贷情况

资料来源：2020 中国卡车司机调查。

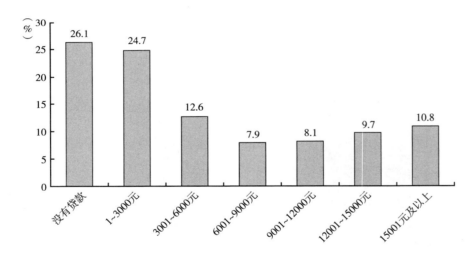

图19　样本卡车司机每月需偿还贷款总额

资料来源：2020 中国卡车司机调查。

二　疫情下的卡车司机

疫情发生后，全国各地陆续开始实行限制人员流动的防控政策。这无疑对以流动性工作为主的卡车司机的工作与生计产生了重大影响。调查显示,有 75.4% 的样本卡车司机在疫情发生后便"完全没跑车",有 18.2% 的样本卡车司机"有时跑车",仅有 6.4% 的样本卡车司机"一直跑车"(见图 20)。跑过车的样本卡车司机中,超过两成的人运输的主要是防疫物资(见图 21)。

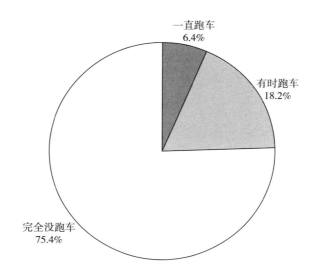

一直跑车
6.4%

有时跑车
18.2%

完全没跑车
75.4%

图 20　样本卡车司机疫情发生后的跑车情况

资料来源:2020 中国卡车司机调查。

为比较详细地阐述疫情对卡车司机工作与生活带来的影响,我们根据疫情发生后样本卡车司机是否跑车及其所运输的货物类型,将样本数据切分为以下三部分进行分析:疫情下的"逆行者"——运输防疫物资的卡车司机;疫情下的"坚守者"——运输普通物资的卡车司机;疫情下的"忍耐者"——未曾出车的卡车司机。

(一)疫情下的"逆行者"——运输防疫物资的卡车司机

疫情发生后各地需要大量的防疫物资,这意味着需要相应的卡车司机参与抗疫物资的运输,本调查的样本卡车司机中包含少量这样的"逆行者",占比为 5.4%。如图 22 所示,疫情发生后 53.1% 的样本"逆行者"曾拉过

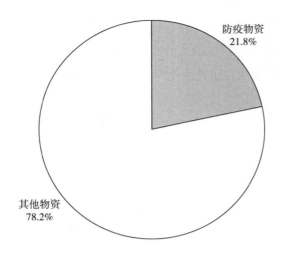

图 21 样本卡车司机疫情发生后所运输的货物类型

资料来源：2020 中国卡车司机调查。

1～2 趟防疫物资，21.8% 的样本"逆行者"拉过 3～4 趟防疫物资，25.2%
的样本"逆行者"拉了 5 趟及以上防疫物资。

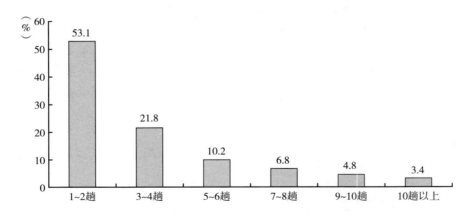

图 22 样本"逆行者"运输防疫物资趟数

资料来源：2020 中国卡车司机调查。

1. "逆行者"如何获得抗疫物资的信息

在面临突发公共事件时,信息匹配是进行有效治理的前提。对于抗疫物资的运输而言,"人－车－货"等信息的匹配尤为重要。那么样本"逆行者"是如何获取防疫物资运输信息的呢?调查显示,超过半数的样本"逆行者"通过货站或货运平台接触到防疫物资,此乃市场机制的沿用。接近两成的样本"逆行者"通过"传化·安心驿站"接触到此类货物,在样本"逆行者"中占比达17.0%。另有12.9%的样本"逆行者"通过其他公益组织或卡友组织等社会组织接触到防疫物资。两者合计占比达29.9%,这表明卡车司机的自组织机制在抗疫中发挥了巨大的沟通协调作用。此外,还有18.3%的样本"逆行者"通过相关政府部门、社区或村委会接触到防疫物资。10.2%的样本"逆行者"通过亲戚朋友等个人关系网接触到防疫物资。5.4%的样本"逆行者"通过受雇企业或老板等市场组织接触到防疫物资(见图23)。这表明相关基层政府机构、城乡社区、企业组织和人际网络也都不同程度地成为传递相关信息、组织抗疫货运的中介机制。

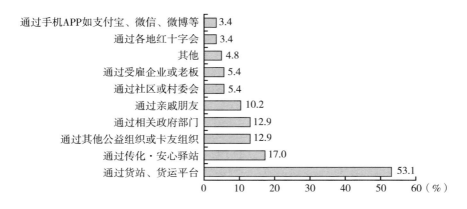

图23 样本"逆行者"接触防疫物资的渠道

资料来源:2020中国卡车司机调查。

2. "逆行者"的酬劳与奖励

"逆行者"舍己为人,为抗疫工作做出了重要贡献,那么他们是否获得了相应的酬劳?调查显示,六成他雇样本"逆行者"运输防疫物资所领取的工资与疫情前的工资相近，两成他雇样本"逆行者"所领取工资低于疫情前的工资或不领取工资，其中13.3%的他雇样本"逆行者"没有领取工资（见图24）。对于自雇司机而言，56.8%的自雇样本"逆行者"运输防疫物资时的运价"与平时市价差不多"，但超过四成的样本自雇"逆行者"运输防疫物资时的运价低于平时市价或免费，其中7.6%的自雇样本"逆行者"是免费运输防疫物资的（见图25）。

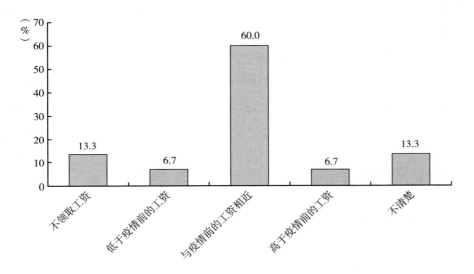

图 24　他雇样本"逆行者"运输防疫物资时的工资

资料来源：2020 中国卡车司机调查。

　　由此可见，相当一部分样本"逆行者"以较低的薪酬参与防疫物资的运输，甚至未曾取酬。那么他们是否获得了相关补贴或奖金呢？如图26所示，截至填答问卷时，98.0%的样本"逆行者"运输防疫物资未曾获得餐补、油补或防护物品等相关补贴。绝大部分的样本"逆行者"也未曾领取相关奖金或激励金，只有少数样本"逆行者"从传化·安心驿站和其他公益组织、卡友组织或政府部门获得了相关奖金。此种情况系运输防疫物资任务紧迫，未能立即涵盖各个方面所致。不过，传化慈善基金会在2020年2月21日即本次问卷调查开始前两日业已启动"关爱抗疫卡车司机"项目，

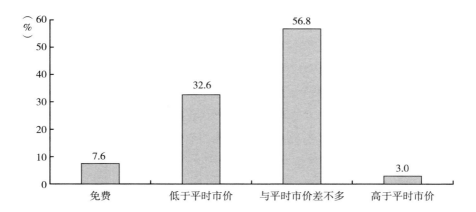

图 25 自雇样本"逆行者"运输防疫物资时的运价

资料来源：2020 中国卡车司机调查。

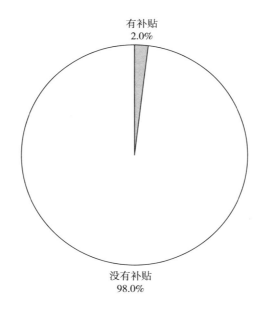

图 26 样本"逆行者"运输防疫物资时的相关补贴情况

资料来源：2020 中国卡车司机调查。

与中华社会救助基金会共同发起为参与防疫物资运输之卡车司机募捐的活动，以期向他们发放激励金和隔离补贴。截至本报告定稿时，传化慈善基金会已公布首批 200 名参与抗疫物质运输的好站友名单，开始公示并将陆续发放激励金和隔离补贴。

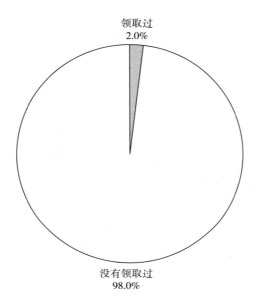

领取过
2.0%

没有领取过
98.0%

图 27　样本"逆行者"运输防疫物资时领取相关奖金或激励金等的情况

资料来源：2020 中国卡车司机调查。

3. "逆行者"的其他公益活动

除参与防疫物资运输外，样本"逆行者"大多还参与了其他抗疫公益活动，其中 37.4% 的样本"逆行者"参与了防疫捐款，33.3% 的样本"逆行者"作为基层防疫工作志愿者参与了抗疫工作（见图 28）。

至于参与上述公益活动的渠道，调查显示，50.0% 的样本"逆行者"是通过传化·安心驿站参与的，19.8% 的样本"逆行者"是通过其他公益组织或卡友组织参与的，还有 45.9% 的样本"逆行者"通过相关政府部门、社区或村委会参与的（见图 29）。当然，这其中不乏借助多种渠道参与抗疫公益活动的情况。

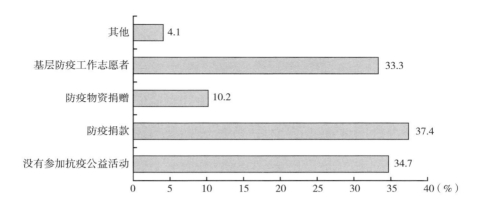

图28 样本"逆行者"参与其他抗疫公益活动情况

资料来源：2020 中国卡车司机调查。

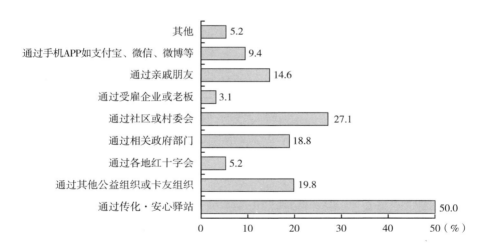

图29 样本"逆行者"参与其他抗疫公益活动的途径

资料来源：2020 中国卡车司机调查。

（二）疫情下的"坚守者"——运输普通物资的卡车司机

疫情袭来，全国的经济民生一时之间受到了极大影响，此时需要"逆行者"的大义，更离不开千千万万民众对自己工作岗位的坚守。对于从事公路货运业的卡车司机而言也是如此。

1. "坚守者"工作状况及其动因

调查显示，疫情发生后有62.6%的样本"坚守者"从事长途运输，相比于疫情发生前下降5.1个百分点，而疫情发生后从事中短途与城配运输的占比分别为32.1%和5.3%（见图30），相比于疫情发生前分别增加了2.9个百分点与2.3个百分点。可见，疫情发生后，随着各地交通管制政策的实行，相当一部分长途卡车司机将运输方式转变为短途运输，而运输距离的变化同时意味着货源渠道与工作节奏的改变，这势必会对卡车司机的工作与生计造成重要影响。

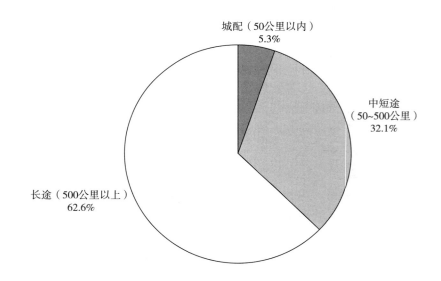

图30 样本"坚守者"疫情发生后的货运距离

资料来源：2020中国卡车司机调查。

调查显示，"挣钱还卡车车贷"、"挣钱还房贷"与"挣钱养家"是样本"坚守者"仍在跑车的三个主要原因，这表明沉重的生活压力使卡车司机不得不冒着健康风险长途跋涉，持续工作。同时，亦有部分样本"坚守者"表示"无法回家或回家就要被隔离"成为其仍在跑车的动因（见图31）。

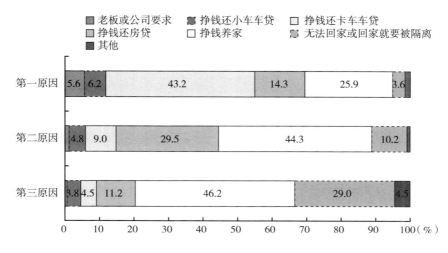

图31 样本"坚守者"疫情发生后仍在跑车的原因

资料来源：2020 中国卡车司机调查。

2. "坚守者"的薪酬

疫情发生后，仍在坚持跑运输的卡车司机的薪酬情况如何？调查显示，64.7%的他雇样本"坚守者"疫情发生后的工资与疫情发生前差不多，19.1%的他雇样本"坚守者"疫情发生后的工资低于疫情发生前。相比之下，仅有 2.9% 的他雇样本"坚守者"的工资高于疫情发生前，另有13.2%的他雇样本"逆行者"表示"不清楚"，这或许是尚未发放工资所致。在自雇样本"坚守者"中，高达 86.0% 的疫情发生后的收入低于上年同期。其中超过八成的自雇样本"坚守者"的收入下降幅度不低于20%，近四成自雇样本"坚守者"的收入下降幅度超过40%，下降幅度之巨令人咋舌（见图32、图33、图34）。

3. 疫情对货运市场的影响

由上可见，疫情发生后大多数样本"坚守者"的收入均有所下降，部分样本"坚守者"的收入跌幅超过40%，导致负担增大。这是直观可见的疫情对于卡车司机收入的影响，那么疫情对于货运市场的影响如何？如图35 所示，近七成的自雇样本"坚守者"表示，疫情发生后至2020 年 2 月 17

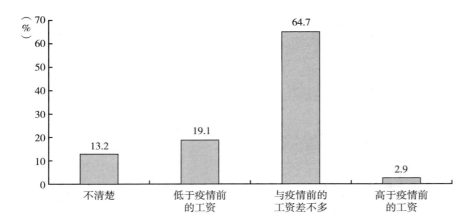

图32 他雇样本"坚守者"疫情发生后的工资

资料来源：2020 中国卡车司机调查。

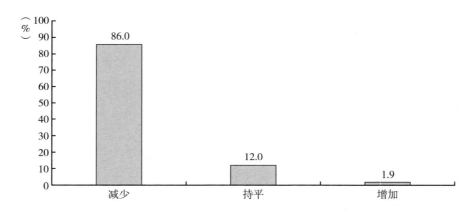

图33 自雇样本"坚守者"疫情发生的收入变化情况

说明：收入变化指的是与上年同期相比。
资料来源：2020 中国卡车司机调查。

日高速公路免收通行费政策实施前，市场运价低于疫情发生前。超过八成的
自雇样本"坚守者"认为市场运价跌幅不低于 20%，超过三成的自雇样本
"坚守者"认为市场运价跌幅超过 40%（见图36）。在当前情势下跑车已属
不易，市场运价的降低对于自雇卡车司机的生计维系更是雪上加霜的打击。

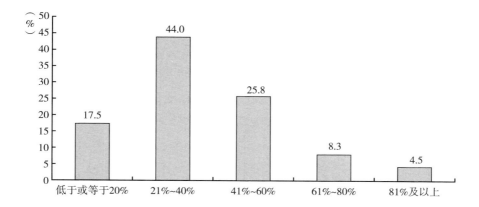

图34 自雇样本"坚守者"疫情发生后的收入下降幅度

说明：收入下降指的是与上年同期相比。
资料来源：2020 中国卡车司机调查。

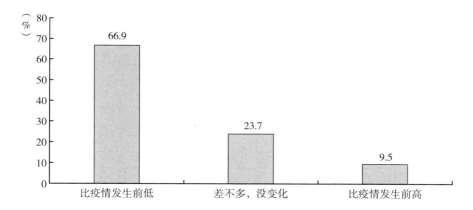

图35 疫情发生后至高速公路免费政策实施前市场运价变化情况

资料来源：2020 中国卡车司机调查。

88.0%的自雇样本"坚守者"表示高速免费政策实施后市场运价进一步下跌，其中近八成的自雇样本"坚守者"认为跌幅不低于20%（见图37、图38）。在访谈过程中，卡车司机对此亦是叫苦不迭。一般而言，供应链中部分环节相关费用的涨跌应由上下游主体共同分担：随着高速公路免收通行费政策的实行，适当幅度的运价下跌本在意料之中。但由于个体卡车司

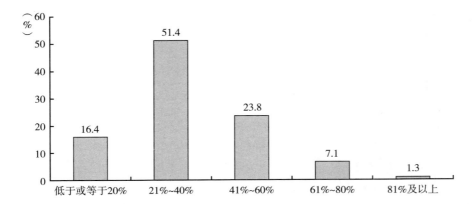

图36　疫情发生后至高速公路免费政策实施前市场运价下跌幅度

资料来源：2020 中国卡车司机调查。

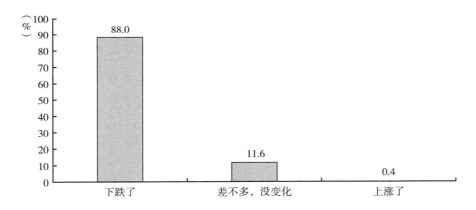

图37　高速公路免费政策实施后市场运价变化情况

资料来源：2020 中国卡车司机调查。

机弱势的市场地位，一些货站或信息部借助政策之利大幅度压低运价，相关政策利好被其侵蚀殆尽。这反映出一个严重的问题：国家为了推进复工复产而实施高速公路免费政策，但这一政策显然并未惠及卡车司机，甚或成为卡车司机的一项负担。因此，如何使国家出台的优惠政策不仅有利于大企业的复苏，而且能使众多小企业和自雇卡车司机这样的"个体户"受益，扶助他们渡过难关，是政策的制定者和执行者们亟须加以思考的问题。

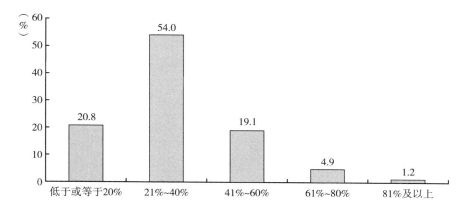

图38 相比于高速免费政策实施前市场运价下跌幅度

资料来源：2020 中国卡车司机调查。

除价格之外，市场中商品的供给与需求亦是衡量市场状况的重要指标。调查显示，88.4%的自雇样本"坚守者"表示疫情发生后货运市场"货源减少了"（见图39）。

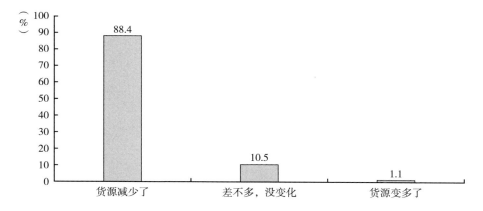

图39 疫情发生后货源变化情况

资料来源：2020 中国卡车司机调查。

综上所述，疫情发生后大部分卡车司机的收入都有不同程度的下降。与此同时，货运市场的情况也不容乐观：货源减少，运价下跌，货运市场一路低迷。而随着高速公路免费政策的实行，运价更是一降再降，对于个体卡车司机而言，如此无异于雪上添霜。再加之正值特殊时期，卡车司机的生计和发展必将受到重要影响，不可忽视。

4. "坚守者"的防护措施

对于仍坚守货运岗位的卡车司机而言，收入的下降与货运市场的低迷只是其所面临困难的一角，疫情对于其自身生命健康的威胁更是无时无刻不在。调查显示，98.9%的样本"坚守者"出车时会使用防护用品（见图40）。使用最多的防护用品是口罩、消毒剂和手套（见图41）。不过，这些防护用品多为他们自费购买所得（见图42）。由此可见，一方面是收入的下降，另一方面是必要开支的上升。两者相加，对样本"坚守者"而言更显负担的加重。

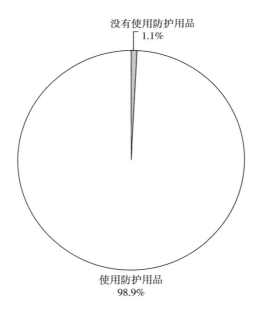

图40 样本"坚守者"出车时使用防护用品情况

资料来源：2020 中国卡车司机调查。

5. "坚守者"参与抗疫公益活动

尽管收入下降，但仍有超过半数的样本"坚守者"参加了防疫捐款或

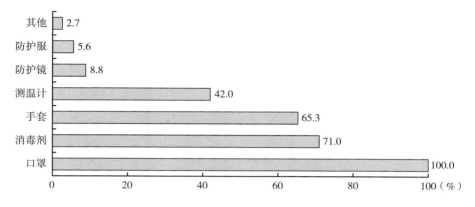

图 41 样本"坚守者"使用防护用品类型

资料来源：2020 中国卡车司机调查。

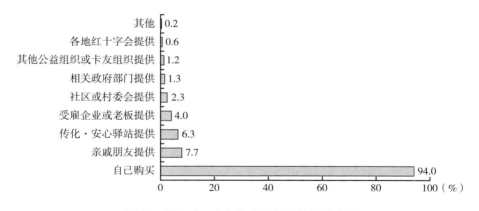

图 42 样本"坚守者"所使用防护用品来源

资料来源：2020 中国卡车司机调查。

作为基层防疫工作志愿者参与抗疫工作（见图 43）。其中 38.8% 的样本"坚守者"通过社区或村委会参与上述公益活动，33.1% 的样本"坚守者"通过传化·安心驿站参与上述公益活动，20.3% 的样本"坚守者"通过手机 APP 如支付宝、微信、微博等参与上述公益活动（见图 44）。大批"坚守者"的参与说明卡车司机业已形成较强的公益理念。

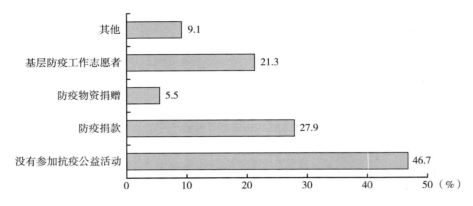

图43 样本"坚守者"参与抗疫公益活动情况

资料来源：2020 中国卡车司机调查。

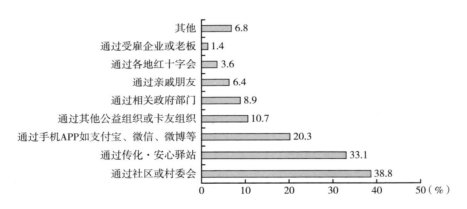

图44 样本"坚守者"参与以上公益活动的途径

资料来源：2020 中国卡车司机调查。

（三）疫情下的"忍耐者"——未曾出车的卡车司机

超过 3/4 的样本卡车司机在疫情发生后至参与调查期间未曾出车。如图 45 所示，疫情期间各地限制人员流动的相关防控政策是他们没有出车的主要原因。随着疫情的形势的变化、国家发出的复工动员令及相关防控政策的调整，这一情况或有变化。

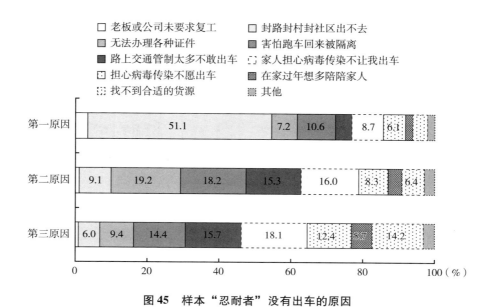

图45 样本"忍耐者"没有出车的原因

资料来源：2020 中国卡车司机调查。

1. "忍耐者"的复工期望

疫情之下，对于待产待业的人群而言，复工是其首要的期望。调查显示，58.4%的自雇样本"忍耐者"在填答问卷时对于复工日期表示"不清楚，看情况"，此乃复杂的货运市场环境与疫情形势交相影响使然。35.2%的自雇卡车司机样本"忍耐者"表示要等待疫情结束后方可复工（见图46）。

2. "忍耐者"的收入及压力

对于自雇卡车司机而言，未复工自然便没了收入来源。那么疫情期间，未复工的他雇卡车司机是否拥有一定的保底工资呢？如图47 所示，绝大多数的他雇卡车司机样本"忍耐者"在疫情发生后的居家期间并无保底工资。

由此可见，疫情对于未复工卡车司机必然带来极大的经济压力。图48反映了这一情况。90.0%的样本"忍耐者"表示疫情对其带来的经济压力"非常大"或"比较大"。调查表明，这些压力主要来自"卡车车贷""房贷""家庭日常开销"与"小车车贷"等方面（见图49）。需要提请注意的是，不同类别的压力来源对于样本卡车司机的影响是呈结构化特征的，如

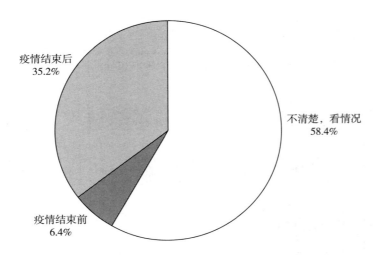

图 46　自雇样本"忍耐者"打算何时复工

资料来源：2020 中国卡车司机调查。

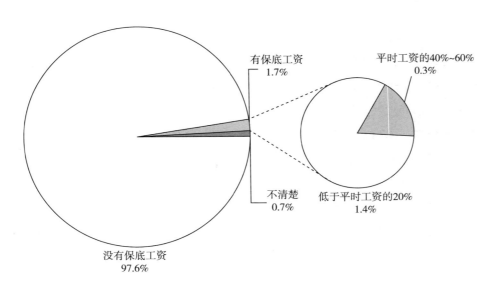

图 47　他雇样本"忍耐者"疫情期间工资情况

资料来源：2020 中国卡车司机调查。

"卡车车贷"是样本卡车司机第一压力来源的重要组成部分，而"子女的教育费用"与"卡车保险、年审等费用"则是第二压力或第三压力来源的重要组成部分。

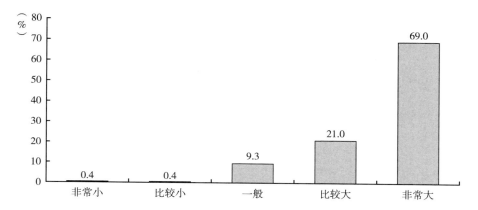

图 48 疫情对样本"忍耐者"带来的经济压力

资料来源：2020 中国卡车司机调查。

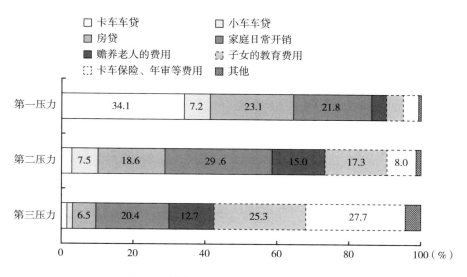

图 49 样本"忍耐者"经济压力的来源

资料来源：2020 中国卡车司机调查。

3. "忍耐者"参与抗疫公益活动情况

在自身生活压力与日俱增的艰难时刻，仍有超过六成的样本"忍耐者"参与了防疫捐款或作为基层防疫工作志愿者参与抗疫工作（见图 50）。其中 52.9% 的样本"忍耐者"通过社区或村委会参与上述公益活动，44.7% 的样本"忍耐者"通过传化·安心驿站参与上述公益活动（见图 51）。

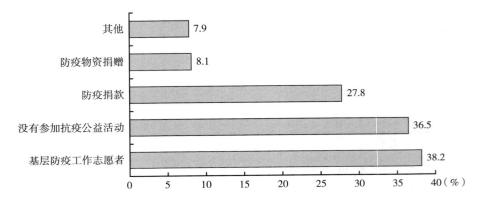

图 50　样本"忍耐者"参与抗疫公益活动情况

资料来源：2020 中国卡车司机调查。

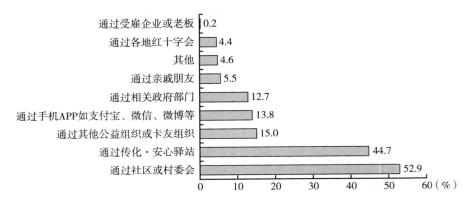

图 51　样本"忍耐者"参与抗疫公益活动的途径

资料来源：2020 中国卡车司机调查。

三　困难与需求

由上可知，卡车司机群体本就工作艰苦、生活不易，在疫情期间更是面临着生命健康与生活压力的双重威胁，他们的困难与需求值得我们特别关注。

调查表明，对于参与运输防疫物资的样本卡车司机，即本报告所指称的样本"逆行者"而言，"吃饭等基本问题无法保证""证件繁多、办证速度慢、适用范围有限"是其运输防疫物资时面临的主要困难。同时亦有相当的样本"逆行者"表示"运送之后面临多方盘查、重复隔离"及"防护用品缺乏，感染风险高"（见图52）。

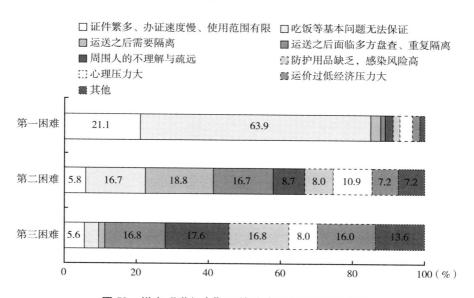

图52　样本"逆行者"运输防疫物资时遇到的困难

资料来源：2020中国卡车司机调查。

而对于参与运输普通物资的样本卡车司机即"坚守者"而言，各地"交通管制、封路"及"货源不足"是其疫情期间面临的主要困难。同时亦有相当的样本"坚守者"表示，"外地车辆无法在卸货地卸货"与"服务

区、饭店、宾馆关闭"等基本的生产与再生产需求无法得到保证使其复工
陷入困境（见图53）。

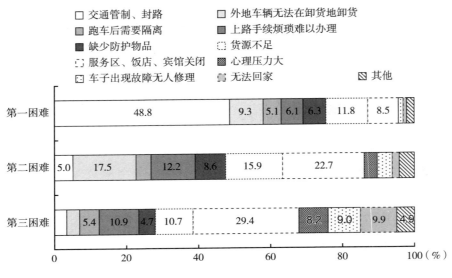

图53　样本"坚守者"跑车时遇到的困难

资料来源：2020 中国卡车司机调查。

那么，所有的样本卡车司机，包括本报告所说的"逆行者"、"坚守者"
和"忍耐者"三类人群，他们在当前条件下又有何需求呢？调查显示，"无
息延缓偿还卡车车贷"、"无息延缓偿还房贷"、"无息延缓偿还小车车贷"、
"优化通行证等办证程序"和"保险、年审等提供优惠政策"是所有样本
卡车司机的第一需求。此外，"维持市场运价基本稳定"、"延长高速公路
免费政策实施期限"与"适当放宽交通管制"构成样本卡车司机的第二需
求（见图54）。

以上描述了卡车司机当下的困境和压力，以及他们最主要的政策诉求。
显然，这些诉求不仅仅是为了咬牙渡过难关，更是为了尽快地恢复货运生产。

随着疫情变化和抗疫活动的深入，各地都已开始程度不同地复工。对卡
车司机而言，复工必定带来新的困难和诉求。我们将密切跟踪卡车司机和公
路货运业普遍复工以后的状况，力求及时有效地反应卡车司机的真实诉求。

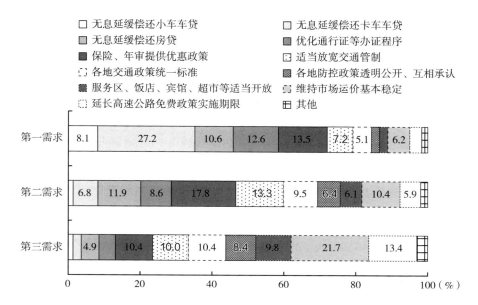

图 54 样本卡车司机疫情下自觉所需的政策

资料来源：2020 中国卡车司机调查。

附录二 卡车司机复工情况调查报告

本课题组于2020年2月23日即"武汉封城"一月后展开了新冠肺炎疫情发生后对卡车司机状况的第一次调查，调查报告展现了卡车司机分别作为疫情下的"逆行者"、"坚守者"与"忍耐者"的基本状况、困难与诉求。时至今日，又是一月过去了，复工复产业已成为主要任务，疫情期间一直未跑车的卡车司机，即前述"忍耐者"，其复工复产状况如何，面临哪些新的困难与需求？为了解这些问题，本课题组于2020年3月12日首先通过微信与"传化·安心驿站"的若干好站友进行了线上座谈；随后于3月23日，即"武汉封城"两整月之际，对部分卡车司机开展了一次电子问卷调查。自3月23日9时30分起至3月25日9时30分止，在48小时内共收到答卷1419份，筛选后获得"忍耐者"样本答卷976份。现将调查所得基本情况描述如下。

一 样本卡车司机基本状况

1. 人口学特征

本次调查仍然依托"传化·安心驿站"进行，样本分布遍及28个省区市。从样本卡车司机户籍所在地来看，山东、河北、甘肃、辽宁、黑龙江、河南等地的样本居多。样本卡车司机户籍所在地与驾驶卡车车头牌照所在地基本一致（见图1、图2）。

超过八成样本卡车司机为30～49岁的青壮年男性，他们多出身农家，已然婚配，并育有1个或2个孩子，这与以往数次调查所得数据基本一致（见图3至图7）。

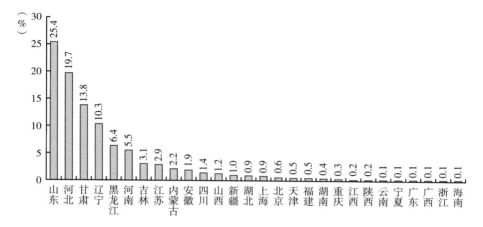

图1　样本卡车司机车头牌照所在地

资料来源：2020中国卡车司机调查。

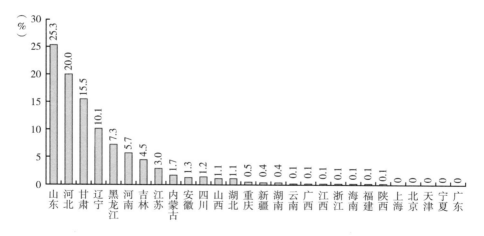

图2　样本卡车司机户籍所在地

资料来源：2020中国卡车司机调查。

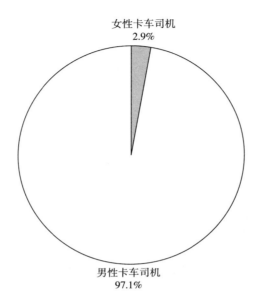

图 3　样本卡车司机的性别

资料来源：2020 中国卡车司机调查。

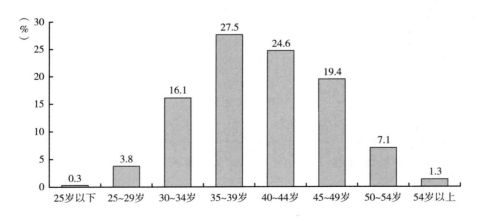

图 4　样本卡车司机的年龄

资料来源：2020 中国卡车司机调查。

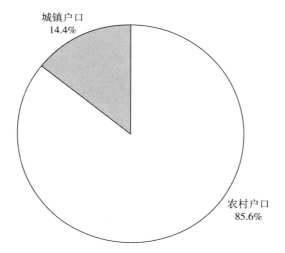

图 5　样本卡车司机的户籍性质

资料来源：2020 中国卡车司机调查。

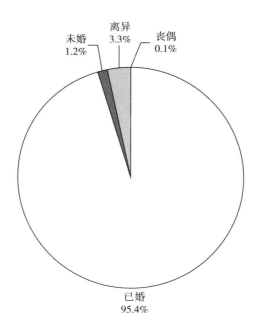

图 6　样本卡车司机的婚姻状况

资料来源：2020 中国卡车司机调查。

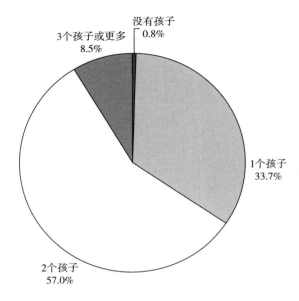

图 7　样本卡车司机的子女数量

资料来源：2020 中国卡车司机调查。

2. 雇用类型

在 976 个卡车司机样本中，自雇卡车司机占比为 87.3%，他雇卡车司机占比为 12.7%（见图 8）。81.5% 的他雇卡车司机受雇于个体车主，受雇于小型物流企业的占 10.5%，受雇于大中型物流企业的仅为 8.1%（见图 9）。由此可见，本次调查主要反映的是自雇卡车司机以及受雇于个体车主的卡车司机这两个群体的状况。

3. 驾驶卡车的车型

至于所驾驶卡车的车型，样本自雇卡车司机和他雇卡车司机均以六轴卡车为主。在样本自雇卡车司机中，驾驶六轴卡车的比例为 45.5%，在样本他雇卡车司机中这一比例高达 70.2%（鉴于卡车轴数越多装载货物的容量越大，维持卡车的营运便越需要信息与资源的集约化，故六轴卡车中他雇卡车司机占比更高）。另有共计 40.5% 的自雇卡车司机所驾驶卡车为两轴蓝牌或两轴黄牌卡车，而在他雇卡车司机样本中这一比例仅为 10.4%（见图 10）。

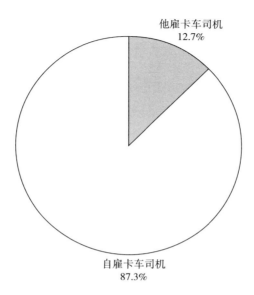

图8　样本卡车司机的雇佣类型

资料来源：2020 中国卡车司机调查。

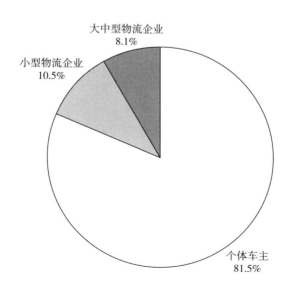

图9　样本他雇卡车司机的雇主

资料来源：2020 中国卡车司机调查。

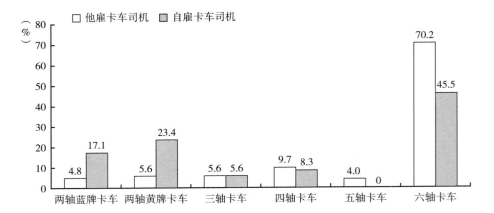

图 10 样本卡车司机所驾驶的卡车类型

资料来源：2020 中国卡车司机调查。

4. 卡嫂跟车情况

卡嫂是否跟车与男性卡车司机所属生产体制有关。如图 11 所示，在一般情况下，28.9% 男性自雇卡车司机的妻子会跟车，而在他雇卡车司机样本中这一比例为 13.5%。

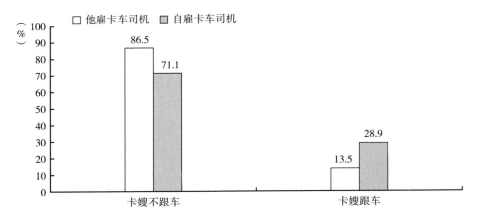

图 11 男性样本卡车司机的配偶跟车情况

资料来源：2020 中国卡车司机调查。

二　自雇卡车司机复工情况

鉴于不同生产体制下的卡车司机复工后面临的问题和诉求有所不同，下文关于卡车司机复工情况的介绍，将按照自雇卡车司机和他雇卡车司机分别叙述。自雇卡车司机复工相关情况如下。

1. 自雇卡车司机复工比例

本次调查获得的自雇卡车司机样本，即武汉封城后一月内基本没有跑车的卡车司机，共845人。其中，现在已经复工的占比仅为47.4%。也就是说，截至本次问卷调查开始，即2020年3月23日，仍有52.6%的自雇卡车司机尚未复工。如果以2020年1月23日武汉封城作为停工日期，那么这些尚未复工的自雇卡车司机停工已达两月之久。

2. 自雇卡车司机未复工原因

至于未复工的原因，排在前两位的是"运价低"（60.7%）和"货源少"（54.0%）。其次分别是"出于安全考虑"（44.0%）、"害怕出门跑车就没办法回家（回家会被隔离）"（30.6%）、"当地管理部门不允许"（24.1%）和"家人不允许"（22.3%）（见图12）。从中可见，影响自雇卡车司机复工的主要原因是市场低迷。

3. 自雇卡车司机复工动因

47.4%的样本自雇卡车司机业已复工。数据显示，"挣钱养家""挣钱还卡车车贷"与"挣钱还房贷"是自雇卡车司机复工的主要原因，三项所占比例分别为84.9%、42.3%与38.4%。此外，27.7%的样本认为"需要年检费用"是促使其复工的动因之一（见图13）。

4. 自雇卡车司机复工时间

如图14所示，67.6%的自雇卡车司机在2020年3月6日前便已复工；到5天后，即3月10日这一比例达到82.7%。由此可见，绝大多数已复工的自雇卡车司机在疫情甫一好转时便争先复工，这从侧面反映了长时间的停产停工确已使其不堪重负。

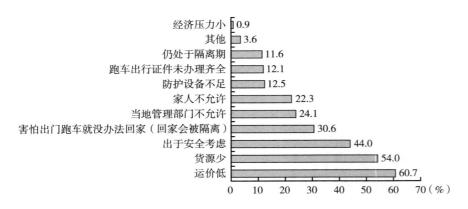

图 12 样本自雇卡车司机未复工的原因

资料来源：2020 中国卡车司机调查。

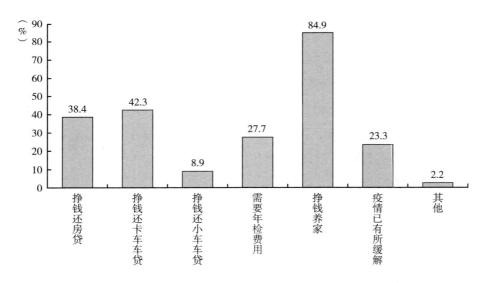

图 13 样本自雇卡车司机复工动因

资料来源：2020 中国卡车司机调查。

5. 自雇卡车司机复工后劳动过程的变化

（1）运输距离的变化

调查显示，复工后 8.7% 的自雇卡车司机的运输距离发生了变化，且多

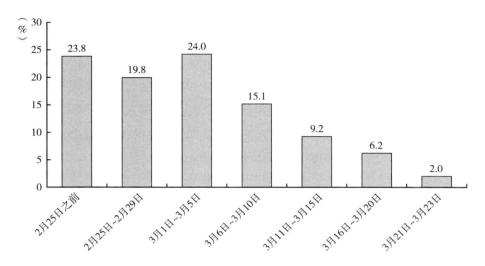

图14　样本自雇卡车司机复工时间

资料来源：2020 中国卡车司机调查。

由长途货运改为"倒短"。具体表现为：复工后跑长途的自雇卡车司机下降了 2.9 个百分点，而进行城配运输的自雇卡车司机则上升了 3.3 个百分点（见图 15）。

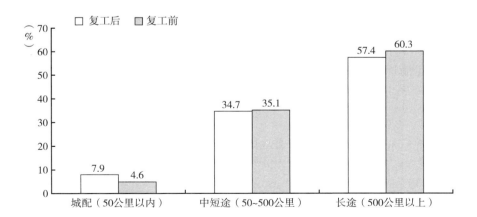

图15　样本自雇卡车司机复工前后的运输距离变化

资料来源：2020 中国卡车司机调查。

（2）跑车线路与运输货物类型的变化

9.4%的自雇卡车司机复工后跑车线路发生了变化："跑固定线路"的卡车司机占比增加了1.9个百分点（见图16）。跑固定路线的比例增加，并不意味着复工后的自雇卡车司机货源更稳定。课题组通过对卡车司机的访谈得知，复工后由于货源缺乏，一些自雇卡车司机只能通过某些特殊渠道得到货源（比如"拉朋友拉不完的货"）。这类货源线路相对较为固定，但既然是权宜之计，卡车司机失去此类货源的可能性也较大。

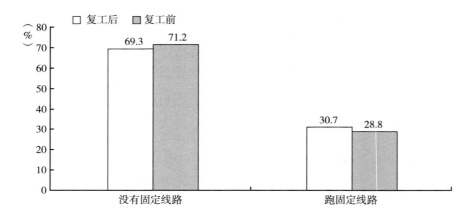

图16 样本自雇卡车司机复工前后的线路变化

资料来源：2020 中国卡车司机调查。

从运输货物类型来看，复工后拉"普货"的自雇卡车司机增加了1.5个百分点，同时拉"冷藏"或"快递"的比例亦有略微上升（见图17）。

（3）找货方式的变化

调查显示，10.4%的自雇卡车司机复工后的找货方式发生了改变。更多的自雇卡车司机依靠"货运 APP"或"亲戚朋友介绍"找货，两者占比分别增加了1.5个百分点与2.2个百分点；而复工后主要依靠固定货源的自雇卡车司机下降了1.3个百分点（见图18）。受疫情影响，一些卡车司机赖以获取固定货源的货主要么未复工，要么货源减少，因此，卡车司机对于通过货运平台和亲戚朋友找货的依赖性有所增加。

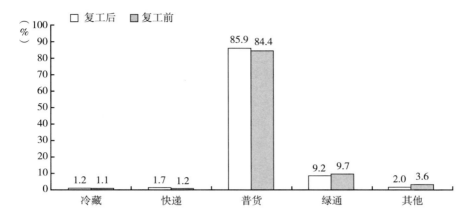

图17　样本自雇卡车司机复工前后运输货物类型的变化

资料来源：2020 中国卡车司机调查。

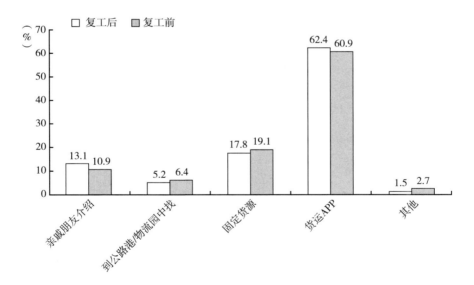

图18　样本自雇卡车司机复工后找货方式的变化

资料来源：2020 中国卡车司机调查。

6. 自雇卡车司机复工后运价与收入的变化

调查显示，90.3%的样本自雇卡车司机表示复工后运价"下降了"（见

图 19），其中 45.2% 的样本卡车司机认为运价的降幅在 21% ~ 40%，
28.5% 的人认为运价降幅超过 40%（见图 20）。

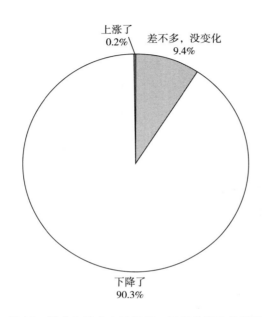

上涨了
0.2%

差不多，没变化
9.4%

下降了
90.3%

图 19　样本自雇卡车司机复工后运价的变化情况

资料来源：2020 中国卡车司机调查。

样本自雇卡车司机认为运价下跌的原因，占比最高的是"高速公路免
费政策使得货主压价"（83.6%），其次为"高速公路免费政策使得中介吃
更多差价"（67.9%），再次为"货少车多"（62.5%）。另有 35.3% 的自雇
卡车司机认为是"恶性竞争"所致（见图 21）。

随着运价的大幅降低，88.4% 的自雇卡车司机表示其收入与上年同期相比
有所下降。就收入的下降幅度而言，47.3% 的样本卡车司机表示收入降幅在
21% ~ 40%，28.3% 的样本卡车司机表示其收入降幅超过 40%（见图 22、图 23）。

7. 自雇卡车司机复工后卡嫂跟车情况

前文提到，近三成的样本男性自雇卡车司机的妻子平时会跟车，那么复
工后卡嫂是否仍旧跟车？数据显示，对于样本自雇卡车司机而言，平时跟车
的卡嫂中有 47.5% 的人在丈夫复工后不再跟车（见图 24）。

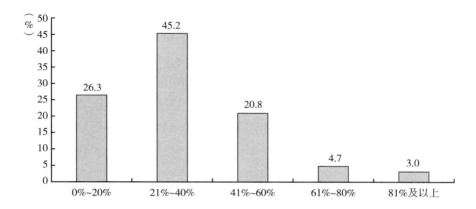

图 20　样本自雇卡车司机复工后的运价降幅

资料来源：2020 中国卡车司机调查。

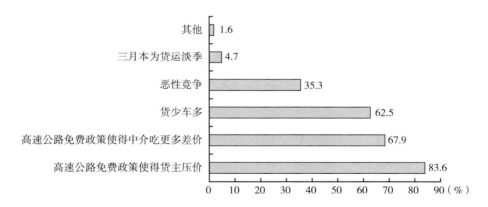

图 21　样本自雇卡车司机认为运价下降的原因

资料来源：2020 中国卡车司机调查。

　　为何复工后近乎一半原本跟车的卡嫂选择不再跟车？如图 25 所示，75.0% 的样本卡嫂将"家中有学龄子女需要照顾"作为其不再跟车的原因。受疫情影响，学校尚未复课，各类辅导机构亦未正常营业，这使得相当一部分卡嫂不得不留在家中陪伴子女。除此之外，"担心安全问题"亦是卡嫂不再跟车的重要原因之一，勾选比例达 52.1%。

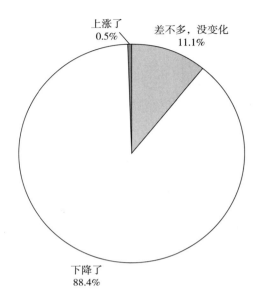

图22　复工后样本自雇卡车司机的收入变化情况

说明：样本自雇卡车司机的收入变化指与上年同期相比。

资料来源：2020 中国卡车司机调查。

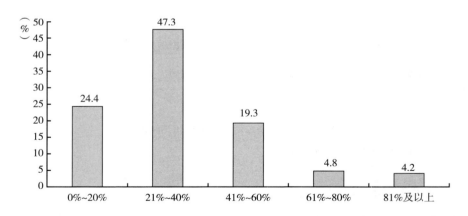

图23　复工后样本自雇卡车司机收入降幅

说明：样本自雇卡车司机的收入降幅指与上年同期相比。

资料来源：2020 中国卡车司机调查。

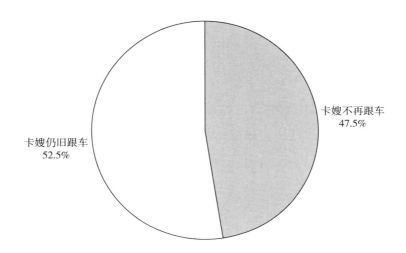

图 24 样本男性自雇卡车司机复工后妻子跟车情况

资料来源：2020 中国卡车司机调查。

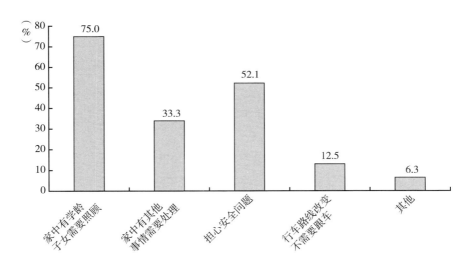

图 25 样本男性自雇卡车司机复工后妻子不再跟车的原因

资料来源：2020 中国卡车司机调查。

8. 自雇卡车司机复工后的防护措施

新冠肺炎疫情尚未结束，卡车司机在跑车过程中采取必要的防护措施是必要的。调查显示，八成以上的样本自雇卡车司机采取了"戴口罩""尽量少与人接触，不聚众""勤洗手""除了装卸货等尽量不下车"等防护措施，除此之外，"多通风""经常自己检查体温""经常给车辆消毒""戴手套"等亦有超过半数的人使用，数据显示，自雇卡车司机有较强的防范意识（见图26）。

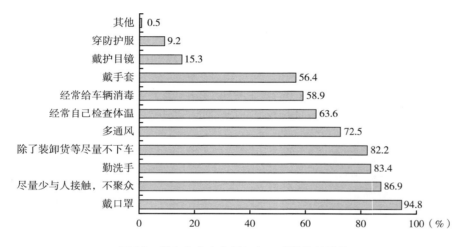

图 26 样本自雇卡车司机复工后的防护措施

资料来源：2020 中国卡车司机调查。

三 他雇卡车司机复工情况

前文提到，本次调查获得的他雇卡车司机样本主要为受雇于个体车主的卡车司机。因此，本次调查数据所反映的情况亦以此为主。

1. 他雇卡车司机受雇时间、工资水平与工资计算方式

数据显示，58.9% 的样本他雇卡车司机受雇于目前就职的公司或个体车主的时长在两年及以上，41.1% 的样本受雇时长不超过一年（见图27）。

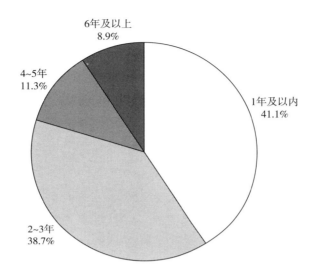

图 27　样本他雇卡车司机受雇时间

资料来源：2020 中国卡车司机调查。

至于工资的计算方式，61.3% 的样本勾选了"固定工资"，25.8% 的样本勾选了"按趟（无保底工资）"，10.5% 的样本勾选了"保底 + 提成"（见图 28）。

如图 29 所示，95.9% 的样本他雇卡车司机 2019 年的月平均工资高于3000 元，其中 41.1% 的人月平均工资在 5001～7000 元，月平均工资高于7000 元的占比为 36.3%。

2. 他雇卡车司机的复工比例

截至本次调查开始时，即 2020 年 3 月 23 日，已有 50% 的他雇卡车司机复工，比自雇卡车司机的复工比例（47.4%）略高（见图 30）。

3. 他雇卡车司机的复工时间

与样本自雇卡车司机的复工时间不同，样本他雇卡车司机在前期复工的比例更高：2020 年 2 月 25 日之前复工的占比达 37.1%，高出自雇卡车司机样本 13.3 个百分点。在之后的连续三个 5 天内，复工的他雇卡车司机比例均为 16.1%（见图 31）。

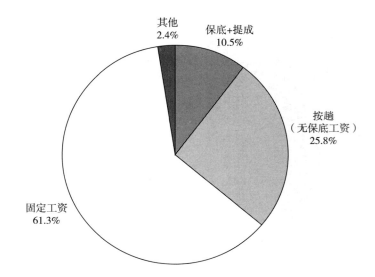

图 28　样本他雇卡车司机的工资计算方式

资料来源：2020 中国卡车司机调查。

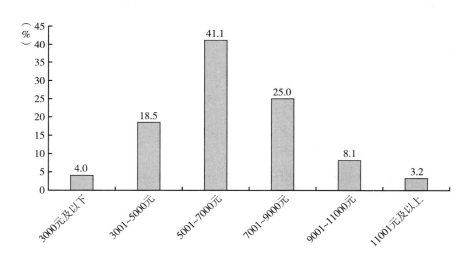

图 29　样本他雇卡车司机 2019 年的月平均工资

资料来源：2020 中国卡车司机调查。

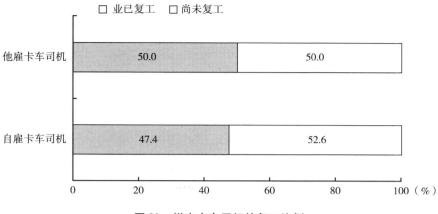

图 30　样本卡车司机的复工比例

资料来源：2020 中国卡车司机调查。

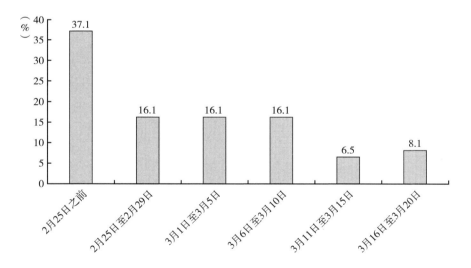

图 31　样本他雇卡车司机复工时间

资料来源：2020 中国卡车司机调查。

4. 他雇卡车司机复工后劳动过程的变化

复工后他雇卡车司机样本运输距离发生变化的占比为 6.5%，相对于自雇卡车司机而言发生变动的比例较小。但是由于已经复工的他雇卡车司机样本总数不多，故而在"城配"及"中短途"两项的百分比数值上变动幅度较大（见图 32）。

303

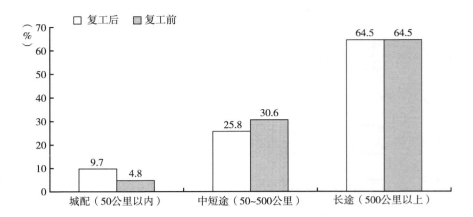

图 32　样本他雇卡车司机复工后运输距离的变化

资料来源：2020 中国卡车司机调查。

复工后的样本他雇卡车司机中，11.3% 的人跑车线路发生了改变。与自雇卡车司机相似，他雇卡车司机复工后"跑固定线路"的比例有所上升。但不同的是，他雇卡车司机复工后以"跑固定线路"为主，占比达 62.9%（样本自雇卡车司机复工后跑固定线路的占比为 30.7%）。具体如图 33 所示。

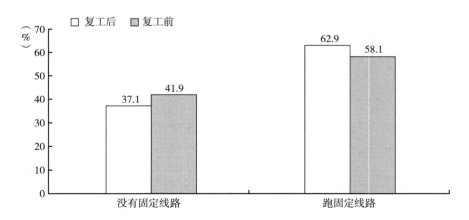

图 33　样本他雇卡车司机复工前后的线路变化

资料来源：2020 中国卡车司机调查。

样本他雇卡车司机复工后运输的货物类型变化很小：在普货一项中减少了 1.7 个百分点，在其他一项中增加了 1.6 个百分点（见图 34）。

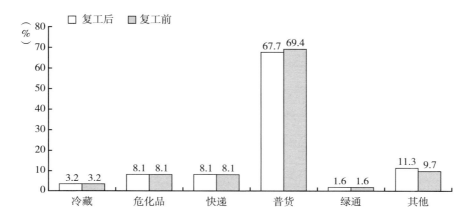

图 34 样本他雇卡车司机复工后跑车所运输的货物类型

资料来源：2020 中国卡车司机调查。

综上可见，复工后样本他雇卡车司机不论在运输距离、运输路线还是在运输货物的类型上变化均不大，具有一定的稳定性。

5. 他雇卡车司机复工后的工资变化

调查显示，79.0% 的样本他雇卡车司机的工资在复工后与疫情发生前"差不多，没变化"，3.2% 的他雇卡车司机的工资有所增长。17.7% 的样本他雇卡车司机的工资"下降了"，其中 63.6% 的人表示其工资跌幅不超过20%，工资跌幅在 21%～40% 的占比为 27.3%（见图 35）。

相对于样本自雇卡车司机复工后收入普遍下降的情况，他雇卡车司机工资降低的幅度较小。考虑到本次样本他雇卡车司机主要为受雇于个体车主的卡车司机，大致可以推断能够"请得起"司机的个体车主受疫情冲击不是很大，或者说他们具有相对较强的抗风险能力。当然，也不排除有的个体车主在艰难的情况下仍然对所雇用司机的工资给予保障。

6. 他雇卡车司机复工后的防护措施

与样本自雇卡车司机的情况相似，样本他雇卡车司机面对疫情的防护意

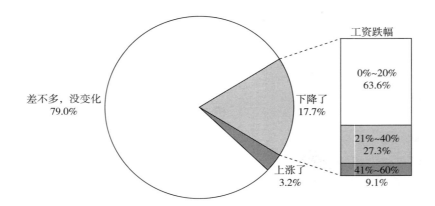

图35　样本他雇卡车司机复工后工资变化情况

资料来源：2020 中国卡车司机调查。

识较强。超过八成的样本通过"戴口罩""尽量少与人接触，不聚众""勤
洗手""除了装卸货等尽量不下车""多通风"等五项不同措施对自身健康
与安全进行防护。超过六成的样本他雇卡车司机通过"经常给车辆消毒"
"经常自己检查体温""戴手套"等措施进行自我防护（见图36）。

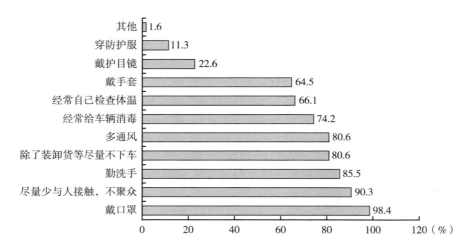

图36　样本他雇卡车司机复工后的防护措施

资料来源：2020 中国卡车司机调查。

如图 37 所示，67.8% 的样本他雇卡车司机表示其所使用的防护用品全部或部分由老板/公司提供，32.3% 的样本他雇卡车司机表示其雇主不提供任何防护用具。

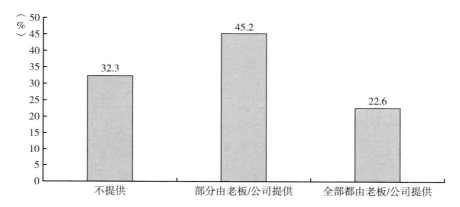

图 37 样本他雇卡车司机复工后防护用品的来源

资料来源：2020 中国卡车司机调查。

四 高速公路免费政策对复工后卡车司机的影响

为推动物流业复工复产，中央和地方均出台了多项政策，如降税、取消货车通行限制、延期还贷等，其中高速公路免费政策是与卡车司机最密切相关、表面看来也最为利好的一项政策。此项政策对复工后的卡车司机的影响到底如何？本次调查对此进行了特别关注。

1. 高速路行驶情况

在高速公路免费政策实施之前，高昂的高速公路通行费使得"如无必要，不上高速"成为多数卡车司机的共识。调查显示，在高速免费政策实施之后，这一情况有了改变：不论是样本自雇卡车司机还是他雇卡车司机，复工后"走高速多"的比例远高于"走下道多"（见图 38、图 39）。

2. 高速公路免费政策对卡车司机收入的影响

当被问及高速公路免费政策对他们的影响时，88.4% 的样本自雇卡车司

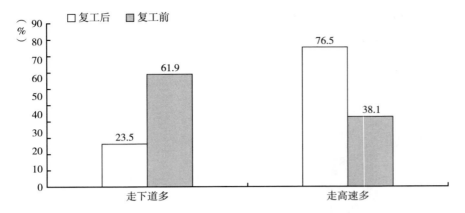

图38 样本自雇卡车司机复工前后走高速公路的情况

资料来源：2020 中国卡车司机调查。

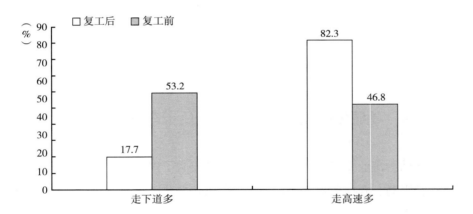

图39 样本他雇卡车司机复工前后走高速公路的情况

资料来源：2020 中国卡车司机调查。

机认为"运价下跌，收入下降"是主要影响之一，64.5% 的样本他雇卡车司机认为"运价下跌，工资下降"是主要影响之一。而这两项在两个样本群体中占比均为最高（见图40、图41）。

前文提到，复工后样本自雇卡车司机表示市场运价大幅降低，至于降低的原因，排前两位的便是"高速公路免费政策使得货主压价"（83.6%）以及"高速公路免费政策使得中介吃更多差价"（67.9%）。

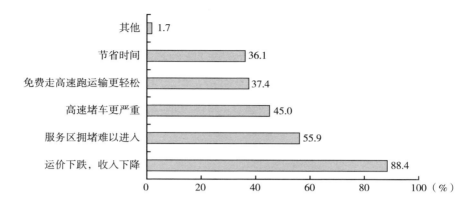

图40　高速公路免费政策对样本自雇卡车司机的影响

资料来源：2020 中国卡车司机调查。

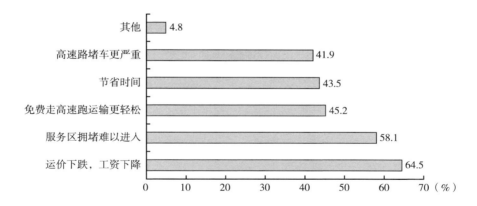

图41　高速公路免费政策对样本他雇卡车司机的影响

资料来源：2020 中国卡车司机调查。

综合这些数据可见，高速公路免费政策确实拉低了卡车司机的运价和收入。根据卡车司机给出的解释，其原因可大致归纳为以下两点。

第一，货主压价。据了解，运价核算时一般会将高速公路通行费计算在内。免费政策出台后，货主会将这部分成本刨除。而卡车司机之所以会因此承受损失，是因为在此之前，许多卡车司机通过不走高速或者少走高速将高速公路通行费节省下来。当然，也不排除一些货主在将正常的高速通行费扣除之外，还进一步趁机压低运价。

第二，中介吃差价。如图42所示，59.2%的样本自雇卡车司机表示其复工后找货所需的信息费/中介费"差不多，没变化"，28.7%的样本表示信息费/中介费"上涨了"，12.1%的样本表示信息费/中介费"下降了"。可见卡车司机复工后确实出现了信息费/中介费上涨的情况，但是并不普遍。事实上，据课题组了解，复工之后，受到整个市场行情的影响，某些信息部和小型物流企业处境也很艰难，他们的利润空间已经很小，趁机吃更多差价并不容易。

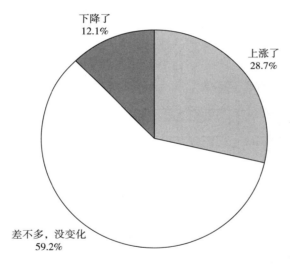

**图42　样本自雇卡车司机复工后找货所需信息费/
中介费的变化**

资料来源：2020中国卡车司机调查。

3. 高速公路免费政策对卡车司机的其他影响

除了降低卡车司机的收入，样本卡车司机认为，高速公路免费政策加剧了高速服务区和高速路上的拥堵。但是另一方面，一些卡车司机认为此项政策也为卡车司机带来了好处：节省了运输时间，并使他们跑车更为轻松（见图40、图41所示）。

五 困难、需求与政策建议

1. 自雇卡车司机复工后的困难与需求

调查显示，对于样本自雇卡车司机而言，复工后面临的第一困难，占比最高的是"上游企业复工复产较慢，货源不足"（41.8%），其次是"运价过低"（26.2%）；复工后面临的第二困难，占比最高的是"运价过低"（40.9%），其次是"跑车回家仍被隔离"（14.0%）；复工后面临的第三困难中，占比最高的是"解决基本生活问题有困难"（30.3%），其次是"跑车趟数变少"（17.6%）。具体如图43所示。

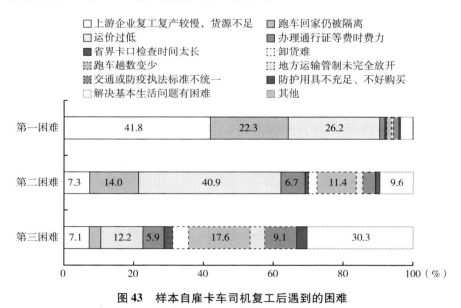

图43 样本自雇卡车司机复工后遇到的困难

资料来源：2020 中国卡车司机调查。

自雇卡车司机当前的第一需求，占比最高的是"促进上游企业复工复产，有充足货源"（48.5%），其次为"各地交通政策统一标准"（19.3%）；第二需求中，占比最高的是"各地交通政策统一标准"（17.4%），其次为"维持市场运价基本稳定"（16.1%）；第三需求中，占比最高的是"维持市

311

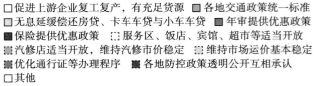
场运价基本稳定"（27.2%）。此外，部分样本自雇卡车司机表示希望"无息延缓偿还房贷、卡车车贷与小车车贷"、"年审提供优惠政策""保险提供优惠政策"，以及"服务区、饭店、宾馆、超市等适当开放"（见图44）。

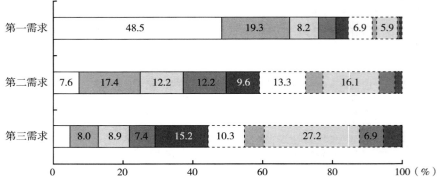

图44　样本自雇卡车司机复工后的需求

资料来源：2020 中国卡车司机调查。

2. 他雇卡车司机复工后的困难与需求

数据显示，对于样本他雇卡车司机而言，复工后的第一困难，占比最高的是"上游企业复工复产较慢，货源不足"（43.5%），其次是"跑车后仍被隔离"（25.8%）；复工后的第二困难，占比最高的是"解决基本生活问题有困难"（26.8%），其次是"跑车后仍被隔离"（17.9%）；第三困难，占比最高的是"解决基本生活问题有困难"（39.2%）。具体如图45所示。可见，复工的样本自雇卡车司机和他雇卡车司机除了"上游企业复工复产较慢，货源不足"这一突出的共同困难之外，在其他方面的困难有所不同。自雇卡车司机的困难主要是运价低、各地交通政策不统一，而困扰他雇卡车司机的问题主要是"解决基本生活问题有困难"。

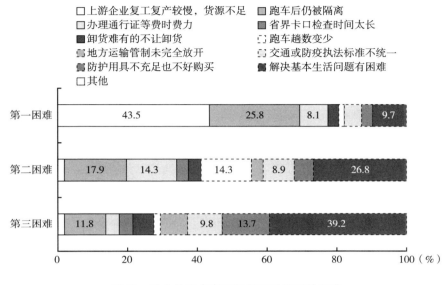

图45　样本他雇卡车司机复工后遇到的困难

资料来源：2020 中国卡车司机调查。

当前他雇卡车司机的第一需求，占比最高的是"促进上游企业复工复产，有充足货源"（40.3%）；第二需求占比最高的是"服务区、饭店、宾馆、超市等适当开放"（29.8%）；第三需求占比最高的是"保障基本工资待遇"（22.9%）。具体如图46所示。

3. 相关判断和政策建议

综合上述情况，课题组有如下判断和政策建议。

第一，在样本卡车司机复工率不及一半的情况下，[①] 卡车司机业已感到货源不足的压力，这表明上游企业复工不足，无货可运或将成为复工后公路货运业面对的主要困境之一。就此而论，当务之急似还不是促使更多的物流

[①] 根据"中交兴路"发布的大数据报告，至2020年3月31日，"全国重载货车日开行数量已接近往年同期水平"，（人民网，2020年4月2日）；另据"满帮大数据"报告，"2020年3月平台司机活跃度较2月提升了47%"（满帮集团，2020年4月03日）。这些数据表明，在我们采集数据一周后，公路货运业处于快速复工进程之中。

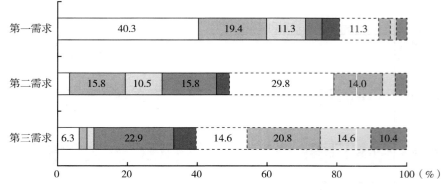

图 46   样本他雇卡车司机复工后的需求

资料来源：2020 中国卡车司机调查。

企业和卡车司机复工复产，而是要全面促进上游企业开工生产，从根本上摆脱当下货源不足的困境。

第二，相当多的自雇卡车司机目前似已陷入岌岌可危的境地。他们身负车贷、房贷等沉重的债务，作为家庭的顶梁柱承担着挣钱养家的责任，年初之际很多人还要支付较大额度的验车、保险等费用，复工后又遭遇运价大幅下降、货源不足等问题，实在不堪重负。高速公路免费作为一项利好政策，在产生积极效应的同时也大幅拉低了运价，使得自雇卡车司机的处境更加艰难。建议相关部门采取措施，尽可能将市场运价稳定在一个合理的水准上，保证自雇卡车司机能够获得合理稳定的收入。当前国家出台的延期还贷等项政策虽已逐步惠及自雇卡车司机，但也只限于暂时缓解其部分经济压力，未能顾及长远。希望破除自雇卡车司机享受各种相关优惠政策的身份壁垒，使得他们能够得到国家持续性的金融资助和各种政策支持，帮助他们渡过眼下难关并获得进一步发展。

第三，虽然疫情已经大大缓解，但是卡车司机跑运输的过程中仍然面临较多管控，诸如跑车后仍需被隔离、办理相关证件费时费力、各地管控政策不一等问题。此外，卡车司机跑车过程中的吃饭和休息问题仍难得到解决。建议相关部门进一步放松管制，为跑车的卡车司机提供便利，同时采取措施解决服务区拥堵、卡车司机吃住困难等问题。

附录三　疫情一周年来卡车司机的工作与生活状况调查报告

一　调查概述

本调查旨在把握新冠肺炎疫情发生一年来卡车司机工作与生活的若干状况，了解他们的主要困难与诉求，进而提出相应的政策建议。调查问卷于2021年1月23日即武汉封城一周年中午12时上线，到2021年1月26日中午12时下线，历时72小时，共回收问卷2222份。经清洗后获得有效问卷2186份，有效率为98.4%。

与前几次调查一样，本次调查的样本卡车司机仍以自雇卡车司机为主，占比为82.9%；他雇卡车司机占比为17.1%（见图1）。

二　样本卡车司机的基本情况

（一）基本社会人口学特征

1. 性别、年龄、户籍与学历

数据显示，样本卡车司机以男性为主，占比为94.6%；女性占比为5.4%（见图2）。

样本卡车司机的平均年龄为41.2岁，年龄众数为39岁。各年龄段中，1959年及以前出生者占0.1%，1960～1969年出生者占5.2%，1970～1979年出生者占41.6%，1980～1989年出生者占47.6%，1990～1999年出生者

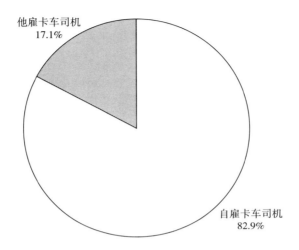

图1　样本卡车司机受雇情况

资料来源：2021中国卡车司机调查。

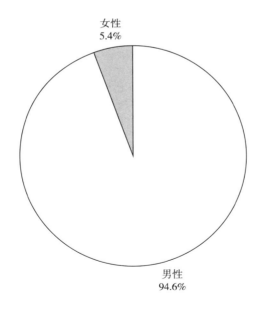

图2　样本卡车司机的性别分布

资料来源：2021中国卡车司机调查。

占 5.5% 。可见，"70 后"和"80 后"仍是卡车司机群体中的主力军（见图 3）。

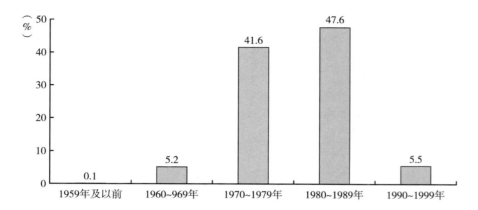

图 3　样本卡车司机的年龄分布

资料来源：2021 中国卡车司机调查。

在户籍情况方面，样本卡车司机中农村户籍者占绝大多数，占比为83.0%（见图 4）。

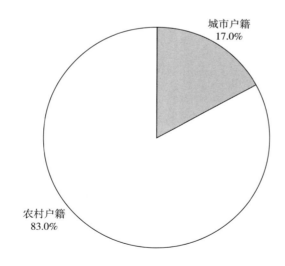

图 4　样本卡车司机的户籍分布

资料来源：2021 中国卡车司机调查。

样本卡车司机的学历以初中为主。具体来说，学历为小学及以下者占比为 9.8%；学历为初中者占比为 66.8%；学历为高中者占比为 12.8%；学历为中专、职高、技校者占比为 8.7%；学历为大专者占比为 1.9%（见图 5）。

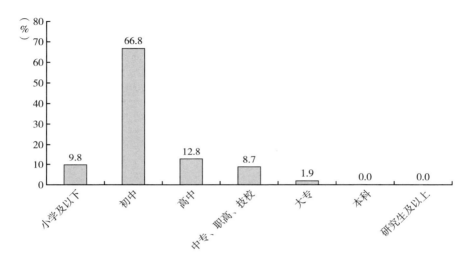

图 5　样本卡车司机的学历分布

资料来源：2021 中国卡车司机调查。

2. 婚姻和家庭

样本卡车司机中大部分为已婚者，占比为 95.2%。除此以外，未婚者占比为 1.6%，离异者占比为 3.0%，丧偶者占比为 0.3%（见图 6）。

样本卡车司机中，育有 2 个孩子的人最多，占比为 56.2%；育有 1 个孩子的占 31.5%，育有 3 个及以上孩子的占 10.8%，没有孩子的占 1.6%。总体来看，共有 67.0% 的样本卡车司机育有 2 个及以上的孩子（见图 7），可见卡车司机的养家负担较重。

（二）工作概况

1. 卡车属地分布

样本卡车司机所驾驶的卡车中，车头牌照遍布全国 29 个省区市（西

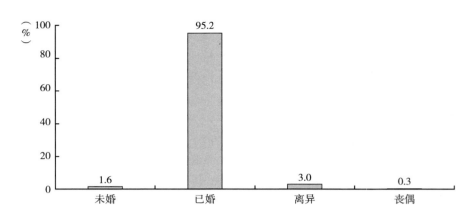

图6 样本卡车司机的婚姻状况

资料来源：2021 中国卡车司机调查。

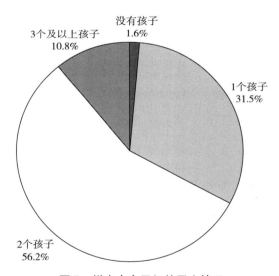

图7 样本卡车司机的子女情况

资料来源：2021 中国卡车司机调查。

藏、海南无报告），其中山东牌照最多，河北次之。在自雇卡车司机驾驶的卡车中，甘肃牌照数量位居第三，占比为10.9%；而在他雇卡车司机驾驶的卡车中，数量位于第三的是河南牌照卡车（15.0%）。总体来看，样本卡车属地呈现明显的"北多南少"的态势（见图8）。

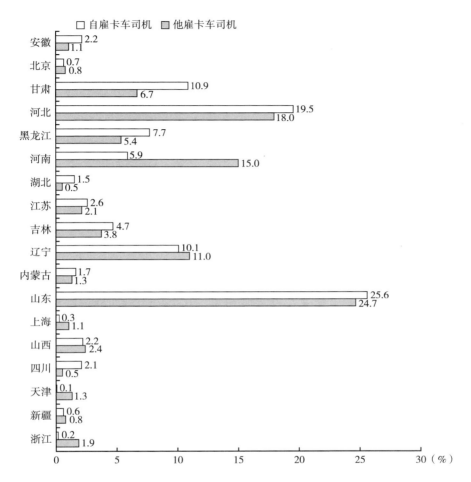

图8　样本卡车司机驾驶卡车的车头牌照分布（部分省份）

资料来源：2021 中国卡车司机调查。

2. 驾照类型和车辆类型

数据显示，样本卡车司机持有的驾照多为 A2 和 B2 两类，分别占 53.8% 和 27.7%。有 9.0% 的样本卡车司机持有 C1 驾照。有 4.8% 的样本卡车司机回答其驾照类型为"其他"（见图9），从填答结果看，"其他"主要为同时具有 A1 和 A2 驾驶资格。

从样本卡车司机所驾驶的车辆类型来看，驾驶六轴卡车者居多，占

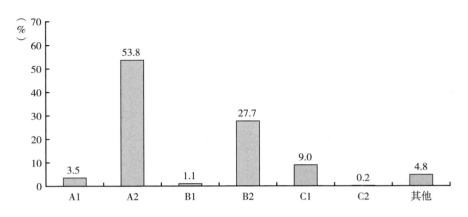

图9 样本卡车司机的驾照类型

资料来源：2021 中国卡车司机调查。

50.8%；其次为两轴黄牌卡车，占 18.8%。其余依次为两轴蓝牌卡车、四轴卡车、三轴卡车与五轴卡车（见图10）。

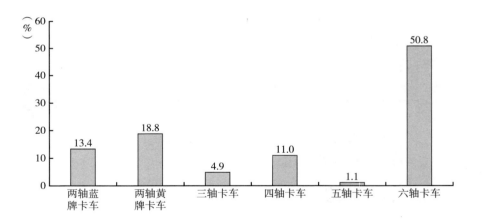

图10 样本卡车司机驾驶的车辆类型

资料来源：2021 中国卡车司机调查。

环保标准是区分车辆类型的另一重要指标，数据显示，样本卡车司机驾驶的卡车中，符合"国五"阶段排放标准者最多，占比为 68.7%。"国三"

及以下排放标准的"老旧"卡车共占比 10.3%（见图 11），这部分卡车在未来 3 年左右或将面临报废。

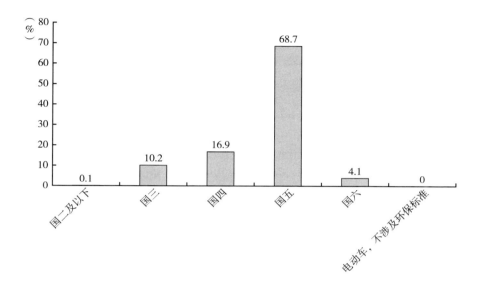

图 11　样本卡车司机驾驶卡车的排放标准

资料来源：2021 中国卡车司机调查。

值得注意的是，国家大力推广的"新能源货车"眼下仍为数极少，仅有 1 个样本报告自己驾驶的是电动车，且该车辆属于从事中短途运输的两轴卡车。可见，商用中、重型新能源车的广泛普及仍需时日。可以推知，在今后很长的一段时间内，公路货运行业依然难以摆脱被有关部门重点监管的命运。

他雇卡车司机驾驶的卡车排放标准高于自雇卡车司机，其中最明显的标志是，他雇卡车司机驾驶的卡车中，符合"史上最严国六标准"的比例（8.9%）要明显高于自雇卡车司机（3.1%）。另外，驾驶国三及以下排放标准的"老旧"卡车的自雇卡车司机占比也更高（见图 12）。

3. 入行年限和运输类型

数据显示，样本卡车司机平均入行时长为 13.7 年，众数年份为 11 年

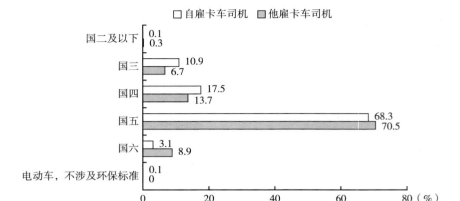

图 12　不同雇佣性质的样本卡车司机驾驶卡车的排放标准阶段

资料来源：2021 中国卡车司机调查。

（占 7.8%）。样本卡车司机最早入行年份为 1981 年，入行时间在 3 年以内者（2018 年及以后入行者）占比为 8.5%；入行 10 年以上者（2010 年及以前入行者）占比为 65.0%，入行 20 年以上者（2000 年及以前入行者）占比为 22.2%（见图 13）。

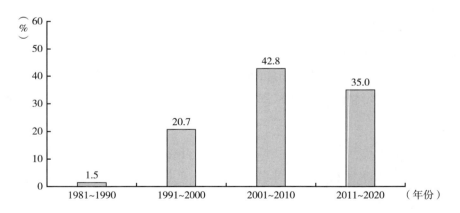

图 13　样本卡车司机的入行年限

资料来源：2021 中国卡车司机调查。

在运输距离方面，有 63.6% 的样本卡车司机从事 500 公里以上的长途运输，有 32.5% 的从事 50~500 公里的中短途运输，仅有 3.9% 从事 50 公里以下的城配运输（见图 14）。

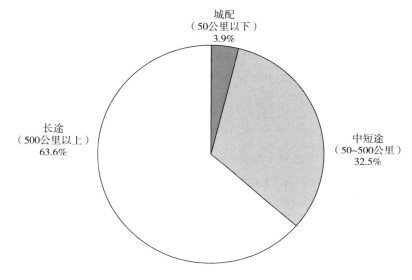

图 14　样本卡车司机的主要运输距离

资料来源：2021 中国卡车司机调查。

从货物种类看，大多数样本卡车司机以运输"普货"为主，远高于运输其他种类货物的卡车司机。其中，样本自雇卡车司机中主运"普货"的比例为 90.2%，样本他雇卡车司机中的这一比例为 80.2%。主运"绿通"的样本卡车司机也占相当高比重，其中，样本自雇卡车司机主运"绿通"的比例为 22.5%，样本他雇卡车司机中的这一比例为 12.3%。运输"冷链""危化品"等的卡车司机为数不多。此外，还有少量样本卡车司机选择了"其他"选项，其中他雇卡车司机选择"其他"的比例较高（见图 15）。结果显示，这部分样本卡车司机驾驶的主要为特种车辆，如搅拌车、轿运车、专项作业车等。

4. 车贷与车辆更换情况

课题组曾经形成判断：自雇卡车司机群体是当代"最大的债务劳动

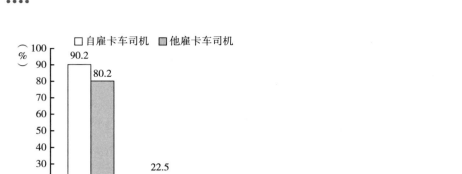

图15 样本卡车司机运输货物的类型

资料来源：2021 中国卡车司机调查。

群体"①。贷款购车无疑是自雇卡车司机面临的一个重大问题。样本自雇卡车司机中，贷款买车者共占 75.7%（见图 16）。其中，目前尚处于还贷期的样本卡车司机占多数。

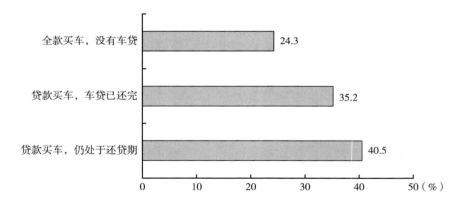

图16 样本自雇卡车司机的卡车车贷状况

资料来源：2021 中国卡车司机调查。

---

① 参见《中国卡车司机调查报告 No.1》，北京：社会科学文献出版社，2018。

在仍处于还贷期的样本卡车司机中，有 80.4% 的每月还贷额超过 5000 元。还贷额的峰值区间为 10001～15000 元，占比为 38.9%，表明这些卡车司机肩负沉重的还贷负担（见图 17）。

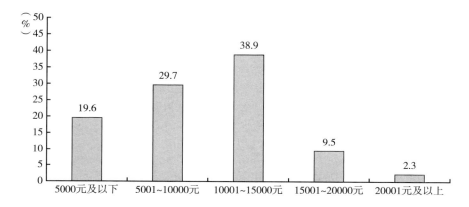

图 17　样本自雇卡车司机的卡车车贷月均偿还金额

资料来源：2021 中国卡车司机调查。

数据显示，高达 40.3% 的样本自雇卡车司机在最近两年内（2019 年至 2021 年初）更换过卡车（见图 18）。

关于更换卡车的原因，有 66.4% 的选择了"环保标准升级，不换无法上路"。值得注意的是，勾选这一换车原因的样本卡车司机数量，超过了勾选其余 7 个换车原因的样本卡车司机数量的总和（见图 19）。不难看出，近年来各地环保限行力度之大、范围之广、执行之严，以及其对自雇卡车司机的影响之大。

5. 雇主类型和养车经历

在样本他雇卡车司机中，有 80.7% 是为个体车主开车，有 19.3% 为企业开车（见图 20）。

值得注意的是，将近六成的样本他雇卡车司机（59.3%）在为别人开卡车之前，曾有过自己养卡车的经历，即他们是从自雇卡车司机转化而来的（见图 21）。

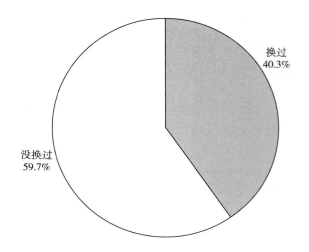

图 18　样本自雇司机中 2019 年以来更换卡车的比例

资料来源：2021 中国卡车司机调查。

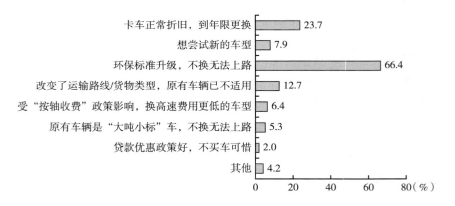

图 19　近两年内样本自雇卡车司机更换卡车的原因

资料来源：2021 中国卡车司机调查。

　　数据显示，这些司机之所以放弃自己养车而转为受雇于人，报告最多的原因是"不操心，省事儿"，占比为 65.6%；其次是"收入稳定"，占比为 42.1%（见图 22）。相当数量的自雇卡车司机放弃养车，转为受雇，从一个角度折射出公路货运市场的残酷竞争和高风险状态。

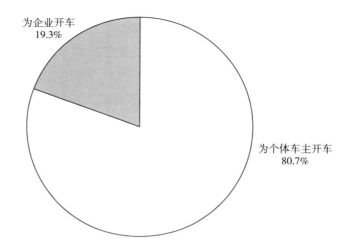

图20 样本他雇司机的雇主类型

资料来源：2021 中国卡车司机调查。

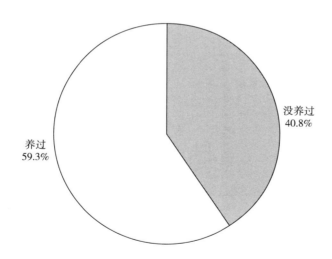

图21 样本他雇卡车司机自己养卡车的经历

资料来源：2021 中国卡车司机调查。

当被问及由自雇转为他雇的时点时，报告在近六年（2015 年及以后）转换者占比达 58.8%，众数年份为 2020 年（占比为 19.0%）。换言之，在

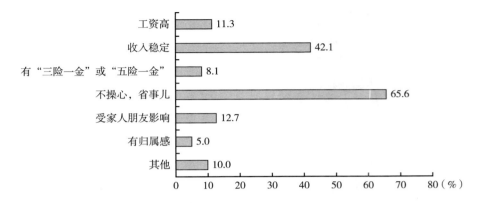

图22 样本他雇卡车司机从自雇转为他雇的原因

资料来源：2021中国卡车司机调查。

这些放弃自己养卡车转而"给别人打工"的卡车司机中，有半数以上在近6年内做出这一决定，尤以疫情发生后的2020年最为集中（见图23）。

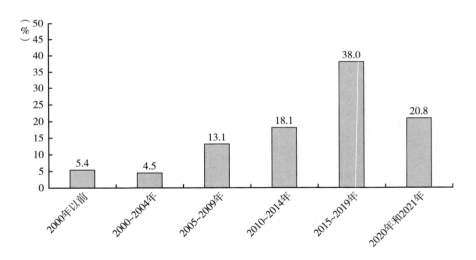

图23 样本他雇卡车司机放弃自己养卡车的年份

资料来源：2021中国卡车司机调查。

6.个人收入占家庭收入的比重

个人收入占家庭收入的比重是考察卡车司机家庭负担与工作压力的重要

指标。数据表明，样本卡车司机多是家庭经济的"顶梁柱"。在样本自雇卡车司机中，有54.2%的人声称自己的收入占家庭收入的81.0%及以上；而在样本他雇卡车司机中，这一比例是46.1%（见图24）。

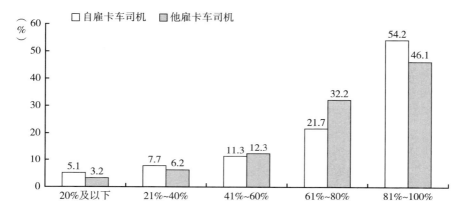

图24 样本卡车司机收入占家庭收入的比重

资料来源：2021中国卡车司机调查。

三 新冠肺炎疫情发生一年来卡车司机的工作与生活

新冠肺炎疫情对全社会都造成了巨大影响。卡车司机作为流动性极高的工作人群，其工作和生活受疫情影响尤甚。

（一）开工时间

数据显示，疫情发生后一年来，一直在跑车、没有休息的样本卡车司机占比为17.6%。开工时间的众数月份为2020年3月，彼时疫情还比较严重。总体来看，有半数以上的样本卡车司机没有停工或在2020年3月及以前就已经开工。截至2020年4月底，一直没有停工或已经开工的样本卡车司机达到80.9%。另外值得注意的是，有2.9%的样本卡车司机报告他们一直未开工（具体见图25）。

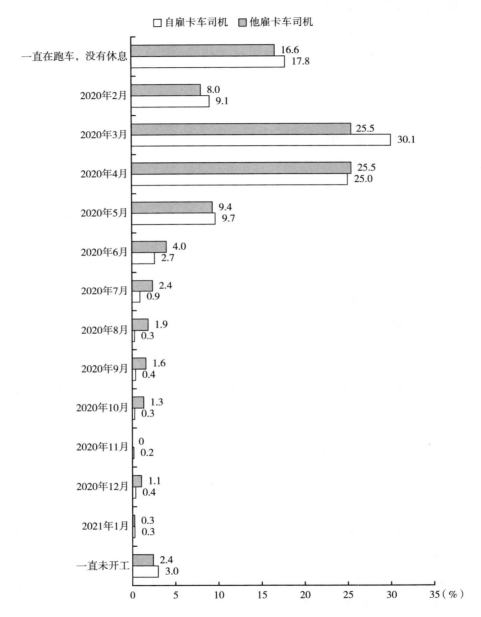

图25 样本卡车司机在新冠肺炎疫情发生后的开工时间

资料来源：2021中国卡车司机调查。

（二）找货途径

对于自雇卡车司机来说，找货是每个劳动周期的起点，其重要性不言而喻。数据表明，疫情发生一年来，样本自雇卡车司机最主要的货源来自"货运平台"，占比为56.4%；其次为"固定客户"，占比为32.7%；再次为"信息部/黄牛"，占比为24.3%（见图26）。这表明在当前的公路货运市场，虽然传统找货方式依然存在并发挥着重要作用，但是通过货运平台找货已成为许多卡车司机获取货源的首要途径。

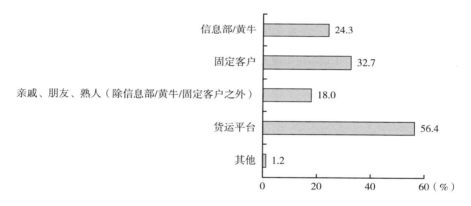

图26　疫情发生一年来样本自雇卡车司机主要的找货渠道

资料来源：2021 中国卡车司机调查。

不仅如此，疫情发生后的一年间，由于传统找货渠道减少、直接接触风险较高等问题，卡车司机对货运平台的依赖性比以前更高。有66.6%的样本自雇卡车司机声称在疫情发生一年来"更多地依靠货运平台找货"（见图27）。

数据显示，样本卡车司机用于找货的货运平台主要是 HCB 和 YMM 两家平台，二者合计占比超过九成半（见图28）。这表明由 HCB 和 YMM 合并形成的 MB 集团在车货匹配平台领域已取得支配地位。

虽然绝大多数样本自雇卡车司机在找货时高度依赖货运平台，但他们对平台的不满也溢于言表。当被问及"你最常使用的货运平台存在何种问题"

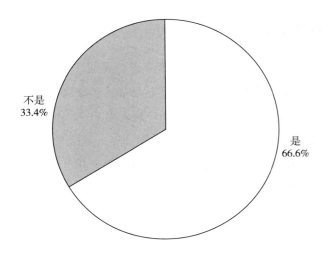

图 27　疫情发生后一年来样本卡车司机更多依靠货运平台找货的情况

资料来源：2021 中国卡车司机调查。

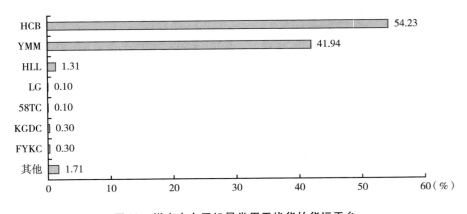

图 28　样本卡车司机最常用于找货的货运平台

资料来源：2021 中国卡车司机调查。

时，仅有 4.4% 的样本卡车司机选择"没什么问题"。至于具体问题，选择
"压价竞争"者最多，占比达 80.8%；选择"服务差，出现纠纷不负责"
者占 43.7%；选择"双向收费，收费越来越高"者占 39.4%；选择"存在
虚假货源"者占 29.6%。这些数据表明，货运平台在为卡车司机找货方面

固然提供了便利，但也存在各种问题。"压价竞争"是引起卡车司机对这类平台不满的最主要原因（见图29）。

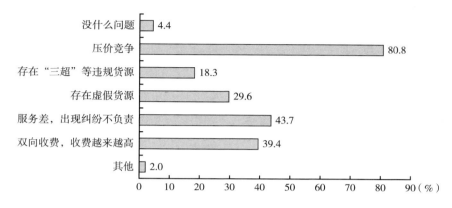

图29　样本卡车司机认为货运平台存在的主要问题

资料来源：2021 中国卡车司机调查。

（三）配偶跟车情况

对自雇卡车司机来说，由于货运市场运价低迷，他们难以承担雇用副驾的成本，所以近年来"卡嫂跟车"已成为一种常见的工作组织方式①。此次调查发现，有 64.2% 的样本自雇卡车司机的配偶在疫情前后都不跟车，有 19.3% 的样本卡车司机配偶疫情前后都跟车，即有 83.5% 的样本卡车司机家庭在疫情后保持了原有的劳动分工。此外，有 12.0% 的样本卡车司机配偶在疫情前跟车、疫情后不再跟车，有 4.6% 的样本卡车司机配偶在疫情前不跟车、疫情后跟车。这表明，有 16.6% 的样本卡车司机家庭在疫情后改变了生产组织的方式（见图30）。

（四）收入

鉴于自雇与他雇卡车司机获取收入的方式大为不同，以下分别对两类司机 2020 年的收入状况进行描述。

---

①　参见《中国卡车司机调查报告 No.2》，北京：社会科学文献出版社，2019。

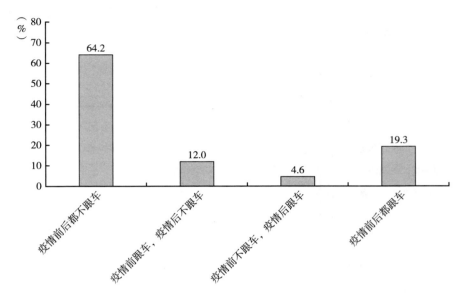

图30 疫情前后样本自雇卡车司机配偶跟车情况

资料来源：2021 中国卡车司机调查。

1. 样本自雇卡车司机

2020 年样本自雇卡车司机净收入分布呈现类似泊松分布的状态，即除"3 万元以下"一项外，其余各区间的人数均呈逐级快速递减趋势。数据显示，2020 年净收入在 5 万元以下的样本自雇司机占比超过 1/3，占比为 37.2%。总体来看，样本自雇卡车司机的收入分布比较分散，没有出现明显的峰值区间（见图31）。

由于运输距离不同，自雇卡车司机的收入情况也存在差异。从事长途运输（500 公里以上）的卡车司机的收入明显高于从事中短途运输（50～500 公里）和城配运输（50 公里以下）的卡车司机。其中，从事长途运输的样本卡车司机中 2020 年净收入在 9 万元及以上者超过 1/3（35.1%），远多于其他两类样本自雇卡车司机的占比（见图32）。

当被问及"2020 年您跑车收入有何变化"时，有 82.6% 的样本自雇卡车司机选择"有所下降"，有 13.6% 的选择"与往年持平"，仅有 3.8% 的

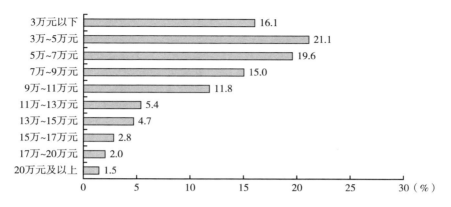

图 31　样本自雇卡车司机 2020 年净收入分布

资料来源：2021 中国卡车司机调查。

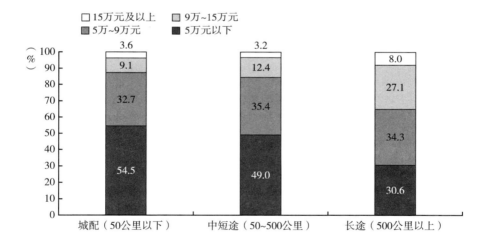

图 32　不同运输距离的样本自雇卡车司机净收入对比

资料来源：2021 中国卡车司机调查。

选择收入有所增长（见图 33）。

从下降幅度来看，55.1% 的样本自雇卡车司机报告收入下降幅度在 21% ~40%，占比最高（见图 34）。

至于收入下降的主要原因，占比最高的是"货运平台把运价压得更

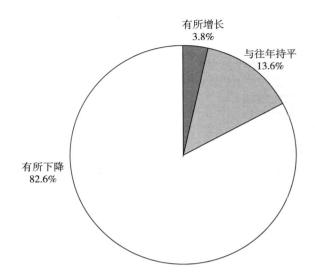

图33 样本自雇卡车司机 2020 年收入（相比往年）变化

资料来源：2021 中国卡车司机调查。

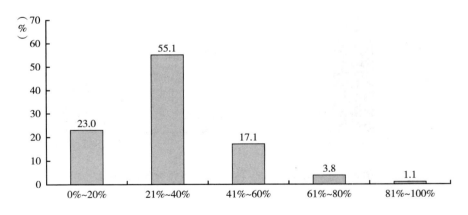

图34 样本自雇卡车司机 2020 年收入下降幅度

资料来源：2021 中国卡车司机调查。

低"，占比高达61.5%；其次是"受疫情影响，开工晚"（48.9%）；再次是"'按轴收费'后高速费用有所增加"（32.7%）。具体如图35所示。

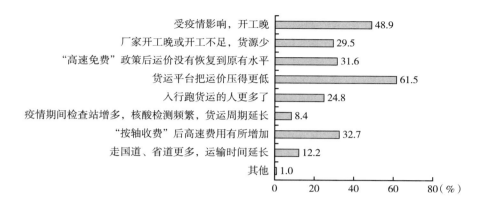

图 35　样本自雇卡车司机 2020 年收入下降的原因

资料来源：2021 中国卡车司机调查。

虽说大多数样本自雇卡车司机认为自己在 2020 年的收入有所下降，但也有少数（3.8%）报告自己在 2020 年的收入有所增长，这些司机的收入增长幅度普遍不大（见图 36），其中有超过一半报告其收入增长不超过两成（51.5%）。

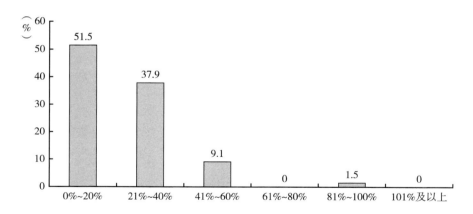

图 36　样本自雇卡车司机 2020 年收入增长幅度

资料来源：2021 中国卡车司机调查。

在增长原因方面，比较集中的选项是"油价下跌"，占比为 57.6%；此外，选择"'高速免费'政策降低了成本"和"疫情期间车少货多，运价增长"者也为数不少，占比分别为 34.9% 和 30.3%（见图 37）。

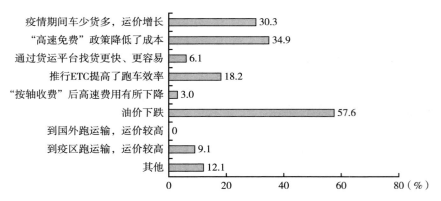

图 37　样本自雇卡车司机 2020 年收入增长的原因

资料来源：2021 中国卡车司机调查。

2. 样本他雇卡车司机

样本他雇卡车司机 2020 年的月平均收入呈现类似正态分布的状态。峰值区间为"7001～10000"元，占比为 36.8%。收入在"5001～10000 元"区间的他雇卡车司机超过六成，占比 67.6%。"月入过万"的他雇卡车司机超过一成，占比为 11.6%（见图 38）。

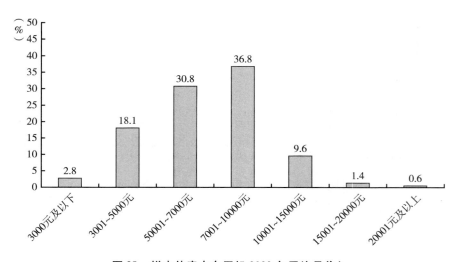

图 38　样本他雇卡车司机 2020 年平均月收入

资料来源：2021 中国卡车司机调查。

在疫情导致不能跑车期间，雇主是否发放保底工资呢？有 94.1% 的他雇卡车司机声称自己在疫情发生后不能跑车期间没有保底工资（见图 39）。

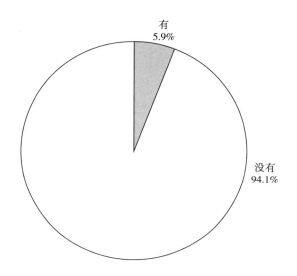

图 39 样本他雇卡车司机因疫情不能跑车期间获得保底工资的情况

资料来源：2021 中国卡车司机调查。

至于 2020 年收入相比往年的变化情况，有 65.5% 的样本他雇卡车司机认为自己的收入"有所下降"，有 27.1% 的认为自己的收入"与往年持平"，有 7.5% 的认为自己的收入"有所增长"。可见，与自雇卡车司机相比，他雇卡车司机在 2020 年收入下降者占比更低，而收入增长者占比更高（见图 40）。

对于收入下降的样本他雇卡车司机，其下降比例的峰值区间为 21% ~ 40%，占比为 45.6%（见图 41）。

至于收入下降的原因，有 46.0% 的样本他雇卡车司机选择了"更多人入行跑货运，压低司机工资"，占比最高；有 42.6% 的选择"工作任务少了"；有 42.2% 的选择"跑车效率降低了"（见图 42）。

（五）"按轴收费"政策的影响

"按轴收费"政策的出台和实施，无疑是 2020 年公路货运业的一个重

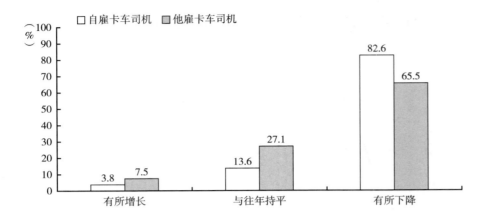

图 40　两类样本卡车司机 2020 年收入变化情况比较

资料来源：2021 中国卡车司机调查。

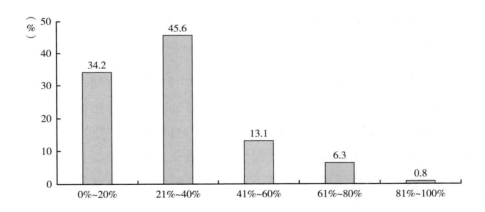

图 41　样本他雇卡车司机 2020 年收入下降幅度

资料来源：2021 中国卡车司机调查。

大事件。"按轴收费"政策对卡车司机的高速过路费支出有何影响？是否影响到卡车司机对高速公路的使用？

数据表明，将近八成的样本卡车司机（77.2%）认为自己在"按轴收

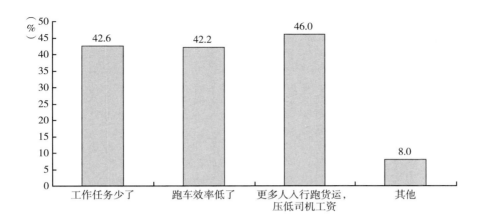

图 42　样本他雇卡车司机 2020 年收入下降的原因

资料来源：2021 中国卡车司机调查。

费"政策实施后支出的高速过路费有所增加。认为自己在"按轴收费"政策实施后高速过路费有所减少的司机仅有 8.9%[①]（见图 43）。

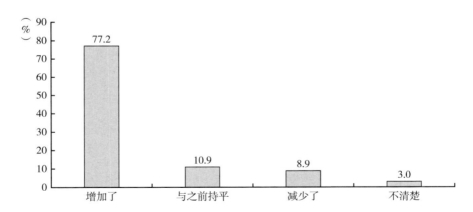

图 43　"按轴收费"政策实施后样本卡车司机高速过路费变化情况

资料来源：2021 中国卡车司机调查。

[①]　鉴于此数据来源为司机填报，可能受到司机主观因素的影响而产生偏差。后续应开展连续调查，继续分析相关数据。

数据显示，因"按轴收费"政策实施导致高速过路费增长的幅度普遍在四成以下，占比为86.2%（见图44）。

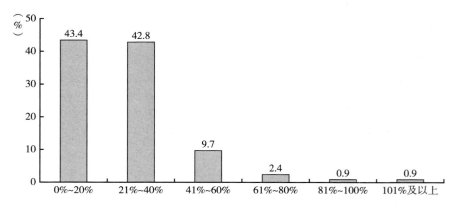

图44 "按轴收费"政策实施后样本卡车司机高速过路费增长幅度

资料来源：2021中国卡车司机调查。

而对于声称高速过路费减少的样本卡车司机，他们支出的高速过路费减少比例主要集中在"0%～20%"，占比为73.8%（见图45）。

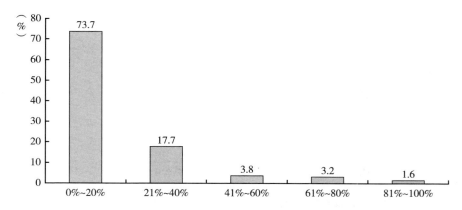

图45 "按轴收费"政策实施后样本卡车司机高速过路费减少幅度

资料来源：2021中国卡车司机调查。

关于"按轴收费"政策实施后，卡车司机对高速公路的使用情况，有74.0%的样本卡车司机指出，"按轴收费"政策减少了他们对高速公路的使用，有6.7%的样本卡车司机在"按轴收费"政策实施后增加了对高速公路的使用，另有19.3%的样本卡车司机表示"按轴收费"政策对于他们使用高速公路没有什么影响（见图46）。

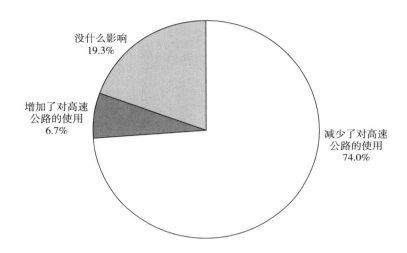

图46 "按轴收费"政策实施后样本卡车司机的高速公路使用情况

资料来源：2021中国卡车司机调查。

需要注意的是，由于驾驶的卡车车型不同，样本卡车司机受到"按轴收费"政策影响的程度也有所不同。在引入车型因素进行分析后，可以看到，驾驶六轴卡车的样本卡车司机高速通行费发生增长的比例最高，达到90.3%；驾驶四轴卡车的样本卡车司机次之，为87.9%。驾驶两轴蓝牌卡车的样本卡车司机高速通行费增长的比例最低，而其高速通行费减少和持平的比例则在六类中最高，分别为26.9%和30.6%，均远超其他车型（见图47）。

"按轴收费"政策实施后，不同车型的样本卡车司机对高速公路使用的变化情况也存在差异。其中，驾驶四轴卡车、六轴卡车的样本卡车司机报告自己高速公路使用"有所减少"者均超过八成，占比分别为82.5%与82.1%。总体来看，各车型样本的高速公路使用减少比例排序为：四轴卡车＞六轴卡车＞三轴卡车＞两轴黄牌卡车＞五轴卡车＞两轴蓝牌卡车。驾驶

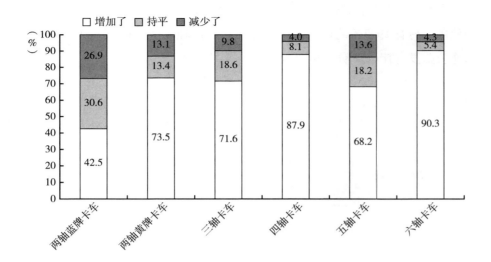

**图 47 "按轴收费"政策实施后驾驶不同车型的
样本卡车司机高速通行费变化情况**

资料来源：2021 中国卡车司机调查。

两轴蓝牌卡车的样本卡车司机的高速公路使用情况受"按轴收费"政策的影响最小，有 40.5% 的样本卡车司机报告"没什么影响"，另有 16.7% 的样本卡车司机报告"增加了对高速公路的使用"，两项均远超其他车型（见图 48）。

（六）主要困难与政策需求

为考察疫情发生一年来卡车司机遇到的主要困难，课题组请样本卡车司机回答在这一年来对其跑车影响最大的两个事件。从填答结果来看，样本自雇卡车司机的回答出乎意料：占比最高的并不是深刻影响了全社会生产和生活秩序的新冠肺炎疫情，而是"货运平台的垄断"（61.3%）。选择"新冠肺炎疫情"的占比仅为 46.3%。

样本他雇卡车司机的选择也集中于这两项，只是占比情况与自雇卡车司机明显不同（见图 49）。

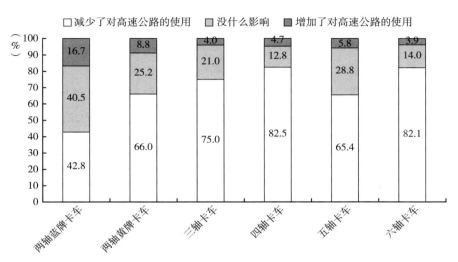

**图48　"按轴收费"政策实施后驾驶不同车型样本卡车司机
对高速公路使用情况的变化**

资料来源：2021中国卡车司机调查。

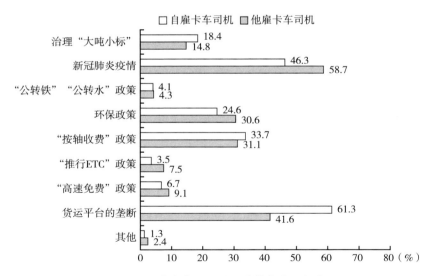

**图49　样本卡车司机认为疫情发生一年来
对自己跑车影响最大的两个事件**

资料来源：2021中国卡车司机调查。

在被问及"疫情发生一年来，您跑车遇到的最主要困难是什么"时，样本自雇卡车司机选择较多的分别是"运价低"（77.1%）、"'按轴收费'后，高速费用增长"（41.2%）、"限行禁行多"（40.5%）和"货运平台垄断，扰乱市场秩序"（36.0%），参见图50。这些数据表明，自雇卡车司机在疫情期间遇到的困难多种多样，其中"运价低"的问题尤为突出。

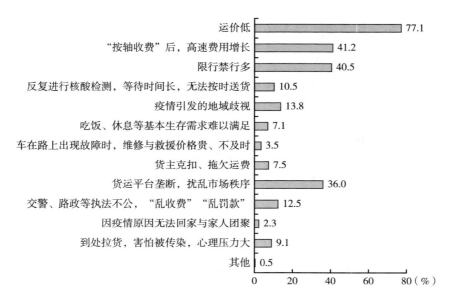

图50　疫情发生一年来样本自雇卡车司机遇到的主要困难

资料来源：2021 中国卡车司机调查。

对于疫情发生一年来跑车遇到的主要困难，样本他雇卡车司机选择较多的分别是"限行禁行多"（49.2%）、"反复进行核算检测，等待时间长，无法按时送货"（29.4%）、"到处拉货，害怕被传染，心理压力大"（28.3%）、"收入低"（26.7%）与"吃饭、休息等基本生存需求难以满足"（26.7%）。具体如图51所示。

总体来看，对于所有样本卡车司机而言，过去一年跑车的主要困难相对集中的选项有："限行禁行多"，占比为42.5%；"货运平台垄断，扰乱市场秩序"，占比为33.2%。

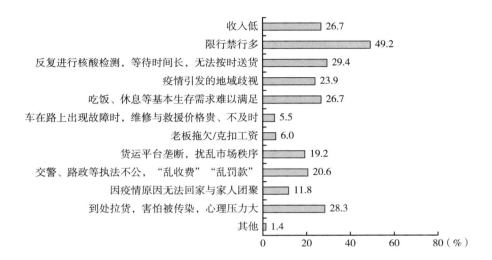

图 51 疫情发生一年来样本他雇卡车司机遇到的主要困难

资料来源：2021 中国卡车司机调查。

数据显示，样本卡车司机对于新冠肺炎疫情解除之后货运市场的预期十分保守，预期"不太乐观"和"非常不乐观"的总共占比接近八成（79.0%）。具体如图 52 所示。

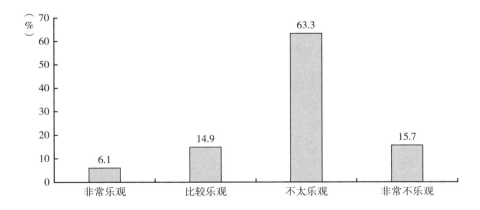

图 52 样本卡车司机对于疫情解除之后货运市场的预期

资料来源：2021 中国卡车司机调查。

面对重重困难，样本卡车司机表现出强烈的政策需求。其中，"减少限行、禁行、交通管制"与"对货运平台加强监管，规范运价，保障卡车司机的利益"两项位列前端（见图53）。

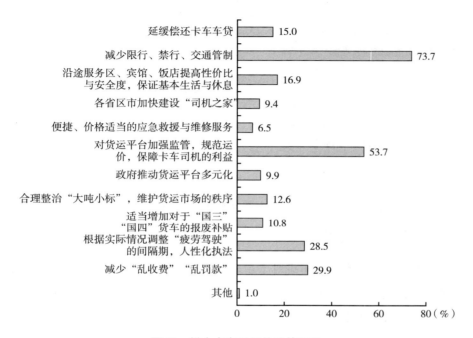

图53 样本卡车司机的政策需求

资料来源：2021 中国卡车司机调查。

四 政策建议

疫情发生一年来，样本卡车司机在其工作与生活中遭遇诸多困难，亟待通过政策的制定和实施加以改善。结合问卷调查的统计数据和预调查时的访谈内容，课题组认为以下六个方面的政策需求尤为突出，需要尽快解决。

（一）制定行业规则，总体稳定运价

近年来，由于各种原因，自雇卡车司机身陷运价不断降低的困境。卡车司机的货运工作多是家庭主要的经济来源，且许多卡车司机仍处于卡车车贷的还贷期，运价持续走低对他们造成了沉重的经济压力。本次调查数据显示，超过七成的自雇卡车司机认为"运价低"是过去一年跑车遇到的最主要的困难。

为此，建议有关部门深入调查研究，了解淡旺季不同车型、不同运输距离、不同运输货物种类的卡车运输的成本和利润水平，制定出具体而细致的运价方面的指导价格，或标定最低运价水平，以避免由恶性竞争、市场秩序混乱、货运平台压价等因素导致运价的不断下降。

（二）尽快出台相关政策，加强对从事"车货匹配"业务的货运平台的监管

疫情发生后，越来越多的卡车司机更加依赖货运平台找货。如前所述，近六成（56.4%）的样本自雇卡车司机依靠货运平台找寻货源，而这里的互联网平台集中于 HCB 和 YMM 等若干大型平台。这表明以 MB 集团为主要代表的货运平台在公路货运业的车货匹配服务中已占据巨大优势，并且还在继续发展之中。

本次调查表明，卡车司机对于用来找货的货运平台怨言颇多，认为其存在诸多问题。课题组在问卷中请样本自雇卡车司机选择过去一年来对其工作影响最大的两个事件，占比最高的并非"新冠肺炎疫情"这个严重冲击了全社会的重大事件，而是"货运平台的垄断"。选择"货运平台的垄断"为影响最大事件的比例为 61.3%，选择"新冠肺炎疫情"为影响最大事件的比例为 46.3%，前者比后者高出 15 个百分点。可见，货运平台的垄断对样本自雇卡车司机影响之大。具体来说，样本自雇卡车司机认为自己找货的货运平台存在以下问题：压价竞争；服务差，出现纠纷不负责；双向收费、收费越来越高；存在虚假或"三超"货源等。其中，压价竞争的问题最为突出。事实上，这也是近几年来导致运价快速降低的关键因素之一。

因此，打破车货匹配平台的垄断，对此类平台进行监管，已成为卡车司机当前的主要诉求。53.7% 的样本卡车司机面对当前最需要的政策的问题，

选择了"对货运平台加强监管、规范运价，保障卡车司机利益"。鉴于此，建议有关管理部门加大对从事车货匹配业务的货运平台的监管力度，尝试设立平台上的货运价格下限，防止过度竞争导致的价格不合理下降。同时，督促此类平台提升服务质量，避免虚假信息和"三超"货源，建立诚信保障机制，从而保障卡车司机的正当权益。除此之外，最重要的是，有关部门应该打破车货匹配领域一家平台独大的垄断局面，在网络货运元年之后深化改革，鼓励货运平台多元化深度发展，引入良性竞争机制。唯其如此，才能从根本上维护市场秩序，规范运价，缩小自雇卡车司机群体与互联网技术之间的鸿沟，促进公路货运业健康有序发展。

（三）对"按轴收费"政策加以适当调整，尽量使驾驶各种车型的卡车司机都能获得普惠收益

"按轴收费"政策的实施业已一年，但其政策效应似尚未得到完全释放。从本次调查数据来看，该政策对不同车型高速公路通行费的影响有所不同：驾驶六轴卡车者高速公路通行费发生增长的比例最高，达到90.3%；驾驶四轴卡车者次之，为87.9%。驾驶两轴蓝牌卡车者高速公路通行费增长的占比不高，而减少或持平的比例不低，分别为26.9%和30.6%，这两个比例均远超其他车型。从数据判断，部分驾驶两轴蓝牌卡车的司机从此项政策受益最大，而大多数驾驶六轴或四轴卡车的司机在此项政策实施后高速公路通行费增长较多。

毋庸讳言，在当前运价低迷的情况下，高速公路通行费的增加对卡车司机造成了较大负担。一些卡车司机为节省成本不使用或少使用高速公路，一方面降低了运输效率、增大了卡车司机的劳动强度，另一方面也加剧了国道、省道的拥堵，增加了事故风险。

因此，建议有关部门根据实际情况，对"按轴收费"政策适当加以调整，以减少或避免增加卡车司机的高速公路通行费的负担。例如，可否考虑将"按轴收费"与"按重收费"适当结合起来，在轴数的基础上考虑吨数的匹配性；或者区分空车与重车的收费额度等，从而使该政策成为一项针对

卡车司机的普惠政策。实际上，"按轴收费"的高速公路收费制度业已引起中央政府的高度关注。2021年"两会"上李克强总理所作的政府工作报告就明确要求实行"高速公路差异化收费"。课题组提出的上述建议，应视为实现"高速公路差异化收费"的一项具体举措。

（四）视实际情况，尽量减少限行、禁行、交通管制，争取最大化方便卡车司机的工作

各地由于环保标准的提升以及维持市容市貌和规避行车风险等方面的需要所设立的限行、禁行标准，对于维持正常的经济和社会秩序无疑是必要的。但有些地方限行、禁行、交通管制过于频繁和严格，甚至有的城市对于大部分卡车类型实施24小时禁行的管制政策，给卡车司机的工作带来了极大的困难，这已经是一个老问题了。此次调查中，样本卡车司机在政策需求题目中，选择"减少限行、禁行、交通管制"者最为集中，样本自雇卡车司机中选择此项政策者高达74.5%，样本他雇司机选择这一选项的比例也达到了70.0%，可见这仍然是一个亟待解决的问题。李克强总理在2021年"两会"所作的政府工作报告中，明确要求各地存在的不合理的限高限宽设施必须予以拆除。因此，建议有关管理部门对此继续予以高度重视，根据实际情况在一定程度上放开限行、禁行与交通管制的时间与路段，最大化地方便卡车司机的工作，提升货物流通的效率。

（五）根据实际情况改进监管疲劳驾驶的政策，人性化执法

过去一年来，利用北斗定位系统监管和整治疲劳驾驶的工作取得很大进展，北斗定位系统已成为每辆中长途卡车的标准配置。关于疲劳驾驶的危害，大多数卡车司机感同身受，对于疲劳驾驶的监管也深表赞同。但是，现有疲劳驾驶政策的标准在实际行车过程中由于客观原因有时很难达到，例如堵车或服务区满员无法进入而造成的工作时间拖延等；同时，大部分卡车司机经过长期的货运实践发现4小时的间隔期较短，由于需要刻意计算时间与停车路段，反而加剧了疲劳状态，影响了行车安全。也有部分卡车司机认为

有关疲劳驾驶的执法欠缺弹性或处罚过当。据此，建议有关部门在监管方面能够根据实际情况调整"疲劳驾驶"的间隔期，例如许多卡车司机提议将间隔期改为6小时；努力做到人性化执法，并杜绝相关的"乱收费""乱罚款"现象。最近公安部业已注意到此类问题并尝试出台相关调整措施，但具体举证方式、执法细节与实践结果如何，仍有待进一步观察。

（六）严格执法规范，改进"绿通预约"政策

近期出台的"绿通预约"政策在执行过程中出现诸多问题。"绿通"是相当一部分卡车司机主要的运输货物，在此次调查的卡车司机中，主运"绿通"的自雇卡车司机占比为22.5%，他雇司机占比为12.3%，可见为数不少，故相关举措的调整必然引发波动。"鲜活农产品绿色通道"的高速运输免费政策是许多卡车司机愿意运输"绿通"的重要原因之一，意在节约时间成本与路费成本，但是"绿通预约"制度有时费时费力，反而使便利的政策变得更加烦琐。也有卡车司机反映，有些收费站在检验绿通货物时采取"先扣费后退费"的措施，占压了卡车司机的资金，严重地影响到了主运"绿通"的卡车司机的工作与生活。更有甚者，有的收费站以"绿通"货物不可或缺的运输工具"篷布"作为条件，声称其不属于"鲜活农产品名录"而对卡车司机罚以重金，这些举措都使具有严苛运输时间的"绿通"货物的"高速免费红利"蒙上阴影。针对此种现象，建议有关部门深入研究"绿通预约制度"的得失利弊，进一步规范收费站的执法流程，使"绿通"货物的运输有序开展，让那些拼命赶路运输"绿通"货物的卡车司机得以真正、完全地享受到国家给予他们的利好政策。

综上所述，在疫情发生后的一年里，广大卡车司机不畏艰险，艰苦奋斗，为抗击疫情、确保公路货运正常运转、支持国民经济和社会生活做出了卓越贡献。但一年来也出现了影响他们工作与生活的若干问题。课题组希望本调查所反映的各种问题能够引起有关部门的重视，通过政策制定和调整而得到快速、圆满的解决，从而使卡车司机群体的工作与生活条件均能得到持

续地改善。作为"十四五"开局之年，2021年我国的公路货运业已占据高位，成为全球第一大公路运输市场。正是卡车司机日夜兼程的劳动，铸就了这样举世瞩目的成就。与此同时，我国公路货运行业的劳动力市场正在面临代际更替与问题丛生所带来的总量缺口。只有切实解决卡车司机面临的问题与困难，给他们创造更好的劳动条件与执法环境，提高其社会地位与职业声望，才能使我国的公路货运业持续健康地发展，取得更加辉煌的成就。

图书在版编目(CIP)数据

中国卡车司机调查报告.No.4,挂靠制度、志愿者、卡车县/传化慈善基金会公益研究院"中国卡车司机调研课题组"著. -- 北京:社会科学文献出版社,2021.12

ISBN 978 - 7 - 5201 - 9500 - 3

Ⅰ.①中… Ⅱ.①传… Ⅲ.①载重汽车 - 汽车驾驶员 - 研究报告 - 中国 Ⅳ.①U471.3

中国版本图书馆 CIP 数据核字(2021)第 258324 号

中国卡车司机调查报告 No.4

挂靠制度·志愿者·卡车县

著　　者 / 传化慈善基金会公益研究院"中国卡车司机调研课题组"

出 版 人 / 王利民
责任编辑 / 胡庆英　孟宁宁　庄士龙
责任印制 / 王京美

出　　版 / 社会科学文献出版社·群学出版分社 (010)59366453
　　　　　　地址:北京市北三环中路甲29号院华龙大厦　邮编:100029
　　　　　　网址:www. ssap. com. cn
发　　行 / 市场营销中心 (010)59367081　59367083
印　　装 / 三河市龙林印务有限公司

规　　格 / 开 本:787mm×1092mm　1/16
　　　　　　印 张:23.25　字 数:351千字
版　　次 / 2021 年 12 月第 1 版　2021 年 12 月第 1 次印刷
书　　号 / ISBN 978 - 7 - 5201 - 9500 - 3
定　　价 / 128.00 元

本书如有印装质量问题,请与读者服务中心 (010 - 59367028)联系

▲ 版权所有 翻印必究